Mit freundlichen Grüßen

Wolfgang Bauer

Wolfgang B.

Plauen einst Großstadt – heute Oberzentrum

Ein Blick auf die Einwohnerentwicklung im Spiegel der Geschichte

Mit grafischen Darstellungen und statistischen Erläuterungen von Dr. Peter Weiß

Bibliografische Information Der Deutschen Nationalbibliothek
Die Deutsche Nationalbibliothek verzeichnet diese Publikation in der Deutschen Nationalbibliografie; detaillierte bibliografische Daten sind im Internet über dnb.de abrufbar

Bauer, Wolfgang
Plauen einst Großstadt – heute Oberzentrum

© 2021 by concepcion SEIDEL OHG, Hammerbrücke
08262 Muldenhammer

Fotos: Wolfgang K. Schmidt
Foto (Malzhaus): Wolfgang Bauer

Best.-Nr.: 644.228
ISBN 978-3-86716-228-9

Zum 10. Todestag von
Rainer Zahn

1989 Mitbegründer des
Neuen Forum in Plauen
und CDU-Stadtrat

Inhalt

Vorbemerkung – Was für eine Stadt! ... 9
1. Drei bedeutsame Ereignisse im Jahr 1122 ... 12
2. Auswirkungen der Politik der deutschen Kaiser, Könige und Fürsten auf die Entwicklung des Vogtlandes bis 1572 ... 13
2.1 Eversteiner, Ministeriale, Reichsvögte ... 13
2.2 Landesherren, Reichsunmittelbarkeit ... 23
2.3 Niedergang ... 26
2.4 Das burggräfliche Vogtland ... 29
2.5 Entwicklung in Plauen ... 40
   2.5.1 Bedeutsame Ereignisse ... 40
   2.5.2 Wirtschaft ... 46
   2.5.3 Einwohnerentwicklung ... 47
3. Zugehörigkeit zum Kurfürstentum/Königreich Sachsen 1572 bis 1870 ... 49
3.1 Vogtländischer Kreis / Amtshauptmannschaft Plauen ... 49
3.2 Sächsische Soldaten müssen wieder kämpfen ... 55
3.3 Entwicklung in Plauen ... 62
   3.3.1 Bedeutsame Ereignisse ... 62
   3.3.2 Wirtschaft ... 65
   3.3.3 Einwohnerentwicklung ... 68
4. Die Reußenländer 1572 bis 1870 ... 71
5. Das Königreich Sachsen im Deutschen Kaiserreich 1871 bis 1914 ... 74
5.1 Wirtschaft und Verwaltung ... 74
5.2 Entwicklung in Plauen ... 77
   5.2.1 Bedeutsame Ereignisse ... 77
   5.2.2 Wirtschaft ... 81
   5.2.3 Einwohnerentwicklung ... 86
6. Großstädte im Deutschen Kaiserreich 1871 bis 1914 ... 93
6.1 Das Deutsche Kaiserreich nach der Reichsgründung ... 93
6.2 Verwaltungsaufbau ... 94

6.3	Die Anzahl der Großstädte steigt		95
6.4	Zuzüge, Eingemeindungen, Zusammenschlüsse		96
6.5	Übersicht der 48 Großstädte von 1910 nach Bundesstaaten		98
6.6	Einwohnerzahlen der 48 Großstädte von 1910		99
7.	**Erster Weltkrieg**		**103**
8.	**1919 bis August 1939**		**108**
8.1	Weimarer Republik, Nationalsozialismus		108
8.2	Verwaltungsaufbau		116
8.3	Eingemeindungen, Zusammenschlüsse		119
8.4	Neue Großstädte		119
8.5	Entwicklung in Plauen		121
	8.5.1	Bedeutsame Ereignisse	121
	8.5.2	Wirtschaft	130
	8.5.3	Einwohnerentwicklung	134
9.	**Zweiter Weltkrieg September 1939 bis Mai 1945 / US-amerikanische Besatzung April bis Juni 1945**		**136**
10.	**Sowjetische Besatzungszone / Deutsche Demokratische Republik Juli 1945 bis Oktober 1990**		**141**
10.1	Potsdamer Konferenz		141
10.2	Verwaltungsaufbau		142
10.3	Neue Großstädte		145
10.4	Entwicklung in Plauen		146
	10.4.1	Bedeutsame Ereignisse	146
	10.4.2	Wirtschaft	154
	10.4.3	Einwohnerentwicklung	156
11.	**Westliche Besatzungszonen / Bundesrepublik Deutschland Mai 1945 bis Oktober 1990**		**160**
11.1	Drei Besatzungszonen und das Saarland		160
11.2	Neue Großstädte		161
11.3	Keine Großstädte mehr		161
12.	**Vergleich der Entwicklung der Einwohnerzahlen von Plauen mit Städten in der DDR, die im Zeitraum von 1946 bis 1988 mindestens einmal 60.000 Einwohner zählten**		**162**
13.	**Vergleich der Einwohnerentwicklung für den Zeitraum von 1990 bis 2020**		**168**

13.1 Vergleich der Einwohnerentwicklung der unter
 Gliederungspunkt 12. aufgeführten Städte für die
 Jahre 1990, 2005 und 2020 168
13.2 Vergleich der Einwohnerentwicklung der unter
 Gliederungspunkt 12. Aufgeführten Städte für das
 Jahr 2020 zum Jahr 1988 (Zunahme/Abnahme in %) 172
13.3 Vergleich der Einwohnerentwicklung von
 Hoyerswerda, Eisenhüttenstadt und Schwedt
 für die Jahre 1950 bis 2020 174
13.4 Vergleich der Einwohnerentwicklung der Städte
 Forst, Guben (Brandenburg), Weißwasser und
 Zittau (Sachsen) für die Jahre 1950, 1988, 1990
 und 2020 177
**14. Das Ende der DDR 1989 bis 2. Oktober 1990/Bundes-
 republik Deutschland 3. Oktober 1990 bis 2020 .... 178**
14.1 Das Ende d. DDR/Neuer Verwaltungsaufbau ab 1990 178
14.2 Neue Großstädte 186
14.3 Keine Großstädte mehr 186
14.4 Übersicht der 80 Großstädte von 2020 nach
 Bundesländern 186
14.5 Entwicklung in Plauen 188
  14.5.1 Bedeutsame Ereignisse 188
  14.5.2 Wirtschaft 193
  14.5.3 Einwohnerentwicklung 197
14.6 Hochschulstandort 208
14.7 Vergleich der Oberzentren Plauen, Zwickau und Hof 220
**15. Vergleich der Einwohnerzahlen deutscher Großstädte
 von 1910 mit den Einwohnerzahlen von 2020 .... 225**
16. Ergebnis / Zusammenfassung 228

Fotos 240
Anmerkungen 243
Glossar 279
Ortsnamenübersetzung 283
Quellen- und Literaturverzeichnis 284

Dank 290

Vorbemerkung – Was für eine Stadt!

In seiner 1983 erschienenen „Greizer Sonate" hat der Satiriker Hansgeorg Stengel die Entwicklung und Bedeutung der zwei größten vogtländischen Städte treffend beschrieben: *„Mein schon in kindlichem Alter eher vogtländisches als thüringisches Bewusstsein rührt außerdem von der Tatsache her, dass Plauen (25 km weit von Greiz) schon lange vor der Jahrhundertmitte eine mächtige Großstadt mit dreimal so viel Einwohnern wie Greiz gewesen ist, während Gera (33 km) nur aufs doppelte Greiz-Format kam. Jede Eisenbahnfahrt nach Plauen war für mich ein Ausflug ins Zentrum der Welt. Was für eine Stadt! Zwei Bahnhöfe! Die Bahnhofstraße mit Kinos, Kaufhäusern, Cafés und kreischenden Straßenbahnzügen, die mir ein tausendmal höheres Verkehrsniveau suggerierten als jene Greizer O-Busse, die für die damalige Zeit zwar ein gewaltiger Fortschritt waren, mir aber technisch weniger erhaben erschienen als die Plauener Schienenfahrzeuge.*

Die Heimsuchung des Krieges, vor allem anglo-amerikanische Bombenangriffe, haben Plauen ins Mark getroffen. Die in großem Umfang zerstörte Stadt hat sich von vierzehn schweren Bombardements bis zum heutigen Tag nicht völlig erholt. Plauen hat großstädtisches Ausmaß noch nicht wieder erreicht, wogegen die Bezirksstadt Gera heute eine Großstadt früheren Plauener Zuschnitts ist."[1]

Plauen war 1904 Großstadt geworden und gehörte 1910 zu den 48 Städten im Deutschen Kaiserreich mit dem gleichen Status. Die Stadt hatte sich über die Jahrhunderte von einer Residenzstadt der Plauener Linie der Vögte von Weida zur viertgrößten Stadt des Königreichs Sachsen entwickelt. Die aufstrebende Entwicklung wurde 1914, dem Schicksalsjahr des 20. Jahrhunderts, gestoppt. Die gesellschaftlichen Veränderungen nach dem Ende des Ersten

Weltkriegs – mit der Entstehung neuer Staaten, bedeutenden Grenzveränderungen und ständig auftretenden politischen und wirtschaftlichen Krisen – dauern bis in die Gegenwart an.

Zu Beginn der Arbeit an dieser Schrift war eine Konzentration auf die Entwicklung deutscher Großstädte in Wechselbeziehung zu Plauen von 1870 bis zur Gegenwart geplant. Das weitere Befassen mit der demografischen Entwicklung Plauens führte zur Erkenntnis, dass eine Schilderung nur aus regionaler Sicht zu einseitig wäre. Somit kam es zu einer erweiterten Darstellung historischer Vorgänge. Die für die jeweiligen Zeitepochen maßgeblichen Herrschaftsverhältnisse und die die Rechtsgewalt ausübenden Personen werden beginnend mit dem 10. Jahrhundert bis zur Gegenwart nicht nur für das Vogtland und Sachsen, sondern auch für das gesamte deutsche Staatsgebiet beschrieben. Eine besondere Beachtung finden dabei die ständigen Änderungen der Verwaltungsstrukturen. Bestimmte historische Daten wie die 1310 erfolgte Belehnung Friedrich des Freidigen mit der Markgrafschaft Meißen und der Landgrafschaft Thüringen durch König Heinrich VII. oder der frühe Tod von Burggraf Heinrich IV. während der Belagerung der Plassenburg 1554 in Stadtsteinach scheinen zunächst nicht mit der Entwicklung Plauens in Verbindung zu stehen, sind aber Voraussetzungen für das großartige Aufblühen der Stadt im Königreich Sachsen bis 1914. Aber auch die kriegerischen Ereignisse im 19. Jahrhundert und die Zeit des Bestehens des Deutschen Bundes bis zur Gründung des Deutschen Kaiserreiches prägten die Entwicklung der Stadt. Nach dem Ersten Weltkrieg beeinflussten vor allem die Hochinflation und die Höhe der von den Alliierten geforderten Reparationszahlungen das Leben in allen deutschen Kommunen. Aber auch historische Episoden, die teilweise erheiternd wirken, wurden in den Text aufgenommen. So stellten die Fürstentümer Liechtenstein und Reuß ältere Linie im Deutschen Krieg 1866 Militär bereit, das an der Seite Österreichs gegen die Preußen kämpfen sollte. Zum Einsatz kamen diese kleineren Einheiten allerdings nicht. Auch die 1912 erfolgte Änderung des Namens der Großstadt Rixdorf bei Berlin in Neukölln ist eine Geschichte zum Schmunzeln.

Für die Zeit der DDR ist deutlich erkennbar, wie einseitig bestimmte kleinere Bezirkshauptstädte und einzelne Industriestandorte mit einer Monostruktur gefördert wurden. Bei einigen dieser Städte liegt der Rückgang der Einwohnerzahl ab 1990 bis in die Gegenwart sogar über 50 %. Plauen hat für diesen Zeitraum einen wesentlich günstigeren Wert aufzuweisen.

Das Bevölkerungswachstum der Städte wird von Geburten, Zuzügen, Eingemeindungen und Stadtzusammenschlüssen beeinflusst. Bereits in Zeiten des Deutschen Kaiserreiches kam es im Ruhrgebiet zu umfangreichen Eingemeindungen. Nach Plauen wurden dagegen seit über 100 Jahren nur einige kleinere Gemeinden aus dem Umland eingemeindet. Bei einem Vergleich der Einwohnerentwicklung einzelner Städte sind die unterschiedlichen Ausgangslagen zu berücksichtigen.

Am Ende der Schrift kommt es bei der Auflistung der Städte, die 1910 gemeinsam mit Plauen zu den Großstädten des Deutschen Kaiserreiches gehörten, und der Darstellung ihrer Bewertung in der heutigen Bundesrepublik Deutschland zu einem für Plauen überraschenden Ergebnis, welches den meisten Lesern bisher sicher noch unbekannt war.

1. Drei bedeutsame Ereignisse im Jahr 1122

1122 zur Regierungszeit des letzten Salierkaisers Heinrich V.[2] kam es mit dem Abschluss des Wormser Konkordats zur Beendigung des Investiturstreits zwischen Kaiser und Papst. Das alte Reichskirchensystem wurde abgeschafft, der Einfluss der Kirche und des Adels auf die Einsetzung (Investitur) der Bischöfe gestärkt.[3]

1122 wurde Plauen als „vicus plawe" anlässlich der Weihe der St. Johanniskirche als Pfarrkirche für den Dobnagau erstmals urkundlich erwähnt. Die Weihe nahm der Naumburger Bischof Dietrich I. vor.[4] Bauherr der Kirche war Graf Adalbert von Everstein, der die weltliche Macht über den Dobnagau besaß. Als Zeuge der Kirchenweihe wird in der Urkunde neben weiteren Personen der Ministeriale Erkenbert von Weida aufgeführt.[5] Bemerkenswert ist die Nennung und damit die Anwesenheit des Mainzer Erzbischofs Adalbert I. als Teilnehmer der Kirchenweihe.

1122 wurde in Hagenau im Elsass Friedrich III. von Staufen als Sohn des Stauferherzogs Friedrich II. geboren. Mutter war Judith von Bayern, Tochter des Welfen Heinrich IX. Friedrichs Großmutter mütterlicherseits war Agnes, Tochter Kaiser Heinrich IV. Friedrich III. von Staufen, später bekannt als Friedrich I. Barbarossa (Rotbart), wird 1152 als römisch-deutscher König und ab 1155 als römisch-deutscher Kaiser in Fortführung der Reichslandpolitik seines Onkels König Konrad III. die weitere Entwicklung des Vogtlandes und damit auch der Stadt Plauen mit beeinflussen.

2. Auswirkungen der Politik der deutschen Kaiser, Könige und Fürsten auf die Entwicklung des Vogtlandes bis 1572

2.1 Eversteiner, Ministeriale, Reichsvögte

Im 10. Jahrhundert begann eine entscheidende Etappe bei der Herausbildung des römisch-deutschen Reiches des Mittelalters. Beginn dieser Epoche war 919 die Krönung des sächsischen Herzogs Heinrich zum König.[6] Sein Sohn Otto I.[7] verstärkte den Integrationsprozess der Sachsen, Friesen, Franken, Thüringer, Baiern (Bayern) und Schwaben und damit die Entstehung des deutschen Feudalstaates. Der Sieg des Königsheeres 955 auf dem Lechfeld bei Augsburg gegen die Ungarn erhöhte die Anerkennung für Otto I. und beschleunigte die Entwicklung vom Ottonischen zum Deutschen Reich. 968 errichtete Otto der Große in Magdeburg ein Erzbistum, zu dem die Bistümer Brandenburg und Havelberg gehörten. Neu gegründet wurden die Bistümer und Markgrafschaften Zeitz, Merseburg und Meißen. Politisches Ziel war es, die in den Gebieten wohnenden slawischen Völker dauerhaft in das „Regnum Teutonicum" zu integrieren. Im Dobnagau, im südlichen Teil der Mark Zeitz, siedelten in Freilandschaften Sorben. Eine deutsche Besiedelung des Dobnagaus erfolgte um 1100. Zu umfangreichen Rodungen kam es erst in den letzten Jahrzehnten des 12. Jahrhunderts. 1117 oder 1118 soll Kaiser Heinrich V. eine Anordnung zum Bau einer Pfarrkirche für den Dobnagau ausgestellt haben.[8]

Aus der Anordnung der Straßenzüge des mittelalterlichen Plauens wird ersichtlich, dass die neue Siedlung als Planstadt angelegt wurde.[9] Neue Forschungen deuten „vicus plawe" als offene Kaufmannssiedlung. Die bereits 1244 urkundlich erwähnte steinerne Elsterbrücke am Zusammentreffen der Handelsstraßen Leipzig–Plauen–Hof–Nürnberg und Verbindungen nach Zwickau–Chemnitz und Eger bekräftigen diese Annahme.[10] Der Bauherr der Johanniskirche, Graf Adalbert von Everstein, kam aus dem Weserbergland. Das Grafengeschlecht nannte sich seit 1116 nach den Burgen, die auf dem Großen und Kleinen Everstein bei Holzminden erbaut worden waren. Graf Adalbert wirkte als Lokator im Dobnagau. Ob sein erster Wohnsitz die kleine Burg auf dem Dobenaufelsen im Syratal war, ist bisher unklar.[11] Engere Bindungen hatten die Eversteiner an das Erzbistum Mainz.

„Die Everstein'sche Familie stand in Verhältnissen mit dem Mainzer Stuhle. Mehrere Mitglieder erscheinen im 12ten Jahrhundert in Mainzischen Urkunden, sie sind kundbar Mainzische Lehnleute in anderen Gegenden."[12]

Die Verbindung zum Erzbistum Mainz dürfte die Erklärung zur Anwesenheit des Mainzer Erzbischofs Adalbert I. in Plauen sein. Der Kirchenfürst aus der Familie Saargaugrafen war vor seiner Bischofsweihe (1115) von 1106 bis 1112 Kanzler Kaiser Heinrich V. und somit einer der mächtigsten Männer des Reiches. Von 1111 bis zu seinem Tod war er Erzbischof von Mainz und galt in der ersten Hälfte des 12. Jahrhunderts als einer der größten politischen Ränkeschmiede. Eine weitere Erklärung seiner Anwesenheit bei der Weihe einer noch unbedeutenden Gaukirche war sein Bestreben, das Erzbistum Mainz flächenmäßig zu vergrößern. Nach dem Tod Kaiser Heinrich V. 1125 kamen die deutschen Fürsten im August gleichen Jahres in Mainz zur Wahl eines neuen Königs zusammen. Hausherr und praktisch Wahlleiter Erzbischof Adalbert I. beeinflusste den Wahlverlauf entscheidend, indem er durch geheime Absprachen die Wahl des Favoriten, des Staufenherzogs

Friedrich II. von Schwaben, Neffe Kaiser Heinrich V., verhinderte. Neuer König wurde der Herzog von Sachsen, der Supplingburger Lothar III. (römisch-deutscher König ab 1125, römisch-deutscher Kaiser 1133 bis 1137).[13] Lothar III. traf zwei für das spätere Vogtland wichtige Entscheidungen. So stärkte er 1128 den niedersten Teil des Feudaladels, die Ministerialen. In einer Schenkungsurkunde wurden sie „ministeriales regni" – Dienstleute des Reiches genannt. Die ihnen gewährten ökonomischen Vorteile waren verbunden mit der Verpflichtung, immer im Sinne des Reiches und des Königs zu wirken. Auserwählte Ministeriale mit Aufgaben für Kaiser und Reich wurden zu Reichsvögten.[14]

Noch in der Regierungszeit Lothar III. soll die Rückberufung Graf Adalberts nach Sachsen erfolgt sein, da der Kaiser den Eversteiner aus Machterhaltungsgründen im Weserraum benötigte. Da nach 1122 bis 1209 keine Urkunden für den Dobnagau vorliegen, ist über das Handeln der Eversteiner als Landesherren nichts bekannt. Die friedliche Übernahme der Landesherrschaft im Dobnagau durch die Ministerialen von Weida dürfte in der zweiten Hälfte des 12. Jahrhunderts erfolgt sein. Unter Zurückbehaltung einiger Lehen setzten die Eversteiner als Verwalter dieser Lehen die Herren von Straßberg als Vögte ein. Deren Stammhaus starb 1267 aus. Die Nachkommen führten den Vogtstitel nicht mehr und nannten sich nach ihren Burgen Laneck und Voigtsberg.[15] Eine eigene Adelslinie für den Dobnagau konnten die Eversteiner nicht bilden. Im Weserraum kam es nach der Entmachtung Heinrich des Löwen[16] 1180 zu einer Machterweiterung für die Eversteiner als Anhänger der Staufer. Nach deren Untergang eroberten die Welfen 1283 Burg Everstein im Weserbergland. Anfang des 15. Jahrhunderts starb das Adelsgeschlecht der Eversteiner aus. Die Welfen gliederten die Grafschaft Everstein in ihr

Herrschaftsgebiet ein. Der letzte männliche Eversteiner, Herrmann VII., ging in die Verbannung und wurde 1413 letztmalig urkundlich erwähnt.[17]

Der Übergang der Landesherrschaft von den Eversteinern auf die Ministerialen von Weida ist urkundlich nicht fassbar. Der in der Weiheurkunde der Johanniskirche 1122 an erster Stelle der Ministerialen genannte Erkenbert von Weida ist sicher der Stammvater der späteren Geschlechter der Reichsvögte, Burggrafen und Reußen von Plauen zu Greiz. Es ist wahrscheinlich, dass er in einer bereits Ende des 10. Jahrhunderts errichteten kleinen Burg in Veitsberg als Lokator ansässig und somit der nördliche Nachbar der Eversteiner war.[18]

Wohl aus strategischen Gründen wurde der Wohnsitz in der Mitte des 12. Jahrhunderts in eine sich durch deutsche Siedler weiter entwickelnde vorhandene sorbische Siedlung an eine Stelle am oberen Weida-Fluss westlich der Weißen Elster verlegt. Der neue Herrschaftssitz, die Osterburg, wurde nach Funddatierung wohl ab der Mitte des 12. Jahrhunderts errichtet.[19]

Im Ringen um die Nachfolge des 1137 verstorbenen Kaisers Lothar III. konnte sich der Staufer Konrad III. im März 1138 gegen seinen Rivalen Heinrich dem Stolzen, Herzog von Sachsen und Bayern und Vater Heinrich des Löwen, durchsetzen.[20]

Die Staufer betrieben schon als Herzöge von Schwaben eine ihren Interessen dienende Territorialpolitik. Durch Einsetzung der von ihnen abhängigen Ministerialen in der Verwaltung und der Wahrnehmung von Vogteirechten konnten sie ihre Herrschaftsgebiete erweitern. Als König setzte Konrad III. diese Politik fort. Zur Bildung eines zusammenhängenden Königsterritoriums schuf er u. a. die Reichsburggrafschaften Altenburg und Leisnig und unterstützte die Stadtentwicklung in Chemnitz und Zwickau.[21] Das staufische Reichsgut erstreckte sich bis nach Eger, dem Vogtland, dem Pleißenland und dem Osterland.[22] Zur Verbesserung der Verwaltung des Reichsgutes schuf Konrad III. das erbliche Burggrafenamt. Am Ende seiner Herrschaft hatte er die Königsmacht gestärkt und das Königsterritorium vermehrt. *„Unmittelbar vor seinem Tode am 15. Februar 1152 überließ König Konrad III. in Bamberg die Reichsinsignien seinem Neffen, dem im Jahre 1122 geborenen Herzog Friedrich III. von Schwaben. Der sterbende König brachte damit zum Ausdruck, dass er eine Thronkandidatur seines unmündigen Sohnes Friedrich für wenig sinnvoll hielt."*[23]

Nur kurze Zeit später, im März 1152, wurde der Staufer als Friedrich I. in Frankfurt am Main zum deutschen König gewählt. Nach den offenen Auseinandersetzungen zwischen den Staufern und den Welfen in der Regierungszeit Konrad III. setzte sich die Mehrheit der deutschen Fürsten für eine Überwindung dieses Gegensatzes ein. Mit einem Staufer als Vater, einer Welfin als Mutter und dem Welfen Heinrich dem Löwen als Vetter hatte der neue König Friedrich I. die besten familiären Voraussetzungen zur Lösung des Konflikts. Zur schnellen Festigung seiner Macht versuchte Friedrich I. Barbarossa, in Fortsetzung der Politik seines Onkels, staufischen Besitz und Reichsbesitz zu einem einheitlichen Königsterritorium zusammenzufassen.[24]

Nach den relativ erfolglosen Italienzügen 1154/55 und 1158 wandte er sich verstärkt den Krongütern östlich der Saale zu. Die Umwandlung des Pleißenlandes in Reichsland erfolgte um 1165 im Zuge der 1158 bis 1165 durchgeführten Reichslandkampagne. Hatte König Konrad III. in seiner Reichslandpolitik sich noch bei der Verwaltung des

Reichsgutes auf Burggrafschaften gestützt, setzte der 1155 in Rom zum römisch-deutschen Kaiser gekrönte Friedrich I. Barbarossa verstärkt auf die aufstrebenden Reichsministerialen. Bei der Neuorganisation der Verwaltung des Pleißenlandes um Altenburg, des Egerlandes und dem Verbindungsgebiet, dem Vogtland, entstand ein großes zusammenhängendes Reichsland. Da es im Vogtland weder eine Reichsburggrafschaft (Altenburg) noch eine Reichsstadt (Eger) gab und sich auch die Eversteiner als edelfreies Geschlecht weitgehendst zurückgezogen hatten, schuf Friedrich I. Barbarossa in der Zeit der Reichslandkampagne im Vogtland eine Reichsvogtei.[25] Die Reichsvogtei, als Ergebnis der staufischen Reichsland- und Reichsgutpolitik, war für die Ministerialen von Weida die Grundlage für ihren Aufstieg zu Reichsvögten. Der sichere Nachweis für das Vorhandensein der Weidaer Familie in der Elstergegend ist die Nennung Erkenberts von Weida in der Plauener Urkunde 1122 und die Erwähnung eines Heinrich von Weida 1143 als Zeuge in der Urkunde König Konrad III. zur Verleihung eines Privilegs zur Einrichtung eines Fernhandelsmarktes für das Kloster Chemnitz (Marktprivileg). Bereits als Reichsministeriale zeugt ein Heinrich von Weida 1172 beim Aufenthalt Kaiser Friedrich I. Barbarossa in Altenburg in einer Urkunde zum Kloster Pegau.[26]

Im ersten Drittel des 12. Jahrhunderts dürfte es bereits zu einer Teilung des Weidaer Ministerialengeschlechts gekommen sein. Neben der „Elsterlinie" der Weidaer zeugt ein Heinrich von Weida 1130 bis 1166 mehrmals im Gebiet Heinrich des Löwen als welfischer Ministeriale.[27]

Als Sultan Saladin 1187 Jerusalem eroberte, rief Papst Gregor VIII. zum dritten Kreuzzug auf. Für Friedrich I. Barbarossa, der im Mai 1189 dem Aufruf des Papstes folgte, war es bereits der zweite Kreuzzug. Die Regentschaft im Reich übertrug er seinem Sohn Heinrich VI. Beim Versuch, durch ein Bad im Fluss Saleph in Anatolien Abkühlung zu erlangen, fand der Kaiser am 10. Juni 1190 den Tod.[28] Heinrich VI., der bereits 1169 mit drei Jahren zum deutschen König gekrönt wurde, erlangte 1191, nur ein Jahr nach dem Tod seines Vaters, die römisch-deutsche Kaiserkrone. Heinrich II. (der Reiche) von Weida soll im Gefolge Heinrich VI. bei dessen Krönung in Italien gewesen sein. Der Brauch, dass alle männlichen Familienmitglieder den Vornamen „Heinrich" tragen, ist wahrscheinlich auf die Ergebenheit der Weidaer Vögte zu Kaiser Heinrich VI. zurückzuführen. Daher kommt auch die Bezeichnung „Heinrichinger" für das gesamte Geschlecht.[29]

In Fortsetzung der Reichslandpolitik seines Vaters zog Kaiser Heinrich VI. 1195 die Markgrafschaft Meißen als erledigtes Reichslehen ein. Markgraf Albrecht der Stolze[30] war 1195 ohne männliche Erben verstorben. Der Plan des Kaisers, die ehemalige Markgrafschaft Meißen mit den Reichsterritorien Pleißenland, Vogtland und Egerland und der Oberlausitz zu einem großen Reichsland zu vereinigen, scheiterte am Tod des Kaisers 1197 in Messina in Italien. Im März 1198 wurde in Mühlhausen/Thüringen der jüngere Bruder Kaiser Heinrich VI., Philipp von Schwaben, zum deutschen König gewählt. Der englische König Richard Löwenherz, erst im Februar 1194 aus der Gefangenschaft Kaiser Heinrich VI. auf dem Trifels freigelassen, unterstützte den Welfen Otto IV. mit beachtlichen finanziellen Mitteln bei dessen Absicht, ebenfalls deutscher König zu werden. Otto IV., verheiratet mit einer Schwester von Richard Löwenherz, wurde im Juni 1198 in Köln zum Gegenkönig gewählt. Durch die Ermordung König Philipps im Juni 1208 in Bamberg war der Weg des Welfen Otto IV. zur

Erlangung der deutschen Königskrone frei. Die meisten deutschen Fürsten, die bisher zu König Philipp standen, waren jetzt bereit, Otto IV. als König anzuerkennen. Für Otto IV., den dritten Sohn Heinrich des Löwen, war es notwendig, schnell die eigene Machtposition zu festigen. Dabei half ihm, dass im September 1208 Reichsmarschall Heinrich von Kalden als führender Vertreter der Reichsministerialität auf die Seite Otto IV. übertrat. Dies betraf auch die Reichsvögte von Weida. Der Reichsmarschall erschlug im März 1209 eigenhändig den Königsmörder, Pfalzgraf Otto, in seinem Versteck bei Regensburg. Im November 1208 wurde in Frankfurt am Main Otto IV. erneut zum deutschen König gewählt. Von 1209 bis zu seinem Tod 1218 war Otto IV. römisch-deutscher Kaiser. In dieser Zeit verlor der Reichbesitz an Bedeutung[31], eine Entwicklung, die den Aufstieg der Weidaer Reichsvögte zu Landesherren beschleunigte.

In der Regierungszeit Kaiser Otto IV. endete die urkundenlose Zeit für das Vogtland. In der Urkunde von 1209 für das Kloster Mildenfurth wird mit Heinrich Vogt von Weida erstmals ein Vogt genannt. Vogt ist Heinrich III., ältester Sohn Heinrich des Reichen (Heinrich II.). Die beiden anderen Söhne Heinrich II., Heinrich IV. (der Mittlere) und Heinrich V. (der Jüngere) werden in der Urkunde noch nicht als Vogt bezeichnet. Die drei Söhne Heinrich II. bestätigten und erweiterten in dieser Urkunde die von ihrem Vater getätigten Stiftungen für das 1193 von diesem gegründete Prämonstratenserkloster Mildenfurth in der Nähe von Weida. In der Urkunde wird Weida erstmals als Stadt (civitate Vida) bezeichnet. Die Aufführung von Burgmannen aus Gera, Greiz und Weida zeigt, dass zur Machtsicherung der Burgenbau weit fortgeschritten war.

Kaiser Otto IV. hatte am Ende seiner Regierungszeit keine Macht mehr im Reich. Sein Wunsch, Sizilien zu erobern, kollidierte mit den Machtinteressen Papst Innozenz III., der Sizilien vom Deutschen Reich trennen wollte. Der Papst exkommunizierte 1210 Otto IV. und erlaubte, einen anderen Kaiser zu wählen. Im September 1211 wurde in Nürnberg der König von Sizilien Friedrich Roger, Sohn Kaiser Heinrich VI. und Konstanzes von Sizilien „zum anderen Kaiser" gewählt. Die Königskrönung erfolgte 1215 in Aachen, die Kaiserkrönung 1220 in Rom. Ab 1215 gab es im Reich somit zwei Könige, wobei Otto IV. fast machtlos war. Er hatte sich 1214 nach verlorenen Feldzügen auf seinen Stammsitz Braunschweig zurückgezogen, wo er unbehelligt von Kaiser Friedrich II. (Friedrich Roger) bis zu seinem Tod 1218 lebte. Friedrich II. hatte bis 1212 Sizilien nie verlassen. 1212 bis 1220 bereiste er den deutschen Reichsteil nördlich der Alpen. Bereits vor seiner Krönung zum deutschen König in Aachen weilte er im Juli 1213 und im Juni 1214 zu Hoftagen in Eger. Als entschiedener Parteigänger des Deutschen Ordens schenkte er zum Hoftag 1214 dem Orden das Armenhospital in Altenburg.[32]

Teilnehmer des Hoftages waren auch der Weidaer Reichsvogt Heinrich III., sein Bruder Heinrich IV. und dessen zweitältester Sohn, der spätere Vogt Heinrich I. von Gera. Das Zusammentreffen mit Friedrich II. in Eger war der Beginn der Partnerschaft der Vögte mit dem Deutschen Orden.[33] Bereits 1224 schenkte Heinrich IV. (der Mittlere) die Pfarrkirche St. Johannis in Plauen dem Deutschen Orden. Die Mildenfurther Urkunde von 1209 und die Schenkungsurkunde von 1224 bestätigten erstmals die abgeschlossene Besiedelung und die Herrschaft der Reichsvögte im Weidaer Gebiet und im alten Dobnagau.[34]

Durch die Hochzeit mit Isabella von Brienne, der Erbin des Königreichs Jerusalem, wird Friedrich II. 1225 auch König von Jerusalem. Im Juni 1229 erfolgte sein Aufbruch zum Kreuzzug. Es gelang ihm, mit Sultan al-Kamil einen zehnjährigen Waffenstillstand auszuhandeln. Der Kaiser zog in Jerusalem ein und erhielt auch Bethlehem und Nazareth. Nach Erlangung der Königskrone von Jerusalem kehrte Friedrich II. 1229 nach Italien zurück. Eine für das Geschlecht der Plauener Vögte wichtige Entscheidung traf er 1235 in der Goldbulle von Rimini. Dem Deutschen Orden wurde die Herrschaft über das Kulmer Land bestätigt. Die Hochmeister und deren Nachfolger wurden durch den Erhalt der Landesherrschaft und der Gerichtsbarkeit den Reichsfürsten gleichgestellt.

1235 war Kaiser Friedrich II. nochmals im nordalpinen Reichsteil. 1237 zog er wieder nach Italien, in den nordalpinen deutschen Reichsteil kehrte er nie mehr zurück. Das Ende der Herrschaft der Staufer im Reich zeichnete sich ab.[35]

In dieser Zeit erfolgte die Linientrennung der Weidaer Vögte. Heinrich III. (ältester Sohn Heinrich II.), der 1219 dem Deutschen Orden beigetreten war, verstarb vor 1224 im Deutschordenshaus in Altenbriesen. Seit 1219 handelte Heinrich IV., der zweitälteste Sohn Heinrich II., als Oberhaupt der Weidaer. So stellte er die Urkunde zur Schenkung der Johanniskirche in Plauen 1224 allein aus. Bis 1238 nannten sich alle Vögte nur nach dem ersten Herrschersitz Weida. 1238 erfolgte die für die damalige Zeit aufsehenerregende Scheidung der Ehe Heinrich IV. und seiner Ehefrau Jutta. Diese stiftete noch im gleichen Jahr das spätere Hauskloster der Vögte von Weida und Gera in Cronschwitz. Heinrich IV. trat Ende 1238/Anfang 1239 dem Deutschen Ritterorden bei und wurde nach kurzer Zeit bereits zum Landmeister für Preußen gewählt.[36]

Der älteste Sohn Heinrich IV., der spätere Vogt Heinrich I. von Plauen, und der zweitälteste Sohn, der spätere Vogt Heinrich I. von Gera, begründeten nach ihrer Volljährigkeit die Linien Plauen und Gera. Heinrich VI. (der Pfeffersack), Sohn Heinrich III., führte die Weidaer Linie. 1244 war die Linientrennung abgeschlossen.

Kaiser Friedrich II. verstarb im Dezember 1250 56-jährig in Süditalien. Im deutschen Reichsgebiet hielt er sich nur elf seiner 39 Regierungsjahre auf. Kurz war die Zeit seines Sohnes Konrad IV. als deutscher König (Mitkönig 1237, König 1250). Bereits im Mai 1254 starb er im Alter von nur 26 Jahren in einem Heerlager bei Lavello/Süditalien.[37/38] Die langen Aufenthalte der Staufer in Italien und das beginnende Interregnum führten zur Schwächung der Zentralgewalt.

Im Elsterraum zwischen Gera/Weida und Plauen hatte sich die Landesherrschaft der Vögte voll herausgebildet und verfestigt.

„In ihrer Ausdehnung von Gera bis Hof und von Marktschorgast bis Wiesenburg erreichte die vögtische Landesherrschaft bereits in relativ früher Zeit eine territoriale Dimension."[39]

2.2 Landesherren, Reichsunmittelbarkeit

1254 verhandelten die Brüder Vogt Heinrich I. von Plauen, Vogt Heinrich I. von Gera und ihr Vetter Vogt Heinrich VI. von Weida in Grimma als Landesherren mit Markgraf Heinrich dem Erlauchten.[40] Die Vertragspartner vereinbarten ein mögliches gemeinsames Vorgehen bei der Königswahl und sicherten sich gegenseitigen Beistand zu.[41]

1254, das Jahr des Todes König Konrad IV., war der Beginn des Interregnums. Die gewählten Könige Heinrich Raspe, Wilhelm von Holland, Alfons von Kastilien und

Richard von Cornwall waren nicht in der Lage, als Herrscher zu regieren. So blieb das Gebiet der Vögte von äußeren Entwicklungen relativ verschont.[42]
Nach dem Tod Richard von Cornwall 1272 drängte Papst Gregor X. die deutschen Kurfürsten, im Reich wieder geordnete Zustände herzustellen. Graf Rudolf IV. von Habsburg wurde im Oktober 1273 in Frankfurt am Main zum ersten handlungsfähigen König nach dem Interregnum gewählt. König Rudolf I. war nicht der von den Kurfürsten erhoffte schwache Herrscher. Zwar garantierte er viele der im Interregnum geschaffenen Besitzerweiterungen der Territorialherren. Er führte jedoch auch Maßnahmen zur Rückgabe von Reichsgut, welches sich einzelne Herrscher unrechtmäßig angeeignet hatten, durch. Der Reichstag 1274 in Nürnberg fasste einen entsprechenden Beschluss, in dem das Egerland ausdrücklich genannt wurde. Bereits 1276 führte König Rudolf I. einen Kriegszug nach Eger durch.[43] Vogt Heinrich I. von Plauen hatte zum König nach urkundlichem Nachweis spätestens ab 1281 Kontakt, *„als er für diesen 600 Mark Silber an Dietrich von Landsberg zahlte und dafür pfandweise Asch und Selb erhielt."*[44]
In Vertretung des Erzbischofs von Mainz veranlasste Vogt Heinrich I. von Plauen 1287 Maßnahmen zur Durchsetzung des Landfriedens in Thüringen. Ab Dezember 1289 hielt sich König Rudolf I. über ein Jahr in Erfurt auf. Vogt Heinrich I. von Plauen weilte 1290 in Erfurt und wurde vom König zum königlichen Landrichter im Pleißenland ernannt. Dieses Amt übte er bis 1295 aus. Durch die Wiederherstellung des Reichslandes Pleißen wurde das thüringische Gebiet vom meißner Gebiet der Wettiner getrennt. Somit lag die Stärkung der Landesherrschaft der Vögte im Interesse des Königs. Das Land der Vögte hatte der König *„in all*

seinen Maßnahmen als eigenen landesherrlichen Machtkomplex akzeptiert."[45]

Im Familienvertrag von Bobenneukirchen 1296 bemühten sich die Vertreter der drei Linien noch, die errungenen Machtbefugnisse geschlossen wahrzunehmen.[46] Nach dem Tod Rudolf I. 1291 war die Regierungszeit der Nachfolgekönige Adolf von Nassau (König 1292 bis 1298) und Albrecht I. (König 1298 bis 1309) durch Kriege im Inneren des Reiches gekennzeichnet. Besonders Adolf von Nassau hatte versucht, durch brutale Militärmaßnahmen in Thüringen und der Markgrafschaft Meißen das Land der Wettiner in seinen Besitz zu bringen. Der Sieg der Wettiner in der Schlacht bei Lucka (nordwestlich von Altenburg) 1307 und die Ermordung König Albrecht I. 1308 rettete den Wettinern ihren Besitz in Thüringen und der Markgrafschaft Meißen. Der neue König, der Luxemburger Heinrich VII. (1308 König, 1312–1313 Kaiser), verzichtete auf die Landgrafschaft Thüringen und die Markgrafschaft Meißen und belehnte Friedrich den Freidigen 1310 wieder mit beiden Gebieten.[47]

Für die Landesherrschaft der Vögte bedeutete dies in den folgenden Jahrzehnten einen ständigen Kampf für den Bestand ihrer Selbstständigkeit, zumal sich die Plauener Linie der Vögte 1306 in die ältere Plauener Linie, die spätere Burggrafenlinie und die jüngere Plauener Linie, die Reußen von Plauen zu Greiz, teilte. Vogt Heinrich I. von Plauen starb 1303. Sein älterer Sohn, Heinrich II. (der Böhme) starb vor seinem Vater 1302. Der jüngere Sohn Heinrich I. bereits 1295. Bis 1303 gab es somit keine Probleme bei der Regentschaft. Von 1303 bis 1306 regierten Heinrich III. (der Lange), ältester Sohn Heinrich des Böhmen, und Heinrich II., ältester Sohn Heinrich des Reußen, gemeinsam. Auf Betreiben Heinrich II. kam es zur Trennung der

Linie. Ein gemeinsames Handeln nach außen wurde seltener. 1312 kamen die Vögte noch einmal in Prag zusammen, um mit dem böhmischen König Johann ein Kriegsbündnis gegen Friedrich den Freidigen zu vereinbaren. Zu kriegerischen Aktionen kam es nicht.[48] 1327 trug Vogt Heinrich III. (der Lange) seine Herrschaft Plauen, die durch den Erhalt von Burg Voigtsberg erweitert war, dem König von Böhmen als Lehen auf.[49] Nach dem Tod Kaiser Heinrich VII. 1313 verbesserte sich mit der Wahl des Wittelsbacher Ludwig IV. (dem Bayern) 1314 zum König (1328 bis 1347 römisch-deutscher Kaiser) die Lage der Vögte gegenüber ihren Nachbarn für einige Jahre. Ludwig der Bayer versuchte seine Herrschaft auch mit Hilfe kleinerer Landesherren zu festigen.

1329 verlieh Kaiser Ludwig IV. mit dem Privileg von Pavia, der sogenannten „Vogtländischen Goldenen Bulle", den seit 1306 bestehenden vier Linien der Heinrichinger eine reichsunmittelbare Stellung mit einem fürstenähnlichen Rang.[50]

2.3 Niedergang

Die Teilung der Plauener Linie der Vögte 1306 und die Belehnung Friedrich des Freidigen 1310 mit der Markgrafschaft Meißen und der Landgrafschaft Thüringen durch Heinrich VII. engten die Handlungsmöglichkeiten der Reichsvögte ein. Der Sohn Friedrich des Freidigen, Friedrich der Ernsthafte (Friedrich II.), war seit 1328 mit Mechthild, der Tochter Kaiser Ludwig IV., verheiratet. 1329 wurde er nach Erlangung der Volljährigkeit Markgraf von Meißen und Landgraf von Thüringen. Für die Landgrafschaft Thüringen erließ er 1338 einen Landfrieden, um die

Oberherrschaft über Thüringen zu festigen. Um ihre Beteiligung bei der Durchführung des Landfriedens zu erwirken, verbündeten sich 1342 in Arnstadt verschiedene reichsunmittelbare thüringer Adelshäuser gegen den Landgrafen. Unterstützt wurden sie im folgenden Thüringer Grafenkrieg (1342 bis 1346) vom Mainzer Erzbischof (!) Heinrich III. von Virneburg.

Da sich die Vögte von Gera und Plauen und die Reußen von Plauen zu Greiz 1342 aufseiten der thüringer Adelsgeschlechter an der Grafenfehde beteiligten, vollzogen sie wohl ihre größte politische Dummheit. Sie stellten sich gegen Ludwig IV., den Kaiser, der ihnen 1329 ihre Reichsunmittelbarkeit bestätigt hatte. 1342 unterstützte der Kaiser seinen Schwiegersohn, behandelte die Vögte wieder als Reichsministeriale und verlangte von ihnen als Landfriedensbrecher 1343 eine Zahlung von 100.000 Mark Silber. Friedrich der Ernsthafte schloss im gleichen Jahr mit den drei Vogtslinien separate Friedensverträge, mit den Geraern zudem einen Beistandsvertrag. Die Weidaer waren bereits vor dem Thüringer Grafenkrieg mit den Wettinern einen Beistandspakt eingegangen. In der relativ kurzen Zeit seit 1310 hatten diese in der Landgrafschaft Thüringen ihre Stellung festigen können.[51] Nach dem Tod Kaiser Ludwig des Bayern 1347 war das Ende der Reichsunmittelbarkeit für die Vögte abzusehen. Noch zu Lebzeiten Kaiser Ludwig des Bayern wurde in Absprache mit Papst Clemens VI. der Luxemburger Markgraf Karl im Juli 1346 in Rhens am Rhein von fünf Kurfürsten zum Gegenkönig gewählt. Am 2. September 1347 erhielt er in Prag die böhmische Königskrone. Zu einer militärischen Auseinandersetzung mit Kaiser Ludwig IV. kam es durch dessen Tod am 11. Oktober 1347 nicht mehr.

Zur Stärkung seiner Hausmachtpolitik war Karl IV. als König von Böhmen gemeinsam mit den Wettinern bestrebt, die selbstständigen Herrschaften zwischen ihren Ländern zu beseitigen. Bereits 1348 trafen sich König Karl IV. und der Wettiner Friedrich der Ernsthafte (Friedrich II.) in Bautzen und erkannten ihre bestehenden Besitzstände an.[52] Im gleichen Jahr, ein Jahr nach dem Tod ihres Vaters Heinrich III., der an der Thüringer Grafenfehde beteiligt war, teilten seine zwei Söhne die Herrschaft Plauen unter sich auf. Heinrich IV. bekam die Herrschaft Mühltroff mit Adorf, Voigtsberg, Oelsnitz, Markneukirchen, Liebau, Wiedersberg, Hirschberg, Pausa, Brambach, Gattendorf, Sachsgrün, Schönberg und Neuberg. Die Linie wurde später „Herren von Plauen ältere Linie – Haus Mühltroff" genannt (auch Herren von Plauen zu Mühltroff). Heinrich V. erhielt den Rest der Herrschaft Plauen. Diese Linie führte die Bezeichnung „Herren von Plauen zu Plauen".

Um 1350 verfügten die vier Vogtslinien noch über eine eigenständige Landesherrschaft von Gera und Schmölln im Norden, Lobenstein und Schleiz im Westen, Werdau und Kirchberg im Osten und Hof und Asch im Süden. Unter dem Vorwand, das Raubrittertum zu bekämpfen, wurden im Vogtländischen Krieg 1354 bis 1357 Strafaktionen im Herrschaftsgebiet der Vögte durchgeführt, um diese in eine Lehensabhängigkeit zu zwingen. Der Sohn Friedrich des Ernsthaften, Friedrich der Strenge (Friedrich III.), der ab 1349 gemeinsam mit seinen Brüdern Baltasar und Wilhelm I. die Markgrafherrschaft Meißen und die Landgrafschaft Thüringen regierte[53], beschuldigte die Vögte, das Raubrittertum zu unterstützen. Im Ergebnis des Krieges versanken die Vögte in die politische Bedeutungslosigkeit. Die Weidaer und Geraer Linien kamen unter die Oberhoheit der Wettiner. Die Weidaer mussten zudem 1373 Hof und das Regnitzland an die Burggrafen von Nürnberg verkaufen. Die Reußen von Plauen zu Greiz gerieten mit ihrer zersplitterten Herrschaft in eine wettinisch-böhmische Doppelabhängigkeit. Vogt Heinrich IV. wurde regelrecht vertrieben, erst nach Borna, dann nach Golßen in der Niederlausitz. Zuletzt besaß er nur noch einen freien Hof in Dresden und verstarb dort 1364. Der vertriebene Vogt war der Großvater Heinrich des Älteren von Plauen, der am 9. November 1410 durch das Generalkapitel in der Marienburg zum 27. Hochmeister des Deutschen Ordens gewählt wurde[54]. Der Erwerb der gesamten Herrschaft Plauen durch die Wettiner wurde jedoch von Kaiser Karl IV.[55] verhindert. Plauen, Mylau, Reichenbach, Schöneck, Gattendorf, Sparnberg, Blankenburg, Karlswalde und Reitzenstein wurden böhmische Lehen.

2.4 Das burggräfliche Vogtland

Nach Beendigung des Vogtländischen Krieges war die Ausübung der Rechtsgewalt in der Herrschaft Plauen zunächst verworren. Der inzwischen mündig gewordene Neffe Heinrich IV., Vogt Heinrich VIII. (oder IX.)[56], kam 1360 nach Plauen zurück und richtete sich in seinem politischen Handeln nach Kaiser Karl IV. In den achtziger Jahren des 14. Jahrhunderts legten die Heinrichinger den Vogtstitel ab. Vogt Heinrich nannte sich nun „Herr von Plauen". Als Mitgift aus der um 1383 erfolgten Heirat mit Anna von Riesenburg[57] erhielt der neue „Herr" die böhmischen Herrschaften Petschau und Buchau. 1387 erwarb er Schloss und Herrschaft Königswart. Sein Sohn Heinrich IX. (oder X.)[58] war politisch noch stärker in Böhmen tätig. Er unterstützte den deutschen König Sigismund[59] im Kampf gegen die Hussiten und wurde 1422 stellvertretender Oberbefehlshaber der königlichen Truppen. 1425 ernannte ihn König Sigismund zum Reichshofrichter. Nach der

Schlacht von Aussig 1426, in der Burggraf Heinrich II. von Meinheringen[60] ohne Nachkommen verstorben und damit dieses Burggrafengeschlecht ausgestorben war, wurde Heinrich XI./X. für seine Verdienste im Kampf gegen die Hussiten von König Sigismund mit der Burggrafschaft Meißen belehnt. Der in den Reichsfürstenstand erhobene Heinrich IX./X. führte jetzt als Heinrich I. den Titel Burggraf zu Meißen, Graf zum Hartenstein und Herr zu Plauen. Aber auch der sächsische Kurfürst Friedrich der Streitbare (Friedrich I.),1423 bis 1428 Herzog und Kurfürst von Sachsen, erhob auf die Burggrafschaft Meißen und den Burggrafentitel Anspruch. Im Vertrag von Arnshaugk 1428 bekam Burggraf Heinrich I. nur Burg und Herrschaft Frauenstein und einige kleinere Lehen zugesprochen.[61] 1435 klagte Heinrich I. und forderte vom neuen Kurfürsten Friedrich dem Sanftmütigen (Friedrich II.), 1428 bis 1464 Kurfürst von Sachsen, die Herausgabe aller burggräflichen Lehen. Friedrich II. reagierte nicht sanftmütig, sondern besetzte 1438 Plauen. Mit dem Schiedsspruch zu Preßburg 1439 sprach Kaiser Sigismund Heinrich I. Stadt und Herrschaft Plauen wieder zu. Auf die Burggrafschaft Meißen und die damit verbundenen Lehen einschließlich Frauenstein musste er allerdings verzichten. Heinrich I. und seinen Nachkommen verblieb von der Burggrafschaft nur der Titel eines Burggrafen von Meißen und der damit verbundene Sitz im Reichstag in Nürnberg.[62]

Ende 1446 verstarb Burggraf Heinrich I. Sein Sohn, Burggraf Heinrich II., erbte die kleine Plauener Restherrschaft. In Böhmen gehörten ihm Königswart, Petschau und Neuhartenstein. Der Burggraf war anscheinend äußerst streitbar. 1462 verklagte ihn die Mannschaft der Herrschaft Plauen vor dem Landgericht Georg von Podiebrads (1458 bis 1471 König von Böhmen).[63] Der Burggraf antwortete mit einer Gegenklage. Im Februar 1466 erfolgte in Prag der abschließende Richterspruch. Heinrich II. wurde unter anderem wegen Gewalttätigkeiten verurteilt und 1466 vom böhmischen König mit dem Entzug der Herrschaft Plauen als böhmisches Lehen bestraft. Der Verlust des Lehens galt auch für den Sohn des Burggrafen. Die Durchführung der Enthebung übertrug Georg von Podiebrad seinem Schwiegersohn, Herzog Albrecht von Sachsen, der Stadt und Herrschaft Plauen sofort besetzte.[64] Burggraf Heinrich II. verstarb 1482. Plauen wurde nach der Besetzung 1466 durch die Wettiner in die sächsische Verwaltungsstruktur eingegliedert und ein eigenes Amt Plauen geschaffen. Bei der Leipziger Teilung 1485 kam es zum ernestinischen Teil.[65]

Burggraf Heinrich III. verzichtete 1482 zugunsten der Wettiner endgültig auf die Herrschaft Plauen. Er erbte von seinem Vater die böhmischen Herrschaften Königswart, Petschau, Neuhartenstein und Theusing. 1483 erwarb er die Engelsburg bei Karlsbad. 1494 ernannte der böhmische König Wladislaw (auch Vladislaw, 1471 bis 1516 König) Heinrich III. zum Landvogt der Niederlausitz. Einen 1500 geborenen außerehelichen Sohn versuchte Heinrich III. als ehelich geboren anzugeben. Dieser „Heinrich der Unechte"[66] stritt sich mit seinem Halbbruder, dem 1510 oder 1511 ehelich geborenen Heinrich IV. lange um Burggrafentitel und Erbe. In Böhmen geboren, war Burggraf Heinrich IV. der tschechischen Sprache mächtig, was seinen Aufstieg am Prager Hof förderte. Nach dem Tod seines Vaters 1519 hatte sich seine Mutter 1521 neu vermählt. Als Vormund für Heinrich IV. wurde Zdenko Leo von Rosenthal, Oberstburggraf des Königreiches Böhmen, bestellt. Dieser brachte ihn am Prager Hof unter. Seine zwei Schwestern waren mit Lobkowitzern vermählt, er selbst heiratete 1532

Margarethe, die Tochter des Grafen Nikolaus I. von Salm und Neuburg. 1542 wurde Heinrich IV. vom böhmischen König Ferdinand[67] zum Oberstkanzler der Krone Böhmens und königlichen Rat und Kämmerer ernannt. Damit hatte der Enkel des 1466 aus Plauen vertriebenen Heinrich II. das zweithöchste Staatsamt im Königreich Böhmen inne. Der Versuch Kaiser Karl V.[68], im Heiligen Römischen Reich Deutscher Nation den Protestantismus zurückzudrängen, führte 1546 bis 1547 zum Schmalkaldischen Krieg. Ein Bündnis protestantischer Fürsten und Städte gründete 1531 in Schmalkalden ein Verteidigungsbündnis zur Abwehr eines möglichen Angriffs des katholischen Heeres. Führend aktiv im Bündnis waren der Landgraf Philipp von Hessen und Kurfürst Johann Friedrich von Sachsen.[69] Der Wormser Reichstag vom Frühjahr 1546 wurde von den protestantischen Fürsten frühzeitig verlassen, da die Kriegsvorbereitung des Kaisers bekannt geworden war. Ihm war es gelungen, mit dem protestantischen Herzog Moritz von Sachsen[70], dem Oberhaupt der albertinischen Linie der Wettiner, einen Neutralitätsvertrag abzuschließen. Da die kaiserliche Truppenwerbung im Juli 1546 noch nicht abgeschlossen war, entschlossen sich die Führer des Schmalkaldischen Bundes, die Kampfhandlungen zu beginnen. Daraufhin verhängte Kaiser Karl V. über Landgraf Philipp von Hessen und Kurfürst Johann Friedrich von Sachsen die Reichsacht. Im April 1546 forderte Kaiser Karl V. seinen Bruder König Ferdinand von Böhmen und Herzog Moritz, der sich bisher nur zur Neutralität verpflichtet hatte, auf, die Reichsacht über Kurfürst Johann Friedrich zu vollstrecken und in Kursachsen einzumarschieren. Nach langen Verhandlungen in Prag mit dem Ergebnis, nach einem Sieg des Kaisers die sächsische Kurwürde an die Albertiner zu übertragen, erfolgte Mitte Oktober 1546 die Kriegserklärung Herzog Moritz' an seinen ernestinischen Verwandten. Ende Oktober 1546 besetzten Truppen König Ferdinands das ernestinische Plauen. Auch das ernestinische Zwickau und große Teile Kursachsens auf dem Gebiet des heutigen Thüringens wurden von Soldaten Herzog Moritz' erobert. Da sich mit Einbruch des Winters die Truppen König Ferdinands nach Böhmen zurückzogen, konnte Kurfürst Johann Friedrich einige Städte des ernestinischen Sachsens, so Jena und Weimar, wieder zurückerobern. In Bedrängnis geraten, baten König Ferdinand und Herzog Moritz um die Anwesenheit des Kaisers auf dem sächsischen Kriegsschauplatz. Ende März 1547 brach Kaiser Karl V. von Nürnberg aus auf und vereinigte in der Nähe von Eger sein Heer mit dem der Böhmen. Entlang der Täler der Weißen Elster und der Zwickauer Mulde rückte die vereinte Armee vor. Am Karfreitag 1547 trafen die Truppen des Kaisers in Plauen ein und besetzten die Stadt im Schmalkaldischen Krieg zum zweiten Mal.

Der römisch-deutsche Kaiser Karl V., sein Bruder, der böhmische König Ferdinand, und Herzog Moritz von Sachsen übernachteten am 14. April 1547, Karfreitag zu Karsamstag, im Plauener Schloss. In der Schlacht bei Mühlberg am 24. April 1547 wurde die Armee der Protestanten vernichtend geschlagen, Kurfürst Johann Friedrich gefangen genommen und zum Tode verurteilt.

Zur Abwendung seiner Hinrichtung unterschrieb er am 19. Mai 1547 die Wittenberger Kapitulation, in deren Folge die Kurwürde auf die Albertiner überging, die ihr Territorium durch eine Fläche von Belzig, Wittenberg im Norden über Grimma, Altenburg bis Zwickau und Schneeberg im Süden beträchtlich erweitern konnten. *Das ernestinische Vogtland ging an die böhmische Krone.* Der „geborene Kurfürst" Johann Friedrich, so durfte er sich später nennen, verblieb fünf Jahre in Haft und verbrachte seine letzten beiden

Lebensjahre überwiegend in Weimar. Er verstarb am 3. März 1554. Als Oberstkanzler der Krone von Böhmen nahm Heinrich IV. an der Seite Kaiser Karl V. und König Ferdinands an der Schlacht bei Mühlberg teil. Als Lohn für seine Dienste erhielt er von Ferdinand mit Zustimmung des Kaisers Stadt und Herrschaft Plauen zurück. Als Konzession an den neuen Kurfürsten Moritz von Sachsen musste sich Heinrich IV. verpflichten, dass bei einem Aussterben des Hauses Plauen älterer Linie Stadt und Herrschaft Plauen an die Wettiner zurückfallen. Nachdem die Reußen als Anhänger des Schmalkaldischen Bundes 1547 der Reichsacht verfallen waren, vertrieben Truppen des Burggrafen die Reußen auf ihre Herrschaft Oberkranichfeld südlich von Erfurt. Am 21. Dezember 1549 erhielt Heinrich IV. von König Ferdinand den Lehnbrief über das Land der Reußen. Bereits am 24. Mai 1548 erfolgte auf dem Reichstag zu Augsburg die Ernennung Heinrich IV. zum *„des Reiches gefürsteter Burggraf zu Meißen"*[71] mit Sitz und Stimme im Reichstag. 1549 erwarb der neue Reichsfürst für 66.000 Gulden von König Ferdinand die Herrschaft Plauen, Voigtsberg und das Amt Pausa. Die urkundliche Vollziehung dieses Erbkaufes geschah am 10. Oktober 1549. 1550 trat nach dem Tod des kinderlosen Heinrich XV., Herr von Gera, der Torgauer Erbvertrag von 1537 in Kraft. Heinrich IV. erhielt dessen gesamten Herrschaftsbereich. Die Ansprüche der Reußen blieben unberücksichtigt. Bis auf Weida und Hof war es Burggraf Heinrich IV. gelungen, in den gesamten ehemaligen Besitz der Reichsvögte zu gelangen. Im heutigen Sprachgebrauch würde man ihn als Workaholic bezeichnen.

Durch seine vielfachen diplomatischen und militärischen Verpflichtungen für Ferdinand und Karl V. blieb ihm nur wenig Zeit für die Arbeit als Landesherr seiner neuen Herrschaft. Seine Tätigkeit in Plauen begann 1548, nur wenige

Tage vor dem Erhalt der Reichsfürstenwürde, sehr unglücklich. *„Am 15. Mai brennt infolge eines ‚fatalen' Büchsenschusses, den ein Bürger in der Trunkenheit mitten in der Stadt abgefeuert hatte, fast die gesamte Stadt mit dem Rathause, dem burggräflichen Schlosse, der Kirche sowie den Pfarr- und Schulgebäuden vollständig nieder."*[72] Heinrich IV. verlegte seinen Wohnsitz auf Schloss Voigtsberg, teilweise auch nach Schleiz. Zum Aufbau einer neuen einheitlichen Verwaltung und zum Umsetzen von Reformen benötigte Heinrich IV. die Unterstützung seiner Untertanen. Für den 28. Juli 1551 berief er einen Landtag der vogtländischen Stände nach Schleiz ein. *„Auf diesem Landtag bestätigte er die Privilegien der Städte und des Handwerks, verkündete er eine Polizei- und Münzverordnung, machte Ordnung in den bergbaulichen Verhältnissen und verbesserte die Kirchenverfassung insofern, als er ein Konsistorium in Plauen mit allerdings beschränkten Vollmachten einrichtete."*[73]

Zur Erfüllung seiner böhmischen Verpflichtungen verließ Heinrich IV. im Oktober 1551 das Vogtland Richtung Prag. Während der Abwesenheit als Landesherr hatte er zur Durchführung seiner Anordnungen Statthalter eingesetzt. Nach Plauen kehrte Burggraf Heinrich IV. nie mehr zurück. Wieder in böhmischen Diensten, bereitete Heinrich IV. durch Treffen mit Kurfürst Moritz von Sachsen in Leipzig den Passauer Vertrag von 1552 vor. Diese Vereinbarung gilt als die Grundlage für den Augsburger Religionsfrieden von 1555, der das Fortbestehen des Protestantismus sicherte.

Einer der größten Unholde des 16. Jahrhunderts war Albrecht II. Alcibiades, von 1541 bis 1554 Markgraf von Brandenburg-Kulmbach. Im Schmalkaldischen Krieg kämpfte er, obwohl selbst Protestant, im Heer des katholischen Kaisers Karl V. Im zweiten Markgrafenkrieg 1552 bis 1555 bekämpfte er jetzt den Katholizismus, wollte ein Herzogtum

Franken schaffen und zog mit seinem Heer plündernd und brandschatzend durchs Land. Vom Kaiser wurde Albrecht II. als Landfriedensbrecher geächtet. In einer blutigen Schlacht bei Sievershausen westlich von Peine standen sich am 9. Juli 1553 die Truppen von Markgraf Albrecht II. und das vereinigte Heer des Kurfürsten Moritz von Sachsen und des Herzogs Heinrich von Braunschweig gegenüber. Nach einer etwa vierstündigen Schlacht siegten die beiden Verbündeten, der Markgraf ergriff die Flucht. Von 30.000 kämpfenden Soldaten fanden etwa 8.000 den Tod. Kurfürst Moritz erlitt in der Schlacht eine Schusswunde, an der er zwei Tage später verstarb. Als sich die Kampfhandlungen ins markgräfliche Oberland verlagerten, wurde Burggraf Heinrich IV. neben Herzog Heinrich von Braunschweig zum Anführer der Gegner Albrecht II. ernannt. Heinrich IV., der mit der Reichsstadt Nürnberg und den Fürstbischöfen von Bamberg und Würzburg verbündet war, begann am 7. August mit der Belagerung von Hof. Erst am 27. November 1553 erfolgte die endgültige Eroberung der Stadt. Danach belagerten die Truppen Heinrich IV. im Auftrag König Ferdinands die Plassenburg bei Kulmbach. Während der Belagerung erkrankte der Burggraf schwer und starb am 19. Mai 1554 im Hauptquartier in Stadtsteinach. Die Plassenburg wurde bis Juni 1554 belagert, dann übergeben, danach von den Belagerern geplündert und zerstört. Zum Vormund der beiden Söhne Heinrich IV. und zum Befehlshaber des Belagerungsheeres bestimmte König Ferdinand Bohuslav von Hassenstein[74], den Schwager Heinrich IV. Markgraf Albrecht II. ging ins französische Exil. Er verstarb nach seiner Rückkehr am 3. Januar 1557 kinderlos in Pforzheim. Die Markgrafschaft Brandenburg-Kulmbach erhielt der Ansbacher Markgraf Georg Friedrich als Erbe. Burggraf Heinrich IV. war ein Kriegsherr und Diplomat seiner Zeit. Inwieweit er Reformen zum Nutzen der

Bevölkerung im Rahmen seiner Herrschaft durchgesetzt hätte, bleibt infolge seines frühen Todes offen.

Heinrich IV. hinterließ zwar ein großes Erbe, welches jedoch wenig gesichert war. Sein ältester Sohn, der 1535 geborene Heinrich V., regierte nach seiner Volljährigkeit zunächst allein, nachdem sein 1536 geborener jüngerer Bruder Heinrich VI. auch volljährig geworden war, mit diesem gemeinsam. Die von Heinrich IV. 1553/54 eroberten markgräflichen Gebiete um Hof gingen den beiden Burggrafen durch einen Schiedsspruch des Kaisers bereits 1556 wieder verloren. Im gleichen Jahr trat Karl V. als Kaiser des Heiligen Römischen Reiches Deutscher Nation zurück. Ein für die damalige Zeit noch nie erfolgter Vorgang. Er hatte sein Ziel, die religiöse Spaltung des Reiches zu verhindern, nicht verwirklichen können. Im September 1558 verstarb er in einem Kloster in der Extremadura in Spanien. Sein jüngerer Bruder Ferdinand, bereits römisch-deutscher und böhmischer König, wurde als Ferdinand I. sein Nachfolger als römisch-deutscher Kaiser.

Ferdinand I. lohnte die Verdienste Heinrich IV. für den böhmischen Königshof gegenüber den jungen Burggrafen nicht. Heinrich V. und Heinrich VI. hatten von ihrem Vater im Vogtland und in Böhmen einen beachtlichen Länderbesitz, aber auch eine hohe Schuldenlast geerbt. Kaiser Ferdinand I. wiederum war Schuldner gegenüber dem verstorbenen Burggrafen. Aufgrund der Prozesse gegen die Reußen vergrößerten sich die Schulden noch. Nach dem Wiener Urteil vom 28. September 1560 erhielten die Reußen Heinrich XIV. (der Ältere), seine Brüder Heinrich XV. (der Mittlere) und Heinrich XVI. (der Jüngere), die sich seit 1547 im „Exil" in Oberkranichfeld befanden, 1562 die Herrschaft Greiz zurück. Die finanzielle Not veranlasste Heinrich V., bei Kurfürst August I. von Sachsen[75] 1559 bei einer Zinszahlung von 3.000 Gulden 63.000 Gulden zu borgen. Der

Burggraf verpflichtete sich im Dezember 1559, dass der Gläubiger oder seine Erben bei Nichtzahlung der Zinsen und Nichttilgung der Schuldensumme bis 1563 die Ämter Plauen und Voigtsberg besetzen darf. 1563 nahmen die beiden Burggrafen eine Landesteilung vor. Heinrich V. erhielt die 1559 an Kursachsen verpfändeten Ämter Plauen und Voigtsberg und die böhmischen Besitzungen. Heinrich VI. bekam die Herrschaften Schleiz, Lobenstein, Burg Posterstein und das Amt Pausa. Bereits 1562 hatte Kaiser Ferdinand I. entschieden, dass die gesamte Herrschaft Gera an die Reußen zurückfällt.

Weshalb die beiden letzten Burggrafen sich so blind ihrem Untergang ergaben, bleibt unklar. Von Kaiser Ferdinand I., als Förderer ihres Vaters, hatten sie in den territorialen Angelegenheiten bestimmt Unterstützung erwartet. Ferdinand entschied allerdings jetzt zugunsten der Reußen. Bei Heinrich V. gab es sogar eine enge Verwandtschaft zum kursächsischen Hof. Der Burggraf hatte 1555 Dorothea Katharina geheiratet, eine Tochter des Markgrafenehepaars von Brandenburg-Ansbach. Die Markgräfin war die Schwester von Kurfürst August I., Dorothea Katharina somit seine Nichte. Trotzdem kündigte August I. nach Verstreichen der Pfändungsfrist am 27. Juli 1563 die Vereinbarung von 1559 und erwarb die Ämter Plauen und Voigtsberg endgültig. Selbst gegen seine schwangere Nichte ging August I. hart vor. Am 23. Oktober 1563 kamen drei kurfürstliche Kommissare nach Voigtsberg, um die Burggrafenfamilie zum Verlassen ihres Wohnsitzes zu veranlassen. Heinrich V. bat den Onkel seiner Ehefrau, beide bis Neujahr 1564 auf dem Schloss wohnen zu lassen, da sie wegen der in Böhmen wütenden Pest nicht zu ihren dortigen Besitzungen reisen konnten. Kurfürst August I., in der sächsischen Geschichtsschreibung oft „Vater August" genannt, lehnte ab und drängte auf die sofortige Räumung des Schlosses. Kurz darauf verließen unter Zurücklassung eines beträchtlichen Teils ihres Eigentums der Burggraf und seine schwangere Gattin Oelsnitz. Aus Geldmangel verkauften sie bis 1567 ihre böhmischen Besitzungen. Markgraf Georg Friedrich von Brandenburg-Ansbach, der Bruder der Burggräfin, überließ ihnen in Hof ein Wohnhaus, wo Heinrich V. 1568 verarmt und kinderlos verstarb. Seine Witwe erhielt das böhmische Theusing als Leibgedinge zurück und verstarb dort 1604. Wie sein älterer Bruder verstarb auch Heinrich VI. verarmt und kinderlos.[76] Nach der Landesteilung residierte er auf Schloss Schleiz. Seine 1564 geheiratete Ehefrau verstarb bereits ein Jahr später. 1566 vermählte sich Heinrich VI. mit Anna, Tochter des Herzogs Barnim X./XI. von Pommern-Stettin. Wie sein Bruder ständig an Geldnot leidend, verpfändete Heinrich VI. Teile seines Besitzes mehrmals, so das Amt Pausa 1566 an seine Schwiegermutter Herzogin Clara von Braunschweig-Lüneburg-Gifhorn für 20.000 Taler. 1569 kaufte Kurfürst August I. Heinrich VI. die Pfandansprüche für über 27.000 Gulden ab. Das Amt Pausa mit Mühltroff war kursächsisch geworden. Heinrich VI. verstarb 1572 als letzter männlicher Vertreter der älteren Linie der Vögte von Plauen.

Die Plauener hatten nie als Burggrafen regiert. Der Titel ging an die Kurfürsten von Sachsen über. Der noch vorhandene Besitz Heinrich VI. fiel an die Reußen. Mit Bestätigung Kaiser Ferdinand I. erhielt 1572 die Witwe des letzten Burggrafen Schleiz mit Saalburg und Burgk als Leibgedinge. Ein Rechtsstreit endet erst 1590 mit der Herausgabe von Schleiz mit Saalburg und Burgk an die Reußen. Diese mussten an die Witwe 42.250 Gulden und jährlich 600 Taler zahlen. Anna von Pommern-Stettin starb 1592. Um den Burggrafentitel und damit Besitz und Stimme im Reichstag bemühten sich die Reußen bis 1803 erfolglos.[77]

2.5 Entwicklung in Plauen

2.5.1 Bedeutsame Ereignisse

Im Umfeld der 1122 geweihten St. Johanniskirche entstand seit etwa 1100 eine Siedlung deutscher Kolonisten. Strategisch gut gewählt, wurden Wohnhäuser und Kirche auf einem Hochplateau in exponierter Lage über der Mündung der Syra in die Weiße Elster errichtet. Am Fuße des Steilhanges gab es wahrscheinlich bereits eine sorbische Siedlung, deren Bewohner auch Fernhandel betrieben. In der Nähe der Ansiedlung mündete der von deutschen Siedlern vor 1122 erbaute Elstermühlgraben mit einer Mahlmühle wieder in die Weiße Elster. Ob die Eversteinsche Burg, das heutige Malzhaus, zur Kirchenweihung bereits stand, ist unklar, da bis 1224 keine weiteren Urkunden vorliegen. So könnte auch ein Vorgängerbau aus Holz mit einem Palisadenzaun als Zwischenlösung bis zum Bau der Steinburg vorhanden gewesen sein. Bei 1996 durchgeführten Grabungen auf dem Gelände des Alten Teiches wurde ein knapp zwölf Meter langer verfüllter Graben freigelegt, bei dem es sich „um ein hier schon seit langem vermutetes Befestigungssystem handeln [könnte], welches in Bezug zur Eversteinschen Burg gesetzt werden kann".[78]

Nach Übergabe der Rechtsgewalt von den Eversteinern auf die Weidaer Vögte und der Schaffung einer Reichsvogtei im Zuge der Reichslandkampagne Kaiser Friedrich I. Barbarossa begannen die Weidaer Vögte im späten 12. Jahrhundert, eine aktive Stadtpolitik zu betreiben. Als Stadt im Rechtssinne (civitas) werden Weida 1208, Gera 1237 und Plauen 1244 genannt. Bei allen drei Städten dürfte das Datum der Stadterhebung jedoch früher gelegen haben, bei Plauen um 1200. Beachtenswert ist, dass die drei frühesten Stadtgründungen im Vogtland zugleich die Burg-

und Residenzorte der drei Vogtslinien waren. Den Stadtgründungen vorangegangen war im gesamten Saale/Elster-Raum ein umfassender bäuerlicher Landesausbau mit der Entstehung zentraler Marktorte. Damit entstand Platz für neue bürgerliche Siedler. Die sorbische Bevölkerung wurde nicht vertrieben, es erfolgte eine Integration in die neue Gesellschaft.[79] Das Zusammentreffen der Weidaer Vogtsbrüder Heinrich III. und Heinrich IV. und dessen zweitältestem Sohn, dem späteren Vogt Heinrich I. von Gera, mit Kaiser Friedrich II. auf dem Hoftag 1214 in Eger war der Beginn einer Zusammenarbeit der Vögte mit dem Deutschen Orden. 1224 schenkte Heinrich IV., der über Gera und Plauen herrschte, die Plauener Pfarrkirche St. Johannis dem Deutschen Orden. Dies ist im Zusammenhang mit dem 1219 erfolgten Eintritt seines älteren Bruders Heinrich III. in den Orden zu sehen. Heinrich III. verstarb vor 1224 im Deutschordenshaus in Altenbriesen. St. Johannis verblieb bis zur Reformationszeit im Besitz des Ordens. Das in der Schenkungsurkunde von 1224 genannte „castrum" ging mit der Oberen Mühle und dem Mühlgraben nicht mit in den Besitz des Ordens über. Mit großer Wahrscheinlichkeit bezog sich die Bezeichnung castrum auf die fertiggestellte Burg der Eversteiner, die inzwischen im Besitz der Vögte war.

Im dritten Jahrzehnt des 13. Jahrhunderts dürfte der Ausbau der Altstadt (in der Literatur als Plauen I und Plauen II bezeichnet)[80] vollendet gewesen sein. Mit einer Stadtmauer mit drei Toren und zwei Pforten[81] umbaut, gab es innerhalb der Mauer keine Entwicklungsmöglichkeiten mehr. Der älteste Sohn Heinrich IV. von Weida, Heinrich I., wird in einer Urkunde vom 29. Mai 1244 erstmalig mit dem Titel „Vogt von Plauen" bezeichnet. Er beabsichtigte eine Erweiterung „seiner" Stadt (ad ampliationem civitatis meae)[82] in Richtung des heutigen Schlossberges. In der Urkunde wird auch die steinerne Elsterbrücke erwähnt, deren Bau somit einige Jahre vor 1244 erfolgt sein muss. Die Brücke dürfte auch der Grund gewesen sein, weshalb die Erweiterung der auf dem Hochplateau errichteten Altstadt im Überschwemmungsgebiet der Talaue erfolgte. Die Kolonisation war um 1250 abgeschlossen oder in der Endphase (Elbe/Neiße-Gebiet), der Fernhandel nahm zu. In der Umgebung der steinernen Elsterbrücke entstanden Gasthäuser, Ställe für die Pferde der Fuhrleute, Werkstätten und Wohnhäuser für Handwerker und Viktualienhändler. Die Neustadt entwickelte sich zu einem Zentrum des Plauener Wirtschafts- und Verkehrswesens. Die neue Brücke besaß zwei Tortürme und hohe Brückenwangenmauern und wurde in das System der Stadtbefestigung mit jetzt sechs Toren einbezogen.[83]

Heinrich I., Vogt von Plauen (1226–1303), hatte von seinem Vater die Herrschaft Plauen und den südlichen Teil der Pflege Langenberg (Auerbach und Pausa) erhalten. Von seinem 1240 kinderlos verstorbenen Onkel Heinrich V. (dem jüngsten Sohn Heinrich II.) erbte er die Herrschaft Greiz mit Reichenbach und Werdau. Der Plauener Vogt verfügte 1240 über das flächenmäßig größte Territorium der drei Vogtslinien. Für Heinrich I. war dies sicher einer der Gründe für den Bau einer neuen Burg auf dem Hradschin, die von 1244 bis 1250 errichtet wurde. Die alte Burg der Eversteiner eignete sich auch durch ihre Lage in der Altstadt nicht mehr als Herrschersitz. Mit der neuen Burg, später Schloss der Vögte genannt, erhielt die damalige Residenzstadt Plauen ihre städtebauliche Krone. Bedeutsam für die Entwicklung des Stadtbilds war auch der Deutsche Orden. Als Zweig der Ballei Thüringen gründete er etwa 1220 eine eigene Kommende. Nach Vollzug der Schenkung der Plauener Pfarrkirche an den Orden begann dieser mit der Errichtung eines baulich imposanten Konventsgebäudes. Auch das 1273 bis 1285 errichtete Dominikanerkloster und ein erstes, wahrscheinlich um 1300 errichtetes Rathaus, waren stadtbildprägend.[84] Mit der bis um die Mitte des 13. Jahrhunderts als dreischiffige Basilika neu errichteten Johanniskirche waren in der Residenzstadt Heinrich I., Vogt von Plauen, beachtliche Bauwerke entstanden. Hinzu kam die Anerkennung der Landesherrschaft der Vögte durch König Rudolf I.

1306 teilten die beiden Enkel Heinrich I., Vogt von Plauen, die Plauener Herrschaft unter sich auf. Heinrich III. erhielt Plauen mit Auerbach, Pausa, Gefell, Hirschberg, Selb, Asch und Graslitz. Von den Vögten von Gera erwarb er noch das Amt Mühltroff. Heinrich II. bekam Greiz mit Reichenbach, Werdau, Mylau, Ronneburg und Schmölln. Durch die Teilung entstand das Haus Plauen ältere Linie und das Haus Plauen jüngere Linie, die Reußen von Plauen zu Greiz.

Die Oberhäupter der seit 1306 bestehenden vier Vogtslinien wurden durch das Edikt von Pavia 1329 fürstenähnliche Landesherren und Plauen damit Hauptstadt eines Kleinstaates im Heiligen Römischen Reich wie auch Weida, Gera und Greiz. Der Terminus „Hauptstadt" sollte nicht überbewertet werden, da bei den Reußen durch die fehlende Primogenitur später auch Schleiz, Lobenstein, Ebersdorf, Saalburg, Hirschberg und Burgk „Hauptstädte" wurden.

Das 15. Jahrhundert brachte für die Stadt Zerstörung, das Wüten der Pest, den Hussiteneinfall und die Herrschaft der Wettiner. Die militärische Streitmacht der Hussiten führte zwischen 1420 und 1431 fünf große Kreuzzüge durch. Die Krieger waren überwiegend tschechischer Nationalität, aber auch eine große Zahl von Deutschen kämpften im Hussitenheer. Von Jan Hus soll die Aussage stammen, dass ihm ein guter Deutscher lieber sei als ein böser Bruder.[85]

Der Hussitenführer Prokop[86] brach im Dezember 1429 von Prag aus mit einer Streitmacht von 4.000 Reitern, 40.000 Fußknechten und 3.000 Wagen nach Kursachsen auf. Dresden wurde umgangen, über Oschatz und Altenburg kam das Hussitenheer nach Zwickau, konnte die Stadt nicht einnehmen, zerstörte und verwüstete aber alle Dörfer im Umfeld. Danach kam es zur Plünderung von Reichenbach und Brandschatzung der beiden Reichenbacher Kirchen. Am 24. Januar 1430 lagerte das Hussitenheer vor Plauen. Über den Beginn des Kampfes am 25. Januar gibt es unterschiedliche Aussagen, auch ob sich im Plauener Schloss ein Anführer der Hussiten, Kasper Sternberg, als Gefangener von Burggraf Heinrich I. befand. Verrat oder List, den Hussiten gelang es relativ schnell, ins Schloss einzudringen. 172 Schutzsuchende, darunter viele Adlige, Geistliche, Knechte und Bürger der Stadt, kamen zu Tode. Nach der Besetzung des Schlosses wurde die Neustadt verwüstet und die Altstadt gestürmt und gebrandschatzt. Das Schloss, die St. Johanniskirche, das Konventsgebäude und fast die gesamte Stadt lagen in Schutt und Asche. Der Komtur des Plauener Konvents, die meisten Ordensbrüder, Ratsherren und viele Bürger wurden von den Hussiten ermordet. Die Gesamtzahl der Toten und darunter der Anteil der Frauen und Kinder ist unklar. In der Neupertschen Chronik von 1908 wird die Zahl der in der Stadt umgekommenen Bewohner mit 500 bis 900 angegeben, in heimatkundlicher Lektüre für Plauener Schulen von 1913 mit 700 bis 800. Aus der Zeit der DDR-Geschichtsschreibung liegen keine verwertbaren Angaben vor, da die Hussitenkriege als revolutionäre Volksbewegung eingestuft wurden und es während der Kämpfe nur zur Zerstörung von Burgen, Kirchen und Klöstern gekommen sein soll. Da es bei der Plünderung und Brandschatzung der Altstadt mit Sicherheit Widerstand und damit

Tote gegeben hat, ist von einer Mindestzahl von 300 Getöteten auszugehen.[87] Nach der Zerstörung der gesamten Konventsanlage mit oberem und unterem Komturhof gab es in der Komturei keine Ritterbrüder mehr. Die verbliebenen Priesterbrüder widmeten sich der Seelsorge, der Krankenpflege und dem Schulwesen. Beim Wiederaufbau der Stadt wurde die Trennung zwischen Alt- und Neustadt beseitigt und die Reste der zwischen beiden Stadtteilen noch vorhandenen Stadtmauer abgerissen.

Im Zuge der Vollstreckung des Prager Richterspruchs besetzte Herzog Albrecht von Sachsen am 10. Februar 1466 Plauen. Die Stadt gehörte nun zum Kurfürstentum Sachsen. Mit Ausnahme der Jahre 1547 bis 1563 und vom 23. Juli 1952 bis zum 2. Oktober 1990 blieb Plauen unter sächsischer Verwaltung.

War das Vogtland vom Schwarzen Tod, der Pest, die in Europa zwischen 1346 und 1353 etwa 25 Millionen Todesopfer, ein Drittel der Bevölkerung, forderte, noch verschont geblieben, traf die Seuche die Stadt zwischen 1463 und 1521 drei Mal. 1496, in der „großen Sterb", sollen 1.400 Menschen aus Plauen und den eingepfarrten Dörfern und 1521, in der „kleinen Sterb", 900 Menschen Opfer der Pest geworden sein. Hinzu kam am 25. August 1466 ein Syrahochwasser ähnlich der Flut von 1834.[88] Bereits ab 1520 unterstützte Georg Eulner, der letzte Komtur des Deutschen Ordens in Plauen, Luthers Lehre. Auch der aus dem Dominikanerkloster ausgeschiedene Mönch Georg Raute predigte in der St. Johanniskirche im Sinne der Reformation. Bis auf die Dominikanermönche waren fast alle Plauener Bürger Anhänger der neuen Lehre geworden. Am 2./3. Mai 1525 stürmten und zerstörten Plauener Einwohner das Dominikanerkloster und vertrieben die Mönche. Georg Eulner wurde protestantischer

Superintendent und der Deutsche Orden in Plauen 1544 säkularisiert.[89] Nachdem Plauen 1547 Residenzstadt des neuen gesamtvogtländischen Flächenstaates von Burggraf Heinrich IV. geworden war, ereilte die Stadt die im Gliederungspunkt 2.4 geschilderte Brandkatastrophe. 1548/49 begann bereits der Wiederaufbau des Rathauses mit der heutigen Renaissancefassade. Das Schloss, obwohl seit 1563 wieder in kursächsischem Besitz, blieb 122 Jahre Ruine und wurde erst ab 1670 neu aufgebaut. Von Juli bis September 1566 kam es zu einem weiteren Pestausbruch. Mehr als ein Viertel der Bevölkerung, 1.267 Bürger Plauens und der eingepfarrten Dörfer, starben.[90]

2.5.2 Wirtschaft

1306 erwarben Plauener Kaufleute die Münze der Vögte für 600 Mark Silber. Die Herausbildung der städtischen Selbstverwaltung war im 14. Jahrhundert am Rathausbau und am ersten Stadtsiegel aus dem Jahr 1329 erkennbar. Handwerker und Gewerbetreibende aus 64 Berufen hatten sich in Plauen niedergelassen. Besonders stark vertreten waren Schmiede, Schneider, Krämer und Kaufleute, die überwiegend in der Altstadt ansässig waren. Bader (Besitzer von Badestuben, auch Stübner genannt), Gerber, Klapperer (Kempner) und Fiedler (Musikanten) hatten sich überwiegend in den Vorstädten niedergelassen. In der Neustadt gab es eine Vermischung der Berufe, hinzu kamen Gastwirte und Fuhrleute.[91] Spätestens im 14. Jahrhundert dürfte sich in Plauen das Tuchmacherhandwerk entwickelt haben. Zwickau und Eger waren um 1340 Zentren der Tuchmacherei. Die Familiennamen Tuchmacher und Tuchscherer sind für die Jahre 1412/13 und 1421 in

Plauen nachweisbar. Da der karge Boden im Umland von Plauen die Eigenernährung nicht sichern konnte, kam es über die Schafzucht zur Wollverarbeitung. 1479 gab das wettinische Amt Plauen für die Schäfereien in Reinsdorf und Neundorf einen Bestand von 1.432 Schafen an. Die Zahl der gehaltenen Schweine und Rinder war wesentlich geringer. Die für das Walken der Tuche notwendige Mühle wurde 1438 erstmals erwähnt. Um durch Veredelung zu einem festen Tuch zu kommen, musste das Wollgewebe durch Stampfen und Quetschen verfilzt werden.

Um 1500 wurden in Plauen jährlich etwa 2.000 Tuche hergestellt und mit diesen ein reger Fernhandel betrieben. Neben der steinernen Brücke in Plauen war auch die 1298 erstmals erwähnte steinerne Brücke über die Weiße Elster in Kürbitz für den Warentransport erforderlich. Über beide Brücken rollten Handelswagen mit Plauener Tuchballen nach bekannten deutschen Handelsplätzen wie Leipzig, Frankfurt am Main und in Handelszentren europäischer Nachbarstaaten. In der 1598 erschienenen „Cosmographey", einer Weltbeschreibung des 1552 verstorbenen Sebastian Münster, ist Plauen mit einer doppelseitigen Abbildung und mit vier Seiten Beschreibung versehen, was auf die Bekanntheit der Stadt durch den Fernhandel mit Tuchen schließen lässt. Aber auch die Herstellung von Schleiern und Tüchern aus Baumwolle wird schon erwähnt.[92]

2.5.3 Einwohnerentwicklung

Die Entwicklung der Einwohnerzahl in Plauen unterlag im 15. und 16. Jahrhundert großen Schwankungen. Einerseits gab es in dieser Zeit ein natürliches und räumliches Bevölkerungswachstum. Das moderate natürliche Wachstum (höhere Geburtenzahlen im Vergleich zu den Sterbefällen) war ein allgemeiner Trend der Zeit. Das räumliche Wachstum resultierte aus der zunehmenden Bedeutung Plauens in der Region. Die Zahl der Zuzüge übertraf die Zahl der Wegzüge. Andererseits war die Stadt verschiedenen Katastrophen ausgesetzt, die zu zeitweiligen deutlichen Dezimierungen der Einwohnerzahl führten. Walter Bachmann gibt für 1388 eine Einwohnerzahl von ca. 2.800 Personen an. Das erscheint einigermaßen plausibel, wenn man die Zahl von 3.500 Einwohnern, die allgemein für 1602 angegeben wird, für wahrnimmt. Wenn man davon ausgeht, dass durch Geburten- und Wanderungsüberschuss die Plauener Bevölkerung von 1388 bis 1430 um ca. 500 Personen wuchs (d. h. um durchschnittlich 12 Personen pro Jahr), kommt man auf 3.300 Einwohner im Jahr 1430 vor dem Hussiteneinfall. Der Zuwachs auf 3.500 Personen 172 Jahre später ist plausibel, wenn man einerseits die außergewöhnlichen Verluste durch die Pest und das moderate Bevölkerungswachstum durch Geburten- und Wanderungsgewinne von 2.600 Personen (durchschnittlich ca. 15 Personen pro Jahr) akzeptiert. In diese Entwicklung passt eine ungefähre Bevölkerungszahl von 3.000 im Jahr 1566 sehr gut hinein. Die manchmal angegebene Einwohnerzahl von 1.500 Personen im Jahr 1430 scheint dagegen eher untertrieben zu sein, weil das ein deutlich höheres und außerdem ungleichmäßigeres natürliches und räumliches Bevölkerungswachstum unterstellen müsste. Plauen gehörte um 1500 zu den mittelgroßen schriftsächsischen Städten mit etwa 3.000 Einwohnern[93]. *„Das Erbbuch von 1506 belegt 217 besessene Bürger in der Stadt Plauen und 129 in der Vorstadt. Blaschke (Geschichte Sachsen im Mittelalter. Berlin, 1989, S. 38) gibt für mittelgroße sächsische Städte eine Behausungszahl von 7,81 und für Großstädte in Sachsen von 11,46 an. Auf dieser Grundlage kann man die Einwohnerzahl zwischen 2.702 und 3.396 ansetzen."*[94]

3. Zugehörigkeit zum Kurfürstentum/ Königreich Sachsen 1572 bis 1870

3.1 Vogtländischer Kreis / Amtshauptmannschaft Plauen

Ab 1572, dem Jahr des Aussterbens der älteren Linie des Hauses Plauen, wurde von der kursächsischen Verwaltung die Integration der alten Herrschaft Plauen ins Kurfürstentum Sachsen vorangetrieben. 1575 belehnte Kaiser Maximilian II.[95], dem protestantische Neigungen nachgesagt wurden, den befreundeten sächsischen Kurfürst August mit dem Gebiet des heutigen sächsischen Vogtlandes. Der bedeutendste Teil des einstmaligen burggräflichen Vogtlandes war staatsrechtlich relativ schnell Bestandteil des Kurfürstentums Sachsen geworden.[96] Die Eigenständigkeit des burggräflichen Vogtlandes war damit für immer vorbei. Für die wirtschaftliche Entwicklung sollte die Zugehörigkeit zu Kursachsen jedoch von Vorteil sein. Seit der Kanzleiordnung von 1547 bestanden im albertinischen Sachsen fünf Kreise:
- Kurkreis
  - Kreisamt Wittenberg
  - weitere Ämter u. a. Bitterfeld, Gräfenhainichen, Annaburg
- Thüringer Kreis
  - Kreisamt Tennstedt
  - weitere Ämter u. a. Langensalza, Sangerhausen, Weißenfels, Eckartsberga
- Meißnischer Kreis
  - Kreisamt Meißen
  - Oberamt Dresden

- o weitere Ämter u. a. Pirna, Radeberg, Senftenberg, Torgau
- Leipziger Kreis
- o Kreisamt Leipzig
- o weitere Ämter u. a. Döbeln, Eilenburg, Grimma, Wurzen
- Erzgebirgischer Kreis
- o Kreisamt Freiberg
- o weitere Ämter u. a. Chemnitz, Annaberg, Schwarzenberg, Zwickau[97]

Die Wiege des Vogtlandes, die Stadt Weida, wurde 1567 Amtsstadt im neu geschaffenen Neustädter Kreis (Neustädtischer Kreis)
- o Kreisamt Arnshaugk bei Neustadt a. d. Orla
- o Amt Weida
- o Amt Ziegenrück
- o Amt Mildenfurth

1577 erfolgte die Bildung des Vogtländischen Kreises als siebenter Kreis des Kurfürstentums Sachsen mit den Ämtern
- o Plauen
- o Pausa
- o Voigtsberg

Als Exklaven gehörten zum „Voigtlaendischen Creiss" die Stadt Gefell, Blankenburg und Blintendorf.[98] 1602 ernannte Kurfürst Christian II.[99] Plauen zum Verwaltungssitz des Vogtländischen Kreises.

Die Verwaltungsgliederung aus sieben kursächsischen Kreisen bestand bis 1815. Eigene Verwaltungsstrukturen gab es in der Ober- und Niederlausitz, den Hochstiften Merseburg und Naumburg-Zeitz sowie weiteren nicht eingekreisten Gebieten. Der 1656 verstorbene Kurfürst

Johann Georg I. (seit 1611 Kurfürst), Bruder des kinderlosen Kurfürsten Christian II., hatte in seinem Testament verfügt, dass seine drei jüngeren Söhne Sekundogenitur-Fürstentümer erhalten sollten. So entstanden 1657 die Herzogtümer Sachsen-Merseburg, Sachsen-Weißenfels und Sachsen-Zeitz. Der jüngste Sohn Moritz erhielt das aus Streubesitz bestehende Herzogtum Sachsen-Zeitz mit Zeitz als Hauptstadt. Neben den Stiftsgebieten Naumburg und Zeitz, dem albertinischen Anteil der Grafschaft Henneberg (Schleusingen, Suhl), gehörte der Vogtländische Kreis mit seinen drei Ämtern und den Exklaven sowie der Neustädter Kreis mit den vogtländischen Städten Weida, Auma, Berga, Triptis und Ziegenrück zum neuen Herzogtum. Landesherr Herzog Moritz gab 1670 die Anordnung zum Wiederaufbau des durch den Stadtbrand von 1548 zerstörten Plauener Schlosses. Nachdem Erbprinz Friedrich August 1710 mit neun Jahren verstorben und zwei weitere männliche Erben in den geistlichen Stand eingetreten waren, starb die Linie Sachsen-Zeitz nach dem Tod von Herzog Moritz 1718 aus. Das Herzogtum fiel an das Kurfürstentum Sachsen zurück. Durch die Rückgliederung des Neustädter Kreises und des Vogtländischen Kreises bestand das Kurfürstentum Sachsen wieder aus sieben Verwaltungskreisen. Nach dem Tod der letzten männlichen Erben kamen die Herzogtümer Sachsen-Merseburg und Sachsen-Weißenfels 1738 und 1746 an Kursachsen zurück.

Nachdem Napoleon am 18. Mai 1804 durch eine Verfassungsänderung zum erblichen Kaiser der Franzosen wurde, ließ der römisch-deutsche Kaiser Franz II. in seinen Erblanden am 11. August 1804 gleichfalls als Erbmonarchie das Kaisertum Österreich bilden. Damit wollte er seine Ranggleichheit gegenüber Napoleon bekräftigen. Als Franz I. war er nun Kaiser von Österreich und damit

Doppelkaiser. Der am 12. Juli 1806 von 16 deutschen Staaten, u. a. Kurmainz, Bayern und Württemberg, gegründete Rheinbund, dessen Protektor Napoleon war, erklärte am 1. August 1806 seinen Austritt aus dem Heiligen Römischen Reich Deutscher Nation. Bereits am 22. Juli 1806 wurde Kaiser Franz II. von Napoleon ultimativ aufgefordert, die Reichskrone bis zum 10. August 1806 niederzulegen und als römisch-deutscher Kaiser abzudanken, ansonsten würden französische Truppen Wien angreifen. Am 6. August 1806 dankte Kaiser Franz II. ab und löste das Reich auf, obwohl hierzu die Zustimmung des seit 1663 in Regensburg tagenden immerwährenden Reichstags notwendig gewesen wäre.[100] Im Verlauf des vierten Koalitionskrieges[101] fand am 14. Oktober 1806 in Jena und Auerstedt eine Doppelschlacht statt. Preußen war vor der Schlacht ohne Bündnispartner. Verhandlungen zu einem Vertrag mit Sachsen waren noch nicht abgeschlossen, trotzdem unterstützte Kurfürst Friedrich August III. die preußische Armee mit eigenen Truppen. In Jena und Auerstedt standen 180.000 preußische und 22.000 sächsische Soldaten 195.000 französischen Soldaten gegenüber. Nach dem Sieg der Franzosen zogen sich die preußischen Truppen Richtung Norden zurück. Das Kurfürstentum Sachsen kam unter französische Verwaltung. Friedensverhandlungen zwischen Sachsen und Frankreich führten zum Vertrag von Posen vom 11. Dezember 1806. Sachsen musste dem Rheinbund beitreten und ein Kontingent von 20.000 Soldaten als Bundestruppen stellen. *Nach Artikel 3 des Vertrages von Posen wurde nach Bayern und Württemberg auch Sachsen zum Königreich ernannt.* Die Proklamation erfolgte am 20. Dezember 1806. Kurfürst Friedrich August III. wurde als König Friedrich August I. ein treuer Vasall Napoleons. Während der Entscheidungsschlacht der Befreiungskriege, der Völkerschlacht von

Leipzig (16. bis 19. Oktober 1813), waren die sächsischen Truppen nach den Württembergern die letzte Armee, die von Napoleon abrückte und zu den Verbündeten überlief. König Friedrich August I. hatte allerdings keine Entscheidung zum Abbruch der Kämpfe getroffen. Er kam nach Ende der Kriegshandlungen in preußische Gefangenschaft. Sachsen galt nach 1813 als besiegter Staat. Zur Verwaltung des Königreichs Sachsen, der Fürstentümer Reuß, Sachsen-Altenburg, Schwarzburg-Rudolstadt und Schwarzburg-Sondershausen wurde das Generalgouvernement Sachsen der hohen verbündeten Mächte gebildet, das vom russischen General Repnin-Wolkonski geleitet wurde. Es bestand bis zum Ende des Wiener Kongresses. König Friedrich August I. war in Berlin interniert und durfte nicht am Wiener Kongress (18. September 1814 bis 9. Juni 1815) teilnehmen, der territoriale Veränderungen für verschiedene Staaten beschloss. Eigentümlicherweise konnten die von Napoleon geschaffenen Königreiche Bayern, Württemberg und Sachsen weiter als Königreiche bestehen bleiben. Die Angliederung von ganz Sachsen an Preußen als Provinz hatten Österreich und Großbritannien verhindert. Von 35.801 km² Landfläche musste das Königreich Sachsen 20.841,86 km² (= 58,2 %) überwiegend an das Königreich Preußen abtreten, u. a. die Niederlausitz mit Cottbus, die Städte Torgau und Görlitz, den Kurkreis mit Wittenberg, den Thüringer Kreis und den Neustädter Kreis. Vom Vogtländischen Kreis wurden die Exklaven Gefell, Sparnberg, Blankenberg und Blintendorf an den neugebildeten preußischen Kreis Ziegenrück mit Sitz auf der Burg Ranis abgetreten. Aus dem Neustädter Kreis kamen Neustadt/Orla, Weida, Auma, Berga und Triptis zum Großherzogtum Sachsen-Weimar und Eisenach.[102]

Als loser Bund aller souveräner Deutscher Staaten wurde durch die Unterzeichnung der Bundesakte (Verfassung) am 8. Juni 1815 der Deutsche Bund gegründet. Präsidialmacht war das Kaiserreich Österreich, dessen ungarische, polnische, italienische und südosteuropäische Gebiete sowie die west- und ostpreußischen Gebiete des Königreichs Preußen nicht zum Territorium des Deutschen Bundes gehörten. Er war auch nicht der Rechtsnachfolger des Heiligen Römischen Reiches Deutscher Nation. Die Fürstentümer Reuß ältere und Reuß jüngere Linie und das verkleinerte Königreich Sachsen waren seit 1815 Mitgliedsstaaten des Deutschen Bundes.

Im Juni 1816 wurde eine erste kleinere Verwaltungsneugliederung im Königreich Sachsen vorgenommen. Die vier bei Sachsen verbliebenen Kreise bekamen 13 Amtshauptmannschaften zugeordnet. Der Meißnische Kreis erhielt fünf, der Erzgebirgische Kreis vier und der Leipziger Kreis drei untergeordnete Amtshauptmannschaften. Als kleinster Kreis erhielt der Vogtlandkreis nur eine Amtshauptmannschaft, für die der Kreishauptmann und sein Stellvertreter, der Amtshauptmann, zuständig waren. Für die Oberlausitz galten weiterhin eigene Verwaltungsstrukturen.[103]

Die 1831 verabschiedete sächsische Verfassung ermöglichte eine staatsrechtliche Vereinheitlichung der Verwaltung. Von 1835 bis 1838 wurde die Sonderverwaltung der Oberlausitz aufgehoben und die vier noch bestehenden Kreishauptmannschaften abgeschafft. Neu eingerichtet wurden vier Kreisdirektionen in Dresden, Leipzig, Zwickau und Budissin (1868 umbenannt in Bautzen).

Übersicht der vier Kreisdirektionen mit ihren Amtshauptmannschaften:
- Kreisdirektion Dresden
  - Dresden
  - Meißen
  - Pirna
  - Freiberg
- Kreisdirektion Leipzig
  - Leipzig
  - Rochlitz
  - Grimma
  - Döbeln
- Kreisdirektion Zwickau
  - Chemnitz
  - Zwickau
  - Forchheim (Rittergut Niederforchheim, heute Ortsteil der Stadt Pockau–Lengefeld; ab 1871 Amtssitz in Annaberg)
  - Plauen
  - Herrschaft Schönburg
- Kreisdirektion Budissin/Bautzen
  - Bautzen
  - Zittau[104]

3.2 Sächsische Soldaten müssen wieder kämpfen

Mit der Niederschlagung der Deutschen Revolution von 1848/49 durch überwiegend preußische und österreichische Truppen war auch die Bildung eines demokratischen deutschen Nationalstaates gescheitert. Da sich in den 50er und 60er Jahren des 19. Jahrhunderts ein tiefgreifender ökonomischer Wandel in den Staaten des Deutschen

Bundes vollzog, wurde die staatliche Zersplitterung zu einem Hindernis bei der weiteren Industrialisierung. Nach den drei Deutschen Einigungskriegen, in denen auch sächsische Soldaten wieder kämpfen mussten, entstand 1871 mit der Bildung des Deutschen Kaiserreiches ein kleindeutscher Nationalstaat unter preußischer Führung. Vorgänger der Deutschen Einigungskriege war die Schleswig-Holsteinische Erhebung. Im März 1848 bat die provisorische Regierung von Schleswig-Holstein den Deutschen Bundestag in Frankfurt/Main um militärische Unterstützung im Kampf gegen die dänischen Bestrebungen, Schleswig verfassungsrechtlich in das Königreich Dänemark einzugliedern. Der Bundestag beschloss eine Bundesexekution gegen Dänemark. Unter Führung Preußens kämpften Bundestruppen und Freiwillige aus vielen deutschen Staaten gegen die dänische Armee. Für die sächsische Armee, deren 6.000 Soldaten im Raum Flensburg und im Kampf um die Düppeler Schanzen eingesetzt wurden, war es der erste Kriegseinsatz nach den Befreiungskriegen. Auf Druck von Großbritannien und Russland endeten die Kämpfe 1850. In London unterzeichneten 1852 Großbritannien, Frankreich, Russland, Preußen, Schweden, Dänemark und das Kaisertum Österreich einen völkerrechtlichen Vertrag zur Beendigung der Schleswig-Holsteinischen Erhebung.[105]

Im September 1863 wurde in Dänemark der Entwurf einer neuen Verfassung veröffentlicht. Mit dem neuen Gesetz sollte das Herzogtum Schleswig in das Königreich Dänemark eingegliedert und die Rechte der Bewohner der Herzogtümer Holstein und Lauenburg verringert werden. Die Herzogtümer Holstein und Lauenburg waren zwar in Personalunion mit Dänemark verbunden, jedoch eigenständige Mitglieder des Deutschen Bundes. Mit dem Verfassungsentwurf wurden die Bestimmungen des Londoner Protokolls und die Rechte des Deutschen Bundes verletzt.

Am 1. Oktober 1863 beschloss der Bundesrat eine Bundesexekution gegen Holstein und Lauenburg und beauftragte das Kaiserreich Österreich und die Königreiche Preußen, Hannover und Sachsen (!) mit deren Durchführung. Das dänische Parlament verabschiedete am 13. Oktober 1863 die neue Verfassung, die am 18. November 1863 nach Unterzeichnung durch den König in Kraft trat. Am 23. Dezember 1863 besetzte das Bundesheer, darunter *6.000 sächsische Soldaten*, die Herzogtümer Holstein und Lauenburg. Sich auf das Londoner Protokoll beziehend, stellten Österreich und Preußen am 16. Januar 1864 Dänemark ein auf 48 Stunden begrenztes Ultimatum mit dem Ziel, die Novemberverfassung aufzuheben. Dänemark lehnte am 18. Januar 1864 ab. Am 31. Januar 1864 informierten Österreich und Preußen die Signaturmächte des Londoner Protokolls über die geplante Besetzung Schleswigs, die dann am 1. Februar 1864 erfolgte. In der Bundesversammlung protestierten zahlreiche deutsche Mittelstaaten gegen dieses Vorgehen. *Die sich in Holstein befindlichen sächsischen und hannoverschen Bundestruppen boten sich zudem an, den preußischen Truppen entgegenzutreten!* Die Bundesversammlung lehnte dies jedoch ab und zog die Bundestruppen zurück. Ein Hauptschwerpunkt der folgenden Kriegshandlungen waren wieder die Düppeler Schanzen. Bis zum 11. Juli 1864 war ganz Jütland besetzt. Am 20. Juli 1864 wurde in Christiansfeld ein Waffenstillstand vereinbart. Gemäß dem Wiener Frieden vom 30. Oktober 1864 kamen die Herzogtümer Schleswig, Holstein und Lauenburg unter eine österreichisch-preußische Kondominiumverwaltung.[106]

Mit der gemeinsamen Verwaltung der Herzogtümer verschärfte sich die bestehende Rivalität zwischen Österreich und Preußen. Der preußische Ministerpräsident Otto von Bismarck legte am 10. Juni 1866 den Mitgliedsstaaten des

Deutschen Bundes einen Plan zur Umwandlung in einen Bundesstaat vor. Österreich sollte dem neuen deutschen Staat nicht mehr angehören. Der zur gleichen Zeit erfolgte Einmarsch preußischer Truppen in Holstein, welches innerhalb des Kondominiums von Österreich verwaltet wurde, veranlasste Österreich am 11. Juni 1866, beim Bundestag in Frankfurt/Main die Mobilisierung der Bundestruppen zu beantragen. Daraufhin ordnete der Bundestag Maßnahmen gegen Preußen an. Aufseiten des Deutschen Bundes und damit Österreichs standen die Königreiche Bayern, Hannover und Württemberg, die Großherzogtümer Baden und Hessen, kleinere Herzog- und Fürstentümer sowie die Freie Stadt Frankfurt/Main. Preußen war es gelungen, sich mit dem Königreich Italien zu verbünden. Mit Preußen alliiert waren die beiden Großherzogtümer Mecklenburg-Strelitz und Mecklenburg-Schwerin, das Großherzogtum Oldenburg, verschiedene kleinere Herzog- und Fürstentümer und die drei Freien Städte Hamburg, Bremen und Lübeck. Das Königreich Sachsen hatte sich wie mehrmals in seiner Geschichte verschätzt und ließ seine Truppen an der Seite Österreichs kämpfen. Das Fürstentum Reuß ältere Linie stand an der Seite Österreichs, das Fürstentum Reuß jüngere Linie, erst neutral, wurde im Verlauf der Kampfhandlungen Alliierter Preußens. Der österreichischen Militärführung war es nicht gelungen, die verbündeten Armeen unter einem gemeinsamen Oberbefehl zu führen. Die entscheidende Schlacht im Deutschen Krieg fand am 3. Juli 1866 bei Königgrätz in Böhmen statt. Mit der Niederlage Österreichs endete der österreichisch-preußische Dualismus. Im Frieden von Prag vom 23. August 1866 wurde der Deutsche Bund aufgelöst. Österreich stimmte zu, sich an einem neuen Bund nicht mehr zu beteiligen, musste zudem eine Kriegskontribution zahlen und Venetien an Italien abtreten. Preußen erhielt das Recht zur Gründung des Norddeutschen Bundes und durfte das Königreich Hannover, das Kurfürstentum Hessen, das Herzogtum Nassau, die Freie Stadt Frankfurt und die Herzogtümer Schleswig, Holstein und Lauenburg annektieren. Mit den süddeutschen Staaten Bayern, Württemberg und Baden schloss Bismarck geheime Militärbündnisse ab. Sachsen war zu Beginn des Krieges schnell von preußischen Truppen besetzt worden, kam aber beim Prager Frieden mit einem blauen Auge davon. Obwohl der preußische König Wilhelm I. ganz Sachsen annektieren wollte, gelang es Österreich und dem französischen Kaiser Napoleon III., einem Neffen Napoleon Bonapartes, die Annexion zu verhindern.

Glückliches Plauen. Die Stadt entging nach 1815 zum zweiten Mal der Gefahr, preußisch zu werden.

Aus dem im August 1866 geschaffenen Militärbündnis entstand 1867 unter preußischer Führung der Norddeutsche Bund mit allen souveränen deutschen Staaten nördlich der Mainlinie außer Luxemburg und Limburg, das bei den Niederlanden verblieb. Das Großherzogtum Luxemburg wurde im Ergebnis der Londoner Konferenz von 1867 für unabhängig und immerwährend neutral erklärt, nachdem eine beabsichtigte Annexion durch Frankreich gescheitert war.[107] Ein deutscher Kleinstaat, das Fürstentum Liechtenstein, hatte mit eigenen Truppen, allerdings ohne Feindberührung, die österreichische Armee unterstützt. Aufgrund seiner geografischen Lage und der engen Bindung zu Österreich trat es dem Norddeutschen Bund nicht bei.

Sachsen und Preußen schlossen nach Kriegsende ein Militärbündnis ab, neuer Oberbefehlshaber der sächsischen Armee war jetzt der Bundesfeldherr, der preußische König. Zusätzlich musste Sachsen eine Kriegskontribution von 10 Millionen Talern an Preußen zahlen. *Etwa 1.660 sächsische Soldaten verloren im Deutschen Krieg sinnlos ihr Leben.* In der Auseinandersetzung zwischen Preußen und Österreich wäre die Erklärung der Neutralität im Sinne der Einwohner Sachsens die beste Entscheidung gewesen. Das Fürstentum Reuß ältere Linie entging nur knapp seiner staatlichen Auflösung. Obwohl die Greizer Reußen nicht an Kampfhandlungen teilnahmen und ihr Kontingent bereits am 15. Juni 1866 in die Bundesfestung Rastatt verlegt hatten, verschlechterte der Ausgang der Königgrätzer Schlacht vom 3. Juli 1866 die Situation der Greizer. Die Lage erkennend, stellte Fürstin Caroline Reuß am 8. August 1866 an Preußen einen Antrag zur Aufnahme in das neue Militärbündnis. Vom preußischen König Wilhelm I. erhielt sie eine hinhaltende Antwort. Bismarck war für eine Auflösung des Fürstentums. Wilhelm I. setzte sich jedoch durch, und gemäß dem Friedensvertrag vom 26. September 1866 durfte das Fürstentum bestehen bleiben. Seine Aufnahme in den Norddeutschen Bund wurde von der Zahlung einer Kriegskontribution in Höhe von 100.000 Talern abhängig gemacht.

Da wohl eine Mehrzahl der Greizer Bürger vor Kriegsbeginn der Allianz mit Österreich ablehnend gegenüberstanden, zahlte Fürstin Caroline Reuß 50.000 Taler aus ihrem Privatvermögen, um eventuellen „Unruhen" vorzubeugen.[108]

Im Februar 1870 wandte sich der spanische Regierungschef Juan Prim auf der Suche nach einem neuen König für Spanien an Erbprinz Leopold von Hohenzollern-Sigmaringen, dem Schwiegersohn des portugiesischen Königs Ferdinand II. Leopold lehnte zunächst ab, nachdem die spanische Regierung Preußen bat, auf Leopold Einfluss zur Annahme der spanischen Krone auszuüben, sagte Leopold am 2. Juli 1870 zu. In einer Rede vor der gesetzgebenden Versammlung am 6. Juli 1870 in Paris bezeichnete der französische Außenminister Gramont die Annahme des spanischen Angebots durch einen Hohenzollern als Ehrverletzung von Frankreich. Die preußische Regierung empfand die Rhetorik der Rede als Kriegsdrohung, zur Beschwichtigung schickte König Wilhelm I. am 10. Juli 1870 einen Sondergesandten nach Sigmaringen. Am 12. Juli 1870 verkündete Leopolds Vater Fürst Karl Anton von Hohenzollern stellvertretend für seinen Sohn dessen Verzicht auf den spanischen Thron. Der französischen Regierung reichte diese Erklärung nicht, sie forderte, Deutsche sollten für immer auf eine Kandidatur zur Königswahl in Spanien verzichten. Dies lehnten König Wilhelm I. und Ministerpräsident Bismarck, der zugleich Bundeskanzler des Norddeutschen Bundes war, ab. Am 19. Juli 1870 erklärte Frankreich Preußen den Krieg mit der Begründung, dass *„das Projekt, einen preußischen Prinzen auf den spanischen Thron zu erheben, als eine gegen die territoriale Sicherheit Frankreichs gerichtete Unternehmung"*[109] sei. Für Frankreich unerwartet kämpften gleich zu Beginn des Krieges auf der Seite der 22 Staaten des Norddeutschen Bundes unter der Führung Preußens die süddeutschen Staaten Bayern, Württemberg und Baden. Sächsische Truppen nahmen zu Beginn des Krieges an den Schlachten bei Sankt Privat in der Nähe von Metz, Sedan und später an der Belagerung von Paris teil. Am 10. Dezember 1870 entschied der Reichstag, den Norddeutschen Bund in Deutsches Reich umzubenennen, die neue Verfassung trat am 1. Januar 1871 in Kraft. Am 18. Januar 1871 wurde in Versailles Wilhelm I. zum Deutschen Kaiser ausgerufen. Am 26. Februar 1871 kam es zum Vorfrieden von Versailles. Mit dem Frieden vom 10. Mai 1871 in Frankfurt/Main zwischen Frankreich (inzwischen Republik) und dem Deutschen Reich endete formell der Deutsch-Französische Krieg.

3.3 Entwicklung in Plauen

3.3.1 Bedeutsame Ereignisse

Neben den immer wieder auftretenden Feuersbrünsten, so 1585, 1613, 1635 und 1653, waren es vor allem die Ereignisse des 30-jährigen Krieges (1618 bis 1648), die Not und Elend über die Stadt brachten. Der kaiserliche Feldmarschall Holk, „der Schinder der armen Vogtländer", plünderte im August 1632 Plauen, obwohl sich die Stadt vorher kampflos ergeben hatte. Am 12. Oktober 1632 traf Wallenstein mit der kaiserlichen Hauptarmee in Plauen ein. Von nachfolgenden Truppen wurde die Stadt nach Wallensteins Abzug abermals geplündert und teilweise in Brand gesteckt. 1633 zogen Holks Truppen wieder ins Vogtland und brachten die Pest mit. 1.748 Plauener starben. Nach dem Tod von Kurfürst Johann Georg I. 1656 kam Plauen zum Sekundogenitur-Fürstentum Sachsen-Zeitz. Obwohl Herzog Moritz seine Residenz in Zeitz hatte, ließ er 1670 bis 1675 das Schloss wieder aufbauen. Nach dem Aussterben der Zeitzer Herzöge im Mannesstamm fiel Plauen 1718 an das Kurfürstentum Sachsen mit August dem Starken als Landesherrn zurück.

Zwei weitere große Bauten verschönerten im 18. Jahrhundert das Stadtbild. 1722 fand die Einweihung der Gottesackerkirche, der Bartholomäuskirche, statt. Der Altar stammte aus der Thomaskirche zu Leipzig und war ein Geschenk des Leipziger Rates. Der Sage nach soll 1307 Markgraf Diezmann[110] am Altar ermordet worden sein.

1883 erfolgte anlässlich der 400. Wiederkehr des Geburtstages des Reformators die Umbenennung in Lutherkirche. Auf den Resten der Eversteinschen Burg wurde 1727 bis 1730 von brauberechtigten Plauener Bürgern das Malzhaus errichtet. Nachdem bereits im Sieben-

jährigen Krieg 1756 bis 1763 Einquartierungen, Durchmärsche und Kontributionszahlungen die Bürger der Stadt belasteten, zogen von März bis Juni 1812 Napoleons Armeen mit verbündeten deutschen Rheinbundtruppen und italienisches Militär durch Plauen.[111]
Im Kanzschen Haus in der Jüdengasse (heute Nobelstraße) übernachtete Napoleon mit seiner Gemahlin Kaiserin Marie-Louise vom 15. auf den 16. Mai 1812.
Der Feldzug in Russland war nur kurz. Bereits Ende Januar 1813 kamen die ersten Soldaten von Napoleons geschlagener Armee wieder durch Plauen. Vom 26. Februar bis zum 28. März 1813 hielt sich Napoleons Verbündeter, der sächsische König Friedrich August I., mit Gemahlin, Tochter und einigen Ministern in Plauen auf. Die aus den Befreiungskriegen gegen die napoleonische Fremdherrschaft bekannten Freischaren des Rittmeisters Colomb und des Majors von Lützow waren im Mai bzw. Juni 1813 in Plauen. Der Lützower Jäger und Dichter Theodor Körner soll in Plauen sein bekanntes Reiterlied „Frisch auf, frisch auf mit raschem Flug ..." geschrieben haben.
Nach der Völkerschlacht bei Leipzig im Oktober 1813 kam Plauen zum ersten Mal unter russische Besatzung, erhielt einen russischen Stadtkommandanten und eine eigene Garnison mit etwa 500 Kosaken und Baschkiren. Über 200 verwundete Soldaten verschiedener Länder und Nationalitäten verstarben in Plauener Lazaretten.
Am Nachmittag des 22. Juli 1834 zogen schwere Gewitter über Plauen auf. Über dem Syratal kam die größte Regenmenge herunter. Das Wasser der Syra schoss an der Poppenmühle vorbei zum Syrauer Tor. Dort legte sich treibendes Holz quer und staute die Flut. Die jetzt über vier Meter hohe Syra durchbrach die alte Stadtbefestigung und überflutete die Neustadt. Infolge des Hochwassers starben 26 Menschen, 32 Wohnhäuser wurden

weggerissen, 44 stark beschädigt. Nach der Flut wurden die Reste des Syraer Tores abgerissen.[112] 1837 begann in Vorbereitung des bevorstehenden Bahnanschlusses der Bau der Bahnhofstraße. Zur Überbrückung der Syra erfolgte 1846 die Errichtung einer Brücke mit 12,50 m Breite und 3 Bögen. Durch den vom Nonnenturm am weitesten entfernt liegenden Bogen führte ein Weg entlang der Syra. Für den Durchlass breitete sich die Bezeichnung „Tunnel" aus, die im Lauf der Zeit auch auf den immer größer werdenden Platz neben der Brücke verwendet wurde.[113] In den Aberdstunden des 9. September 1844 brach im Endegässchen südlich des Altmarkts ein Feuer aus, das erst am Nachmittag des 10. September vollständig gelöscht werden konnte. 107 Wohnhäuser, 199 Nebengebäude und zwei Scheunen brannten ab, 1.674 von 10.628 Einwohnern (= 15,75 %) wurden obdachlos. Beim Wiederaufbau erhielt der Klostermarkt seine heutige Straßenführung.[114]

Vom 2. Juni 1860 bis zum 13. September 1861 beendete der Abenteuerschriftsteller Karl May seine in Waldenburg begonnene Lehrerausbildung am Vogtländischen Grundschul-Lehrer-Seminarium in Plauen mit der Gesamtnote „Gut". In Karl Mays Erzählung „Der schwarze Mustang" berichtet der aus Plauen stammende Knopfmachergeselle Sam Barth im „Wilden Westen" von den guten „grüngenüfften Klößen" seiner Heimatstadt. May bezieht sich dabei auf eigene Besuche als Seminarist im Plauener Gasthaus „Zum Tunnel".[115]

3.3.2 Wirtschaft

Zur Zeit des Niedergangs der Tuchmacherei entstand als neuer Produktionszweig die Verarbeitung von Baumwolle. Protestantische Flüchtlinge aus den Niederlanden brachten die Zeugmacherei ins Vogtland. Statt des schweren Streichgarns wurde Kammgarn für feines Baumwollgewebe, Schlöre oder Schleier genannt, verarbeitet. 1600 erließ der Plauener Rat zur Unterstützung der Baumwollwirkerei die erste Schleierordnung. Plauen war neben Chemnitz zum zweiten Zentrum der sächsischen Baumwollproduktion geworden. Nach den Pestjahren und der Zeit des Dreißigjährigen Krieges stieg die Schleierproduktion wieder an. Die Anzahl der Schleierhändler stieg von 22 im Jahr 1618 auf 52 im Jahr 1687. 1702 gründete der aus der Residenzstadt Zeitz stammende Johann Friedrich Schild die erste Manufaktur in Plauen zur Baumwollwarenherstellung. Sein Privileg wurde 1715 auf die gesamte Innung erweitert. Um in Plauen gefertigte Kattune nicht erst zum Bedrucken nach Hamburg, Bremen, Nürnberg oder Augsburg zu schaffen, erfolgte 1754 die Gründung einer zweiten Manufaktur. Die Steigerung auf etwa 6.000 Stück bedruckter Kattune im Jahr 1780 erforderte eine Vergrößerung der Produktionsräume.

In verschiedenen Bauabschnitten wurde von 1776 bis 1780 im Stil des fränkischen Barocks eine Kattundruckerei, das heutige Weisbachsche Haus, errichtet. Der Export der Musseline, nunmehr das Haupterzeugnis der Plauener Baumwollweber, erfolgte u. a. nach Russland, dem Osmanischen Reich, Frankreich, Italien und Nordamerika. Selbst Goethe, der am 3. Juli 1795 in der Posthalterei am Neustadtplatz auf seiner Reise nach Böhmen zu Mittag aß, notierte in sein Tagebuch über Plauen:
"Der Ort ist nahrhaft und hat schöne Musseline-Fabriken."

Auf der Rückreise übernachtete Goethe vom 9. zum 10. August 1795 in Plauen.[116] Dem bürgerlichen Wohlstand verdankt Plauen die 1787 bis 1789 von den Baumwollhändlern Baumgärtel und Kanz errichteten prächtigen Kaufherrenhäuser, in denen sich heute das Vogtlandmuseum befindet. Die in dieser Zeit aufkommende englische Konkurrenz, die mit billigen maschinell hergestellten Baumwollstoffen den Markt beherrschte, führte zu einem starken Rückgang der Musseline-Produktion. Es folgte eine Zeit der Handstickerei und Weißwarenherstellung.[117] Zur Weiterentwicklung der seit 1810 im Vogtland betriebenen Plattstichhandstickerei erwarb der Plauener Textilfabrikant Ludwig Böhler 1836 zwei im Elsass hergestellte Handstickmaschinen. Die technisch nicht ausgereiften Maschinen verkaufte er wieder. Einem Schweizer Textilkaufmann aus St. Gallen, der ähnliche Erfahrung machte, gelang es mit weiteren Personen, diese Maschinen wesentlich zu verbessern. Die ab der Mitte des 19. Jahrhunderts preiswert produzierten Maschinenstickerei-Produkte aus der Ostschweiz verdrängten die im Preis höher liegende vogtländische Handstickerei. Dem Studenten Albert Voigt, dem Gründer der späteren „Maschinenfabrik Kappel AG" bei Chemnitz, gelang es 1857, in St. Fiden bei St. Gallen heimlich zwei Stickmaschinen zu erwerben. Da seit 1857 eine durchgängige Eisenbahnverbindung zwischen Lindau und Leipzig bestand, erfolgte der Transport der Kisten per Bahnfracht bis nach Plauen problemlos. In den Gebäuden der Firma Schnorr und Steinhäuser in der Hofwiesenstraße gingen dann beide Maschinen ab Januar bzw. Mai 1858 in Betrieb. Die Firma Schnorr und Steinhäuser erwarb vom Schweizer Hersteller 1858 noch zehn weitere Stickmaschinen. Bis 1862 steigerte sich ihr Bestand auf 42 Maschinen.[118] Mit der Ausbreitung der

Lohnstickerei in den sechziger Jahren erhöhte sich die **Anzahl der Stickereibetriebe und der Maschinen.**

Jahr	Betriebe	Maschinen
1863	8	65
1865	9	84
1867	18	159
1869	70	327
1871	167	625
1872	239	907

Etwa ab 1860 entwickelte sich als weiterer Zweig der Textilindustrie die Konfektionsindustrie und ab 1864/67 die Gardinenherstellung.

Das Vogtland hat eine Jahrhunderte alte Bergbautradition. Im 16. und 17. Jahrhundert gab es Zinn- und Kupfererzgruben. Vom 14. bis ins 19. Jahrhundert erfolgte der Abbau von Eisenerz. Nach dem Fund von Alaunschiefer erschlossen zwei Bergleute aus Marienberg eine Grube außerhalb der Stadt in der Nähe des Syraer Tores und begannen mit der Förderung des Schiefers. Die Betreibung des Bergwerks „Ewiges Leben" erfolgte bis ins Jahr 1826. Das aus dem Schiefer gewonnene Alaunsalz war ein Basisrohstoff für den Betrieb von Gerbereien und Färbereien. Mit Inkrafttreten des Deutschen Zollgesetzes 1834 fielen die Abgaben an den innerdeutschen Grenzen weg. Zwei Jahre später begann der Bau der ersten deutschen Ferneisenbahn von Leipzig nach Dresden. 1841 kam es zwischen den Königreichen Sachsen und Bayern zum Abschluss eines Staatsvertrages über den Bau der Eisenbahnstrecke Leipzig–Plauen–Hof–Nürnberg. In Plauen stand den

Reisenden zum damaligen Zeitpunkt nur die 1697 eröffnete Fahrpost von Dresden nach Nürnberg zur Verfügung. Haltepunkt war der Postgasthof auf dem Neustadtplatz. Von 1841 bis 1846 wurde der Abschnitt Leipzig–Reichenbach fertiggestellt. Von 1843 bis 1848 kam der Bau der Strecke Nürnberg–Hof–Plauen zur Ausführung. Am 20. November 1848 fuhr vom Oberen Bahnhof Plauen der erste Zug nach Hof. Bis zum 14. Juli 1851 mussten die Reisenden zwischen Plauen und Reichenbach noch Pferdekutschen nutzen. Am 15. Juli erfolgte mit jeweils einer Zeremonie an der Göltzschtalbrücke und an der Elstertalbrücke im Beisein des sächsischen Prinzen Albert die Eröffnung der Gesamtstrecke. Die erste deutsche Nord-Süd-Verbindung von Stettin über Berlin–Magdeburg–Leipzig–Plauen–Nürnberg–München war durchgängig befahrbar.[119]

3.3.3 Einwohnerentwicklung

1598, dem Jahr der Veröffentlichung der „Cosmographey", dürfte Plauen etwa 3500 Einwohner gehabt haben. Durch die gute Entwicklung der „Plauenschen Waren" bestand eine hohe wirtschaftliche Stabilität. Die **Einwohnerentwicklung** hatte sich nach den Pestjahren wieder gefestigt.

1602	3.500 Einwohner
1633	1.500 Einwohner
1801	5.709 Einwohner
1831	8.500 Einwohner

(Schätzungen)[120]

Der Rückgang von etwa 2.000 Einwohnern in nur 31 Jahren von 1602 bis 1633 ist auf die zivilen Kriegstoten während des Dreißigjährigen Krieges und auf den neuen Pestausbruch von 1633 zurückzuführen, bei dem über die Hälfte der Bewohner verstarb.

Sachsen war schon immer ein Land mit einer großen Städtedichte und einer hohen Zahl von Gewerbe und Industrie geprägter bevölkerungsreicher ländlicher Gemeinden. Plauen gehörte nicht erst seit 1870/1880 zu den zehn größten Städten Sachsens. Seit 1834 belegte Plauen in der Rangfolge die Plätze zwischen vier und sechs.

Die zehn größten Städte Sachsens 1834

Rang	Name	Einwohner
1	Dresden	66.133
2	Leipzig	44.806
3	Chemnitz	21.137
4	Freiberg	11.054
5	Plauen	9.029
6	Zittau	8.508
7	Bautzen	8.387
8	Meißen	7.738
9	Schneeberg	6.912
10	Zwickau	6.701

(Volkszählungsergebnis vom 01.12.1834)[121]

Einwohnerentwicklung von Plauen für die Jahre 1834 bis 1867

Jahr	Einwohner
1834	9.029
1840	10.152
1849	12.334
1855	13.812
1858	14.817
1861	16.200
1864	18.600
1867	20.500

(Volkszählungsergebnisse)[122]

4. Die Reußenländer 1572 bis 1870

Nach dem Tod des Burggrafen Heinrich VI. aus dem älteren Haus Plauen 1572 existierte von den vier 1329 von Kaiser Ludwig dem Bayern in die Reichsunmittelbarkeit erhobenen Vogtslinien nur noch die Linie der Reußen von Plauen zu Greiz. In der Zeit von 1404 bis 1427 war die Herrschaft Weida durch Verkauf vollständig an die Wettiner übergangen. Vertreter der Familienzweige lebten in Wildenfels, Berga, Schmölln und Auerbach. Mit dem Tod Heinrich XXIV. dem Jüngeren zu Weida, Herr zu Wildenfels, 1531 in Wildenfels, starb die Linie im Mannesstamm aus.[123] Der letzte Herr zu Gera, Heinrich XV., starb 1550 in Burgk, damit erlosch auch die Geraer Linie. 1550, zu Lebzeiten von Burggraf Heinrich IV., saßen die drei der Reichsacht verfallenen reußischen Brüder noch in Oberkranichfeld.

1564, nur zwei Jahre nachdem die Brüder ihre Herrschaft Greiz zurückerhalten hatten, erfolgte eine Erbteilung in die:
- ältere Linie Reuß – Untergreiz
- mittlere Linie Reuß – Obergreiz
- jüngere Linie Reuß – Gera

Das 1590 von der Witwe des Burggrafen Heinrich VI. von den Reußen zurückgekaufte Gebiet um Schleiz wurde bis 1596 gemeinsam verwaltet und dann ebenfalls geteilt:
- die ältere Linie erhielt Burgk
- die mittlere Linie erhielt die Stadt Schleiz
- die jüngere Linie erhielt Saalburg und Tanna

1616 erlosch die mittlere Linie im Mannesstamm, das Gebiet wurde zwischen der älteren Linie, die sich inzwischen nochmals unterteilt hatte, und der sich bis dahin nicht

geteilten jüngeren Linie aufgeteilt. Erst 1768 waren alle Gebiete der älteren Linie wieder vereint. 1647 kam es zu einer vierfachen Teilung der jüngeren Linie Gera in:
- Gera
- Schleiz
- Lobenstein
- Saalburg

1666 wurde die Herrschaft Saalburg aufgelöst, die Stadt kam zu Gera, Tanna zu Schleiz und einzelne Dörfer wie Göttengrün und Weißbach zu Lobenstein.
1678 erfolgte die Teilung Lobensteins in:
- Lobenstein
- Ebersdorf
- Hirschberg

Hirschberg wurde 1711 nach Aussterben der Linie im Mannesstamm zwischen Lobenstein und Ebersdorf geteilt. 1692 erfolgte innerhalb der Linie Schleiz die Bildung der Paragiatslinie Reuß-Schleiz zu Köstritz.[124]

1802 verwalteten die Linien Schleiz, Lobenstein und Ebersdorf nach Aussterben der Geraer Linie im Mannesstamm deren Gebiet gemeinsam. 1824 fiel nach Aussterben der Lobensteiner Linie das Gebiet an Ebersdorf. Der neue Staat nannte sich Lobenstein-Ebersdorf. 1848 dankte Heinrich LXXII., Fürst Reuß zu Lobenstein-Ebersdorf, zugunsten von Schleiz ab. Alle Gebiete der jüngeren Linie Reuß waren jetzt unter der Teillinie Schleiz wieder vereint. Am 1. Oktober 1848 erfolgte die Bildung des Fürstentums Reuß jüngere Linie mit der Haupt- und Residenzstadt Gera.

1673 wurde das gesamte Geschlecht der Reußen in den Reichsgrafenstand erhoben. Erst 1690 kam es zur Einführung der Primogenitur.

1778, zehn Jahre nach der Vereinigung der älteren Linien Ober- und Untergreiz, erhob Joseph II., 1765 bis 1790 römisch-deutscher Kaiser, Heinrich XI., Graf Reuß zu Greiz, in den erblichen Fürstenstand. Ab 1790/1806 durften sich auch die Grafen der jüngeren Linie der Reußen Fürsten nennen. Die Reußenländer waren wie das Königreich Sachsen treue Vasallen Napoleons. Im Gegensatz zum östlichen Nachbarn konnten die Reußen ihr gesamtes Territorium nach den Beschlüssen des Wiener Kongresses von 1815 behalten. Die Anwesenheit reußischer Diplomaten auf dem Kongress fand Eingang in die Operette „Wiener Blut" von Johann Strauß (Sohn).[125]

Das Fürstentum Reuß ältere Linie Greiz und die Fürstentümer der jüngeren Linie Reuß-Schleiz, Reuß-Lobenstein und Reuß-Ebersdorf wurden 1815 Mitglieder (Bundesglieder) des Deutschen Bundes.

Ab 1824 waren noch drei Reußenländer Bundesglieder:
- Reuß ältere Linie Greiz
- Reuß jüngere Linie Schleiz
- Reuß jüngere Linie Lobenstein-Ebersdorf

Ab 1848 gab es nur noch:
- Reuß ältere Linie Greiz
- Reuß jüngere Linie Gera (aus dem Haus Schleiz)

Der nach dem Ende des Deutschen Krieges 1866 geschaffene Norddeutsche Bund hatte 22 Mitgliedsstaaten, darunter die beiden reußischen Fürstentümer.[126]

5. Das Königreich Sachsen im Deutschen Kaiserreich 1871 bis 1914

5.1 Wirtschaft und Verwaltung

Die Eingliederung in ein etwa 40-mal größeres Staatsgebiet mit einer Einwohnerzahl, die 15-mal so groß war wie die von Sachsen, ermöglichten der Wirtschaft günstige Entwicklungsbedingungen. Staatsrechtlich galt für Sachsen jetzt die Reichsverfassung. Diese beschnitt die Gesetzgebungsbefugnisse der Bundesstaaten, die eine alleinige Kompetenz nur noch für das Polizei-, Gemeinde-, Schul-, Hochschul- und Staatskirchenrecht besaßen. Für einige andere Rechtsgebiete konnten Gesetze erlassen werden, solange die Reichsregierung ihre Kompetenz nicht in Anspruch nahm.[127]

Hier sind Ähnlichkeiten mit den Gesetzgebungsmöglichkeiten der heutigen Bundesrepublik Deutschland erkennbar. Auf der Grundlage des Organisationsgesetzes vom 21. April 1877 erfolgte eine große Umgestaltung der Verwaltungsgliederung. Abgeschafft wurden die vier Kreisdirektionen, stattdessen kam es wieder zur Einführung von Kreishauptmannschaften. Bei den Amtshauptmannschaften erfolgte eine Erhöhung der Anzahl auf 25. Die drei großen Städte Dresden, Leipzig und Chemnitz wurden bezirksfrei und unterstanden direkt der jeweiligen Kreishauptmannschaft. Mit Wirkung zum 15. Oktober 1874 trat der neugeschaffene Verwaltungsaufbau in Kraft.

Übersicht der vier Kreishauptmannschaften mit ihren Amtshauptmannschaften:

- Kreishauptmannschaft Dresden
  - bezirksfreie Stadt Dresden
  - Dresden (seit 1880 geteilt in Dresden-Altstadt und Dresden-Neustadt)
  - Freiberg
  - Großenhain
  - Meißen
  - Pirna
- Kreishauptmannschaft Leipzig
  - bezirksfreie Stadt Leipzig
  - Borna
  - Döbeln
  - Grimma
  - Leipzig
  - Oschatz
  - Rochlitz
- Kreishauptmannschaft Zwickau
  - bezirksfreie Stadt Chemnitz
  - Annaberg
  - Chemnitz
  - Flöha
  - Marienberg
  - Auerbach
  - Oelsnitz
  - Plauen
  - Schwarzenberg
  - Zwickau
  - Herrschaft Schönburg (seit 1878 Glauchau)
- Kreishauptmannschaft Bautzen
  - Bautzen
  - Kamenz

- Löbau
- Zittau

1900 erfolgte eine Teilung der Kreishauptmannschaft Zwickau.

Neu entstanden die
- Kreishauptmannschaft Chemnitz
  - bezirksfreie Stadt Chemnitz
  - Annaberg
  - Chemnitz
  - Flöha
  - Glauchau
  - Marienberg
  - Stollberg (wurde 1910 neu gebildet)

und die um fünf Amtshauptmannschaften reduzierte
- Kreishauptmannschaft Zwickau
  - Auerbach
  - Oelsnitz
  - Plauen
  - Schwarzenberg
  - Zwickau

Aus den Amtshauptmannschaften Plauen und Zwickau wurden 1907 Plauen und Zwickau ausgekreist und unterstanden direkt der Kreishauptmannschaft Zwickau. Sie wurden exemte Städte (kreisfreie Städte).[128]

Führend in der sächsischen Wirtschaft war nach 1871 die Textilindustrie. 1895 befanden sich mehr als ein Drittel aller deutschen Textilbetriebe in Sachsen. Sehr schnell entwickelten sich Maschinenbau und Metallbearbeitung. Die Zahl der Beschäftigten im Maschinenbau erhöhte sich von 1882 bis 1895 um etwa 75 Prozent. Leipzig wurde ein großer industrieller Ballungsraum, Gleiches gilt für Dresden und den Elbtalkessel zwischen Pirna und Meißen. Plauen und Zwickau entwickelten sich in Westsachsen zu bedeutenden Industriestandorten. Besonders um Dresden und Leipzig stieg die Einwohnerzahl in den Landgemeinden in unmittelbarer Nähe. Bei der Eingemeindung 1903 nach Dresden hatte z. B. Löbtau schon 33.447 Einwohner. Das war etwas mehr als die Hälfte der Einwohnerzahl Dresdens von 1834 (66.133 Einwohner). Durch die von 1889 bis 1892 erfolgten Eingemeindungen von 17 Vorstadtgemeinden mit insgesamt 143.102 Einwohnern nach Leipzig, darunter Lindenau (25.591 Einwohner) und Plagwitz (13.045 Einwohner), kam es zu einer Verdopplung der Einwohnerzahl.[129]

5.2 Entwicklung in Plauen

5.2.1 Bedeutsame Ereignisse

In der Kaiserzeit errichtete Gebäude prägen heute noch das Stadtbild, sofern sie nicht durch Luftangriffe am Ende des Zweiten Weltkriegs zerstört wurden:
- 1877 Kaiserliches Postamt
- 1904 Kaffeehaus Trömel
- 1912 König Albert Bad
- 1914 Warenhaus Tietz (jetzt Landratsamt)

1912 begann der Bau des neuen Rathauses. Mit der Aufführung von Friedrich Schillers Drama „Jungfrau von Orleans" erfolgte am 1. Oktober 1898 die Eröffnung des neuen Stadttheaters.[130]

Das Baugewerke war einer der Gewinner der Einwohnerentwicklung, da neue Wohnungen benötigt wurden. Überwiegend im Stil des Historismus und in verschiedenen Varianten des Jugendstils entstanden große Wohnhäuser und sehr breit angelegte Straßen, aufgelockert durch zahlreiche Grünanlagen. Trotz zeitweiligem Wohnungsmangel kam es nicht zum Bau von Mietskasernen. Auch die benötigte technische Infrastruktur wie Gasanstalt, Elektrizitätswerk und Kanalisation wurde auf der Grundlage modernster Technik zeitnah errichtet. Für die Sicherstellung der Trinkwasserversorgung erfolgte rechtzeitig der Ankauf von Grundstücken zur Errichtung einer Trinkwassertalsperre. Deren Bau erfolgte von 1904 bis 1911 in der Nähe der Dörfer Bergen und Werda im Geigenbachtal.

Für die Lösung des innerstädtischen Personenverkehrs entschied man sich nach Prüfung mehrerer Varianten, auch einer Kabelbahn, wie sie heute noch in San Francisco fährt, für eine elektrische Straßenbahn. Im Vorfeld des Baus setzte sich der Leiter des Oelsnitzer Gaswerkes Fritzsch für eine Trassenführung bis nach Oelsnitz ein.[131] Die Inbetriebnahme der ersten Plauener Straßenbahnlinie vom Oberen Bahnhof zum Neustadtplatz erfolgte am 17. November 1894. Am 3. Dezember des gleichen Jahres wurde die Strecke bis zum Unteren Bahnhof verlängert. 1899 ging die Linie Syrabrücke (Tunnel)–Grüner Kranz in den Betrieb. Mit dem Bau dieser Linie kam es zur Verbreiterung der Syrabrücke von 12,50 m auf 19 m. Der in Plauen sehr beliebte Radsport erhielt am Tannenhof eine eigene Radrennbahn, die am 3. August 1903 vor 8.000 Zuschauern eingeweiht wurde. Bis Anfang der 1930er Jahre fanden auf der Bahn Radrennen statt.

Der von Juni 1884 bis 1888 als Stadtbaumeister (bis Oktober 1885 Stadtbaurat) tätige Georg Osthoff hatte zum Teil eigenartige Vorstellungen zur innerstädtischen Weiterentwicklung und zur Plauener Stadtgeschichte. Für das Gebiet um das ehemalige Lehrerseminar gab es früher die Bezeichnung „Neumarkt". Osthoff wollte diese Fläche zwischen Straßberger und Neundorfer Straße zu einem

Geschäftsviertel „mit Marktplatz" entwickeln. Über eine neue Brücke aus Eisen sollte eine breite Hauptstraße zum Oberen Bahnhof führen.[132] Da Osthoff bereits 1888 seine Tätigkeit in Plauen beendete, kamen seine Ideen nicht zur Ausführung. Zur Verbindung verschiedener Stadtteile mit dem Oberen Bahnhof diente die 1905 fertiggestellte Friedrich-August-Brücke, damals mit 90 m Spannweite die größte gemauerte Einbogenbrücke der Welt. Osthoff war bis 1884 Stadtbaumeister in Oldenburg. Plauen hatte 1885 bereits 42.848 Einwohner, Oldenburg im gleichen Jahr erst 19.900. Somit war Plauen für die deutschen Verhältnisse schon eine beachtliche Mittelstadt. In einem zur baulichen Entwicklung gehaltenen Vortrag bezeichnete Osthoff 1886 Plauen als eine Stadt, *„welche sich mit Windeseile in wenigen Jahren aus einer kleinen ackerbaubetreibenden Stadt zu einer bedeutenden Fabrikstadt, welche jetzt ihre Fabrikate großen überseeischen Häusern zuwendet, entwickelt hat".*[133] Weshalb der Stadtbaurat seine Arbeitgeberstadt als Ackerbürgerstadt bezeichnete, ist unklar.

Leider wurde dieser Begriff nicht nur von Osthoff oftmals unkritisch verwendet.[134] Osthoff wollte auch das *„vollständige Fehlen interessanter Gebäude aus früheren Jahrhunderten"* in Plauen erkannt haben. So zumindest eine weitere Aussage von ihm in seinem Vortrag von 1886. Hier überrascht die Bezeichnung „vollständig". Da anzunehmen ist, dass sein Arbeitsplatz das Rathaus (heute das Alte Rathaus) war, wäre dieses Bauwerk das erste interessante Gebäude, welches ihm beim Aufenthalt in Plauen hätte auffallen müssen. Das Manufakturgebäude in der Bleichstraße (heute Weisbachsches Haus), das Malzhaus, das Zeugmacher-Innungshaus am Alten Teich, der Nonnenturm mit Bastion, das Schloss der Vögte auf dem

Hradschin, die Kaufmannshäuser in der Königstraße, das Konventsgebäude am Komturhof und die St. Johanniskirche waren auch 1886 als bemerkenswerte Bauwerke nicht zu übersehen. Ausgehend von Osthoffs Bemerkungen muss kurz auf die Städtetypologie eingegangen werden. Dieses Thema ist sehr spannend und auch umfangreich und kann deshalb nur kurz angerissen werden. In Deutschland gab es bis zum 11. Jahrhundert etwa 200 Städte. Bis zum Ende des 14. Jahrhunderts hatte sich diese Zahl auf etwa 4.000 erhöht.[135] In Plauen, an der Kreuzung wichtiger Fernhandelswege in unmittelbarer Nähe der steinernen Elsterbrücke und zweier Burgen, konnten Handwerker und Kaufleute ihre Waren regelmäßig auf den abgehaltenen Märkten verkaufen oder tauschen. Plauen war bereits im späten Mittelalter und in der frühen Neuzeit eine entwickelte Gewerbe- und Handelsstadt mit ausgeprägter Tuchmacherei und umfangreichen Fernhandelsbeziehungen. Ackerbürger gab es als soziale Gruppe in Gewerbe- und Fernhandelsstädten nicht, da sich diese Städte im Ergebnis der Arbeitsteilung zwischen gewerblicher und landwirtschaftlicher Produktion entwickelten. Ackerbürgerstädte, wie die nordwestsächsischen Kleinstädte Brandis, Mutzschen, Naunhof, Nerchau und Trebsen, entstanden im Zuge der bäuerlichen Kolonisation. Bis ins 19. Jahrhundert hatten in diesen Städten nur die „Ackerbürger", die Besitzer landwirtschaftlicher Güter, das volle Bürgerrecht. Die städtische Selbstverwaltung war nur gering ausgebildet.[136] Zu diesem Städtetyp gehörte Plauen nie.

„Unter Ackerbürgerstadt versteht man eine Stadt, deren wirtschaftliche Grundlage hauptsächlich die Landwirtschaft ist und die keine zentrale innerstädtische Verwaltung aufweist. Im Gegensatz dazu weisen typische europäische Städte vor allem Handwerks- und Gewerbebetriebe und

Handel auf. Der Nachweis von Ackerbürgern in einer Stadt oder die Existenz von Gebäuden, die zum landwirtschaftlichen Betrieb der städtischen Bauern dienen, charakterisiert eine Stadt nicht zwingend als Ackerbürgerstadt."[137]

5.2.2 Wirtschaft

Mit dem Jahr 1880 begann der famose Aufstieg der Plauener Stickereiindustrie. Eine Gruppe von Fachleuten um den Stickereifabrikanten Theodor Bickel war es erstmals gelungen, glatten Tüll ohne Unterlage zu besticken. International wurde die Weltneuheit 1881 in Paris präsentiert. Das war die Geburtsstunde der Plauener Spitze. Die Einführung von Schiffchenstickmaschinen 1883 und von Stickautomaten 1902, die das Muster durch ein Lochkartensystem übertrugen, führten zu einer weiteren Steigerung der Produktion. Zur Plauener Spitze gehört auch die seit 1883 hergestellte Ätz- oder Luftspitze, bei der der Stickboden nachträglich entfernt wird.[138]

Da die Stickereiherstellung von Wasser unabhängig war, kam es zusätzlich zum bestehenden Verlagssystem mit vielen Kleinbetrieben in Hinterhöfen ab 1900 zum Bau von zahlreichen großen Fabrikgebäuden in Eisenkonstruktionsbauweise im gesamten Stadtgebiet. Diese Fabrik- und teilweise auch Wohnbauten fügten sich harmonisch in vorhandene Straßenzüge ein und waren stadtbildprägend. 1902 entstand in der Schlachthofstraße ein viergeschossiges Fabrikgebäude mit vier Sticksälen für 162 Stickmaschinen. In der Lützowstraße (heute Friedrich-Engels-Straße) wurde 1907 von der Stickereifirma Iklé & Reis ein Gebäude einschließlich des Dachs in Eisenbetonbauweise errichtet. Nach Fertigstellung der König-Friedrich-August-Brücke (heute Friedensbrücke) 1905 kam es zu zahlreichen

Neubauten von Fabriken und Wohn- und Geschäftshäusern entlang der Breitestraße (heute Friedenstraße):
- 1907 Stickereimanufaktur Firma Singer (Nummer 30)
- 1911 Stickereimanufaktur Firma Surmann (Nummer 71)
- 1912 Stickereifabrik Firma Lorenz (Nummer 58/60)

Auf der Roonstraße (heute L.-F.-Schönherr Straße) wurden 1906 Gebäude für die Firma Vogtländische Tüllfabrik AG und 1910 für die Firma Deutsche Gardinenfabrik AG erbaut. In unmittelbarer Nähe, in der Parsevalstraße (heute Ricarda-Huch-Straße), ließ die AEG 1911 ein Glühlampenwerk errichten.[139]

Das kalkarme Wasser der Weißen Elster war eine Voraussetzung für die Ansiedlung von Färbereien und Veredlungsbetrieben in der Elsteraue. Da jede Fabrikanlage über ein eigenes Heizhaus mit einem hohen Schornstein verfügte, erhielt das Plauener Stadtbild „besonders durch die Vielzahl der Schornsteine in der Elsteraue eine charakteristische Silhouette."[140]

Dort gründeten auch am 28. Oktober 1881 die nicht verwandten Johann Conrad Dietrich und Paul Herrmann Dietrich eine Stickereimaschinenfabrik. Beeinflusst durch die schnelle Ausbreitung der Schiffchenstickmaschine kam es bereits 1885 zur Gründung einer Aktiengesellschaft, der VOMAG, der Vogtländischen Maschinenfabrik AG. 1902 eingeführte Automatstickmaschinen, die 1909 vom späteren Werkleiter Robert Zahn noch entscheidend verbessert wurden, führten ab 1910 zu einem enormen Anstieg der Serienproduktion. Die VOMAG entwickelte sich zur größten Stickmaschinenfabrik Europas.

Da das alte Betriebsgelände an der Trockentalstraße zu klein geworden war, kam es 1902 an der Cranach-Ecke Holbeinstraße zum Neubau. Bereits 1904 war der Umzug in die modernen Fabrikgebäude abgeschlossen. Noch vor dem Umzug gab es seitens der Betriebsleitung Überlegungen für die Schaffung weiterer Geschäftszweige. Mit dem vorhandenen Maschinenpark war ein Aufbrechen der Monostruktur möglich. Es ist wenig bekannt, dass die VOMAG bereits 1899 mit der Herstellung von Rotationsdruckmaschinen begann. Ab 1911 wurden weiterentwickelte Maschinen mit indirektem Druck (Offsetdruck) hergestellt. So galt die VOMAG ab etwa 1910 auch als Europas größter Produzent von Rotationsdruckmaschinen.[141] Mit dem Bau von Druckmaschinen und dem bereits angedachten Bau von Lastkraftwagen war die Firma VOMAG auf einen eventuellen Einbruch des von der Mode abhängigen Stickmaschinenbaus vorbereitet. 1914, kurz vor dem Ersten Weltkrieg, hatte die VOMAG etwa 2.000 Beschäftigte und war der einzige Großbetrieb in Plauen.

Eine für die Ausbildung von Fachkräften mit künstlerischen Begabungen wichtige Einrichtung wurde die 1877 gegründete „Kunstgewerbliche Fachzeichenschule". Aus ihr ging 1903 die „Königliche Kunstschule für Textilindustrie" hervor. Zur Behebung des Mangels an gut ausgebildeten Stickereifachkräften erfolgte 1899 die Gründung der Vogtländischen Stickereifachschule.

Da ein beachtlicher Teil der in Plauen hergestellten Stickereiwaren und Stickereimaschinen und der im Oberen Vogtland produzierten Musikinstrumente in die USA verkauft wurden, richteten die Vereinigten Staaten von Amerika 1887 zur Erleichterung des Warenhandels in der Tischendorfstraße 25 ein Konsulat ein. Die Vertretung war zuständig für die Kreishauptmannschaft Zwickau, das Fürstentum Reuß ältere Linie und den Landratsamtsbezirk

Schleiz des Fürstentums Reuß jüngere Linie. In Markneukirchen befand sich eine Außenstelle des Konsulats.

Höhepunkt der internationalen Bekanntheit Plauens war sicher die Verleihung des „Grand Prix" an die gemeinsame Ausstellung der Plauener Spitzenfirmen auf der Weltausstellung 1900 in Paris. Danach steigerte sich der Export für die Spitzenerzeugnisse in die USA von 3,1 Millionen Mark 1899 auf 5,6 Millionen Mark 1900. Die modebewusste Frau in den USA trug (sofern sie es sich leisten konnte) Plauener Spitze.

Nach 1912 kam es infolge neuer Modeströmungen in der Damenmode, auch durch das Auftreten des Reformkleides und der Ablehnung von Spitze und anderem modischen Zubehör, zu einem Einbruch des Exportes besonders in die USA, der von 1912 zu 1913 um etwa 50 % sank.[142]

Dem Hochwasserschutz, aber auch dem Bau weiterer Fabrikgebäude und dem Wohnungsbau diente die 1897 bis 1902 durchgeführte Elsterregulierung. Das Fließgewässer zwischen Turnstraße und Unterem Bahnhof wurde um 775 m verkürzt und auf das Doppelte verbreitert. Durch die Beseitigung des Elsterbogens in der Oberen Aue und das Anlegen von Schutzdämmen wurde die Hochwassergefahr reduziert und ca. 350.000 m² zusätzliches Bauland geschaffen (darauf steht heute unter anderem der Media Markt).[143]

Wichtige wirtschaftliche Impulse erfuhr Plauen durch den weiteren Ausbau des Eisenbahnnetzes. Am 1. November 1874 nahm die Strecke von Plauen nach Oelsnitz ihren Betrieb auf. Damit war eine direkte Verbindung von Plauen nach Eger über Oelsnitz, Adorf, Brambach möglich. Die unter dem Namen „Voigtländische Staatseisenbahn" bereits 1865 eröffnete Linie (Reichenbach)–Herlasgrün–Falkenstein–Oelsnitz–Adorf–Brambach–(Eger) wurde für den

Abschnitt Herlasgrün–Falkenstein–Oelsnitz zur Nebenbahn herabgestuft.
Die Fertigstellung der Talbahn (untere Bahn) erfolgte 1875 in Abschnitten:
- 17. Juli Gera/Wolfsgefährt–Greiz
- 08. September Greiz–Plauen/Unterer Bahnhof
- 20. September Plauen/Unterer Bahnhof – Weischlitz

Am 15. November 1875 nahm die Linie Chemnitz–Aue–Adorf ihren Betrieb auf. Von Zwotenthal zweigte eine Strecke nach Klingenthal ab, die am 24. Dezember 1875 eröffnet wurde. Der Weiterbau nach Graslitz war 1886 beendet und somit eine Verbindung nach Falkenau in Böhmen hergestellt.

Bis 1911 gingen weitere, auch für Plauens Wirtschaft wichtige Nebenlinien, in Betrieb:
- 1884 Mehltheuer–Weida (–Gera)
- 1887 Schönberg–Schleiz
- 1892 Schönberg–Hirschberg/Saale
- 1906 Adorf–Roßbach/Böhmen
- 1909 Adorf–Markneukirchen (1911 verlängert bis Erlbach)

Plauen war mit dem Oberen Bahnhof und dem Unteren Bahnhof, seit Dezember 1894 durch eine Straßenbahnlinie verbunden, zu einem hochfrequentierten Eisenbahnknotenpunkt geworden. Höhepunkt war sicher die im Sommerfahrplan 1900 eingerichtete direkte Schnellzugverbindung Plauen–Hof–Mainz–Metz nach Paris. Bemerkenswert auch die ab 1896 bestehende Schnellzugverbindung Weimar–Gera–Plauen/Unterer Bahnhof–Eger. In diesem Zug kam ab 1906 ein Kurswagen Gera–Salzburg zum Einsatz.[144]

5.2.3 Einwohnerentwicklung

Bereits seit 1867 war Plauen eine Mittelstadt mit über 20.000 Einwohnern. Bis 1912 erfolgte ein stetiger Bevölkerungszuwachs. 1912 wurde mit 128.014 Einwohnern der absolute Höchstwert erreicht. Schon vor der Jahrhundertwende hatte sich Plauen vor Zwickau zur viertgrößten Stadt Sachsens entwickelt und behielt diesen Status bis zum Ende des Zweiten Weltkriegs. 1913 und 1914 kam es, ausgehend von Konjunkturveränderungen, zu einem Einwohnerrückgang.

Die zehn größten Städte Sachsens 1895

Rang	Name	Einwohner
1	Leipzig	386.363
2	Dresden	324.341
3	Chemnitz	157.717
4	Plauen	54.388
5	Zwickau	49.402
6	Freiberg	29.225
7	Zittau	27.248
8	Glauchau	24.761
9	Reichenbach im Vogtland	24.140
10	Crimmitschau	23.596

(Angaben können z. T. geringfügig von den Volkszählungsergebnissen abweichen)[145]

Sächsische Städte mit mehr als 20.000 Einwohnern nach der Volkszählung vom 1. Dezember 1905 und Vergleich mit 1834 (Zunahme auf %)

Rang	Name	Einwohner 1905	Einwohner 1834	Zunahme auf %
1	Dresden	515.000	66.133	779
2	Leipzig	502.570	44.806	892
3	Chemnitz	244.405	21.137	1.156
4	Plauen	105.383	9.029	1.167
5	Zwickau	68.472	6.701	979
6	Zittau	34.706	8.508	408
7	Meißen	32.289	7.738	417
8	Freiberg	30.869	11.054	279
9	Bautzen	29.412	8.387	351
10	Meerane	24.994	4.172	599
11	Reichenbach im Vogtland	24.911	5.165	483
12	Glauchau	24.617	6.296	391
13	Crimmitschau	23.387	3.767	621

146

Bemerkenswert ist, dass die fünf größten sächsischen Städte den höchsten Zuwachs von 1905 zu 1834 aufweisen. Die oft in der Literatur zu findende Aussage, Plauen sei im schnellen Wachstum der Bevölkerung eine absolute Ausnahme gewesen, stimmt so nicht, wie der Vergleich mit

Chemnitz zeigt. Auffallend ist auch der Unterschied zwischen West- und Ostsachsen. Bei Nichtberücksichtigung der Landeshauptstadt Dresden und der Messestadt Leipzig ergibt sich bei der **Zunahme der Einwohnerzahl auf Prozent** folgender Vergleich:

Westsachsen		Ostsachsen	
Plauen	1167	Meißen	417
Chemnitz	1156	Zittau	408
Zwickau	979	Bautzen	351
Crimmitschau	621		
Meerane	599		
Reichenbach im Vogtland	483		
Glauchau	391		

Bis einschließlich Reichenbach liegt der Einwohnerzuwachs in Westsachsen wesentlich höher als in Ostsachsen. Dort liegt der Zuwachs zwischen 417 % (Meißen) und 351 % (Bautzen) auf einem vergleichbaren Niveau. In Westsachsen bilden Plauen, Chemnitz und Zwickau eine Gruppe mit einem Zuwachs zwischen 1.167 % und 979 %. Crimmitschau, Meerane und Reichenbach bilden eine zweite Gruppe mit einem Zuwachs zwischen 621 % und 483 %. Glauchau ist mit den drei ostsächsischen Städten vergleichbar.

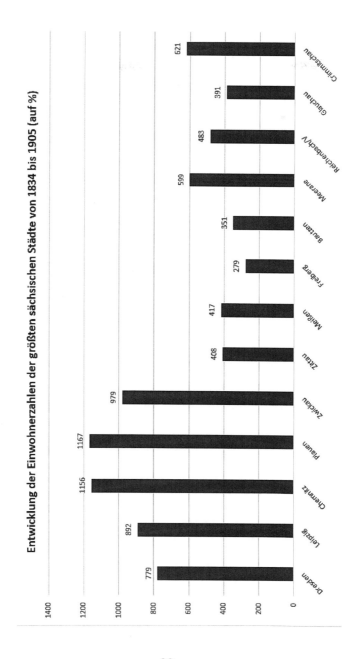

Plauen wird Großstadt

Jahr	Einwohner
1871	22.844
1875	28.756
1880	35.082
1885	42.848
1890	47.007
1895	55.191
1900	73.891
1905	105.381
1910	121.272
1912	128.014
1914	123.617

Die Angaben der Jahre 1871 bis 1910 sind Volkszählungsergebnisse vom Dezember des jeweiligen Jahres. 1912 war das Jahr mit der höchsten Einwohnerzahl. Die Angabe für 1914 gilt für den Januar (siehe Gliederungspunkt 7.). Vor der Großstadtwerdung erfolgten die **Eingemeindungen von Haselbrunn, Chrieschwitz und Reusa:**

Jahr	Ort	Einwohner
1899	Haselbrunn	3.691
1900	Chrieschwitz	1.606
1903	Reusa mit Kleinfriesen, Sorga und Tauschwitz	2.649
	Gesamt	7.946

[147]

1904 ist es so weit

Jahr	Einwohner
1901	76.493
1902	83.574
1903	95.937
1904	102.316

[148]

Das genaue Datum der Erreichung der 100.000 Einwohner wurde im Rathaus nicht erfasst. Zur Sitzung des Stadtgemeinderates am 3. Mai 1904 erfolgte die offizielle Mitteilung, dass Plauen die Einwohnerzahl von 100.000 erreicht bzw. bereits überschritten habe. Der Zeitpunkt lag wahrscheinlich in der Mitte des Monats April 1904.

Ende März 1904	98.944 Einwohner
Zuzugsüberschuss April 1904	1.995 Personen
Geburtenüberschuss April 1904	147 Geburten
Ende April 1904	101.086 Einwohner[149]

Für die schon seit längerer Zeit viertgrößte Stadt Sachsens erfolgte zum 1. Januar 1907 die Auskreisung aus der Amtshauptmannschaft Plauen. Plauen wurde exemte Stadt (heutige Bezeichnung: kreisfreie Stadt).[150]

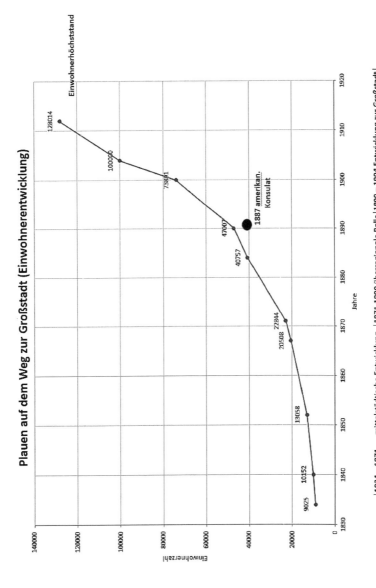

6. Großstädte im Deutschen Kaiserreich 1871 bis 1914

6.1 Das Deutsche Kaiserreich nach der Reichsgründung

Das Deutsche Kaiserreich (offizieller Name „Deutsches Reich") war, ausgehend von der Staatsform, eine föderale Erbmonarchie, mit dem Deutschen Kaiser als Staatsoberhaupt. Gleichzeitig war es eine konstitutionelle Monarchie mit Bundesrat und Reichstag. Im Bundesrat waren die 25 Bundesglieder (= Bundesstaaten) mit insgesamt 58 Stimmen je nach Landesgröße vertreten. Obwohl in Preußen etwa zwei Drittel aller Deutschen lebten, besaß das Königreich nur 17 Stimmen, Bayern 6 und Sachsen 4. Die 17 kleinsten Staaten, darunter die zwei reußischen Fürstentümer, hatten jeweils eine Stimme. 1911 erhielt das Reichsland Elsass-Lothringen drei Stimmen, somit erhöhte sich die Gesamtzahl der Bundesratsstimmen auf 61.

Das Parlament des Deutschen Kaiserreiches war der Reichstag, der gemeinsam mit dem Bundesrat die Gesetzgebung ausübte. Die Wahl zum Reichstag erfolgte auf der Grundlage eines der fortschrittlichsten Wahlgesetze der *damaligen Zeit*. Wählen durften alle Männer ab einem Alter von 25 Jahren, es gab kein Zensuswahlrecht. Das erste Staatsoberhaupt, Kaiser Wilhelm I., starb am 9. März 1888. Nachfolger wurde sein schwerkranker Sohn Friedrich III., der bereits nach 99 Regierungstagen am 15. Juni 1888 verstarb. Zehn Tage später erfolgte die Inthronisierung seines Sohnes als Kaiser Wilhelm II. Der bisherige Reichskanzler Otto von Bismarck wurde vom neuen Kaiser 1890 zum Rücktritt gezwungen.[151]

6.2 Verwaltungsaufbau

Das Deutsche Kaiserreich als konstitutionelle Erbmonarchie bestand aus 25 Bundesgliedern (Bundesstaaten) und dem Reichsland Elsass-Lothringen.

Gebietsgliederung nach Flächengröße
- 4 Königreiche
  - Preußen
  - Bayern
  - Württemberg
  - Sachsen
- 6 Großherzogtümer
  - Baden
  - Mecklenburg-Schwerin
  - Hessen
  - Oldenburg
  - Sachsen-Weimar und Eisenach
  - Mecklenburg-Strelitz
- 5 Herzogtümer
  - Braunschweig
  - Sachsen-Meiningen
  - Anhalt
  - Sachsen-Coburg und Gotha
  - Sachsen-Altenburg
- 7 Fürstentümer
  - Lippe
  - Waldeck
  - Schwarzburg-Rudolstadt
  - Schwarzburg-Sondershausen
  - Reuß jüngere Linie
  - Schaumburg-Lippe
  - Reuß ältere Linie
- 3 Stadtrepubliken
  - Freie und Hansestadt Hamburg
  - Freie und Hansestadt Lübeck
  - Freie Hansestadt Bremen

Das Staatsgebiet umfasste eine Fläche von 540.858 km² (Bundesrepublik Deutschland 357.340 km², damit 66,07 % der Fläche des Kaiserreiches). Das Königreich Preußen war mit 348.780 km² der größte Flächenstaat, es folgte das Königreich Bayern (75.870 km²), das Königreich Württemberg (19.507 km²) und das Großherzogtum Baden (15.070 km²). Mit 14.993 km² war Sachsen der fünftgrößte Flächenstaat und damit flächenmäßig das kleinste Königreich. Das Fürstentum Reuß jüngere Linie (Hauptstadt Gera) und das Fürstentum Reuß ältere Linie (Hauptstadt Greiz) gehörten zu den kleinsten Flächenstaaten. Das Fürstentum Reuß jüngere Linie nahm mit 827 km² Fläche den drittletzten Platz unter den Flächenstaaten vor dem Fürstentum Schaumburg-Lippe (340 km² Fläche) ein. Kleinster Flächenstaat war das Fürstentum Reuß ältere Linie mit 316 km² Fläche. Weniger Fläche besaßen nur noch die Freie und Hansestadt Lübeck (298 km²) und die Freie Hansestadt Bremen (256 km²).[152]

6.3 Die Anzahl der Großstädte steigt

Plauens Aufschwung in der Stadtentwicklung und der Weg in die Liga der deutschen Großstädte ist eng verbunden mit der gesellschaftlichen Entwicklung im Deutschen Kaiserreich ab 1871. Durch ein starkes Bevölkerungswachstum, Binnenwanderung und Urbanisierung entwickelte sich Deutschland zu einem der führenden Industrieländer der Welt und war vor Großbritannien der wichtigste Industriestaat Europas.

Entwicklung der Einwohnerzahlen
1. Dezember 1871   41.058.792 Einwohner
1. Dezember 1890   49.428.470 Einwohner
1. Dezember 1910   64.925.993 Einwohner

Bevölkerungsdichte
1871   76 Einwohner pro km²
1890   91 Einwohner pro km²
1910   120 Einwohner pro km²

Anzahl der Großstädte

Jahr	Anzahl
1871	9
1890	26
1905	41
1910	48
1914	52
1918	54

Alle folgenden Vergleiche der Einwohnerzahlen basieren auf den Zahlen der Volkszählung vom 1. Dezember 1910. Durch den Ausbruch des Ersten Weltkriegs im Juli/August 1914 liegen für dieses Jahr keine vollständigen Zahlen vor.

6.4 Zuzüge, Eingemeindungen, Zusammenschlüsse

Unterschiede bei der Bevölkerungsentwicklung zum Zeitpunkt des Erreichens der 100.000 Einwohnergrenze sind beim Betrachten der Zahlenangaben der Statistiken und Volkszählungen nur schwer erkennbar. Beim Vergleich der Einwohnerzahl von Plauen und **Bochum** in den Jahren 1871, 1890 und 1910 fällt eine sehr ähnliche Einwohnerzahl in den Vergleichsjahren auf:

Jahr	Plauen Einwohner	Bochum Einwohner
1. Dezember 1871	22.844	21.192
1. Dezember 1890	47.007	47.601
1. Dezember 1910	121.272	136.931

Bemerkenswert ist noch, dass beide Städte 1904 Großstädte wurden. Der große Unterschied besteht im Einwohnerzuwachs infolge Eingemeindungen kurz vor der Großstadtwerdung. Die Eingemeindungen der Nachbarorte Haselbrunn (1899), Chrieschwitz (1900) und Reusa (1903) mit insgesamt 7.946 Einwohnern waren nicht entscheidend für die Herausbildung der Großstadt Plauen. Bei Bochum und anderen Vergleichsstädten waren die Eingemeindungen jedoch Voraussetzung für die Großstadtwerdung.

Bochum, im Ballungs- und Verdichtungsraum Ruhrgebiet gelegen, hatte am 1. Dezember 1903 nur 72.490 Einwohner. Durch die 1904 vollzogenen Eingemeindungen der Orte Gumme, Hamme, Hofstede und Wiemelhausen kam die Stadt am 31. Dezember 1904 auf 115.210 Einwohner.

Gelsenkirchen im Ruhrgebiet erreichte den Großstadtstatus auch nur durch mehrere Gebietsreformen. Am 31. Dezember 1902 noch 37.040 Einwohner, wurden 1903 Schalke (26.000 Einwohner),Ückendorf (21.937 Einwohner), Bismarck (21.169 Einwohner) und drei weitere Orte mit insgesamt 23.000 Einwohnern nach Gelsenkirchen eingemeindet.
Am 31. Dezember 1903 hatte die Stadt bereits 138.098 Einwohner.

Saarbrücken
Als typisches Beispiel der Vereinigung mehrerer Städte mit vergleichbarer Einwohnerzahl gilt Saarbrücken. Zum 1. April 1909 fand der Zusammenschluss der Städte Saarbrücken (26.944 Einwohner 1905), St. Johann an der Saar (24.141 Einwohner 1905) und Malstatt-Burbach (38.554 Einwohner 1905) statt, wobei Malstatt-Burbach, der einwohnerstärkste Ort, erst 1874 aus dem Zusammenschluss von Malstatt und Burbach entstanden war. 1909 hatte Saarbrücken bereits 105.089 Einwohner.[153]

6.5 Übersicht der 48 Großstädte von 1910 nach Bundesstaaten

Königreich Preußen (33)
Aachen, Altona, Barmen, Berlin, Bochum, Breslau, Charlottenburg, Danzig, Dortmund, Duisburg, Düsseldorf, Elberfeld, Erfurt, Essen, Frankfurt/Main, Gelsenkirchen, Halle/Saale, Hannover, Hamborn, Kassel, Kiel, Königsberg, Krefeld, Köln, Lichtenberg, Magdeburg, Mülheim/Ruhr, Neukölln, Posen, Saarbrücken, Schöneberg, Stettin, Wiesbaden

Königreich Sachsen (4)
Chemnitz, Dresden, Leipzig, Plauen i. V.
Königreich Bayern (3)
Augsburg, München, Nürnberg
Königreich Württemberg (1)
Stuttgart
Großherzogtum Baden (2)
Karlsruhe, Mannheim
Großherzogtum Hessen (1)
Mainz

Herzogtum Braunschweig (1)
Braunschweig
Hansestädte (2)
Bremen, Hamburg
Reichsland Elsass-Lothringen (1)
Straßburg

6.6 Einwohnerzahlen der 48 Großstädte von 1910

Platz	Name	Einwohner	Datum Großstadt
1	Berlin	2.079.156	1747
2	Hamburg [A]	931.035	1787
3	München	596.467	1852
4	Leipzig	589.850	1871
5	Dresden	548.308	1852
6	Köln	516.527	1852
7	Breslau	512.105	1842
8	Frankfurt/Main	414.576	1875
9	Düsseldorf	358.728	1882
10	Nürnberg	333.728	1881
11	Charlottenburg	305.978	1893
12	Hannover	302.375	1875
13	Essen	294.653	1896
14	Chemnitz	287.807	1883
15	Stuttgart	286.218	1874

16	Magdeburg	279.629	1882
17	Bremen	247.437	1875
18	Königsberg	245.994	1864
19	Rixdorf/Neukölln [B)]	237.289	1902
20	Stettin	236.113	1886
21	Duisburg	229.483	1903
22	Dortmund	214.226	1894
23	Kiel	211.627	1900
24	Mannheim	193.902	1897
25	Halle/Saale	180.843	1890
26	Straßburg	178.889	1878
27	Schöneberg [c)]	172.823	1905
28	Altona	172.628	1884
29	Danzig	170.337	1876
30	Elberfeld	170.195	1884
31	Gelsenkirchen	169.513	1903
32	Barmen	169.214	1884
33	Posen	156.691	1899
34	Aachen	156.143	1888
35	Kassel	153.196	1899
36	Braunschweig	143.552	1890
37	Bochum	136.931	1904
38	Karlsruhe	134.313	1901

39	Krefeld	129.406	1888
40	Plauen i. V.	121.272	1904
41	Mühlheim/Ruhr	112.580	1908
42	Erfurt	111.463	1906
43	Mainz	110.624	1908
44	Wilmersdorf [D]	109.716	1909
45	Wiesbaden	109.002	1905
46	Saarbrücken	105.089	1909
47	Augsburg	102.487	1909
48	Hamborn	101.703	1910

(Volkszählung vom 1.12.1910)

Bis 1914 erreichten noch die Städte Lichtenberg[E] (1912), Lübeck (1912), Mühlhausen/Elsass (1914) und Spandau (1914) den Status einer Großstadt. 1918 wurden Münster und Oberhausen Großstädte.

[A] Hamburg wurde 1912 Millionenstadt. (1.000.903 Einwohner)
[B] Rixdorf/Neukölln hat wohl die eigentümlichste Geschichte der vier (bzw. sechs bis 1914) Großstädte im Umland von Berlin. Rixdorf galt bis April 1899 mit rund 80.000 Einwohnern als das größte Dorf Preußens und erhielt am 1. August 1899 Stadtrecht. Rixdorf war als Ort frivoler Unterhaltung bekannt. „Der Ruf war ruiniert", schrieb der Berliner Tagesspiegel in einer Rückschau (21. Januar 2012). Auch das um 1870 entstandene Lied „In Rixdorf ist Musike, da tanzen Franz und die Rieke ... in Rixdorf bei Berlin" trug dazu bei, dass sich ein Teil der Bürgerschaft an Kaiser

Wilhelm II. wandte und eine Namensänderung der Stadt vorschlug. Der Kaiser willigte ein. Zu seinem 53. Geburtstag am 27. Dezember 1912 wurde Rixdorf in Neukölln umbenannt. Im gleichen Jahr wurden die Schiebertänze polizeilich verboten. Bei der Namenssuche wurde festgestellt, dass der Ort Rixdorf teilweise auf Wiesen errichtet wurde, die früher zu Cölln gehörten. Aus den Städten Cölln und Berlin wurde 1432 die Doppelstadt Cölln-Berlin gebildet. 1709 kam es zum offiziellen Vereinigungsbeschluss. Alleiniger Name ab 1. Januar 1710 wurde Berlin. Im Ergebnis der Namenssuche von 1912 tauchte der alte Name Cölln wieder auf, Neukölln entstand.

C) Schöneberg hatte 1871 nur 4.555 Einwohner und erhielt 1898 Stadtrecht. Ab 1912 war der Stadtname Berlin-Schöneberg.

D) Wilmersdorf erhielt am 1. April 1906 Stadtrecht als Deutsch-Wilmersdorf. 1912 erfolgte die Umbenennung in Berlin-Wilmersdorf.

E) Lichtenberg erhielt 1908 mit 70.000 Einwohnern Stadtrecht und wurde 1912 in Berlin-Lichtenberg umbenannt. Grund für den Vorsatz Berlin vor den Städtenamen Schöneberg, Wilmersdorf und Lichtenberg war die Bildung des Zweckverbandes Groß-Berlin 1912. Die drei Städte blieben juristisch weiter eigenständig, gaben aber einige Planungsaufgaben an den Zweckverband ab.[154]

7. Erster Weltkrieg

Einer der Gründe für den Ausbruch des Ersten Weltkriegs waren die Expansionspläne Österreich-Ungarns auf dem Balkan. Ohne Absprache mit den Großmächten gliederte Österreich-Ungarn 1908 die ehemaligen osmanischen Provinzen Bosnien und Herzegowina in sein Staatsgebiet ein.[155] Vor allem Serbien, Russland und Großbritannien protestierten. Für die Serben war der Traum der Schaffung eines Großserbischen Reiches vorerst nicht mehr realisierbar. Das Deutsche Kaiserreich stellte sich in der Krise von 1908 an die Seite seines Bündnispartners Österreich-Ungarn. Die Bevölkerung Bosnien-Herzegowinas bestand nach einer Volkszählung von 1910 aus 43,5 % Serben, 32,2 % Moslems und 23,3 % Kroaten.[156]

In dieser angespannten Zeit weilte Erzherzog Franz Ferdinand, habsburgischer Thronfolger und Generalinspektor der österreichisch-ungarischen Armee, mit seiner Gattin am 28. Juni 1914 in der bosnischen Hauptstadt Sarajevo. Beide wurden an diesem Tag von einem Bosnier serbischer Nationalität, der Verbindung zum serbischen Geheimdienst hatte, nach einem Empfang im Rathaus von Sarajevo erschossen. Da in den Jahren zuvor bereits zwei hochrangige Habsburger zu Tode kamen (1889 Selbstmord des Thronfolgers Rudolf im Jagdschloss Mayerling und 1898 Ermordung der Kaiserin Elisabeth in Marseille), ging die europäische Öffentlichkeit nicht von der Möglichkeit eines größeren militärischen Konflikts aus. Kaiser Wilhelm II. brach mit seiner Yacht am 6. Juli zum Urlaub in norwegische Gewässer auf. Am 23. Juli veränderte sich die Lage. Österreich-Ungarn stellte Serbien ein auf 48 Stunden (bis 25. Juli 18:00 Uhr) befristetes Ultimatum. Der russische Kronrat, über das Ultimatum informiert, beschloss am 24. Juli die Unterstützung Serbiens. Am Vormittag des

25. Juli erhielt die serbische Regierung ein Telegramm aus St. Petersburg, in dem Russland den Schutz Serbiens erklärte. 15:00 Uhr verkündete Serbien die Generalmobilmachung und 17:55 Uhr, fünf Minuten vor Ablauf des Ultimatums, übergab Serbien in der österreichisch-ungarischen Botschaft die Antwort. Diese war teilweise entgegenkommend, im für Österreich-Ungarn wichtigsten Punkt, der Möglichkeit der Untersuchung des Attentats durch habsburgische Beamte auch in Serbien, jedoch ablehnend. Gegen 18:30 Uhr verließ das österreichisch-ungarische Gesandtschaftspersonal mit der Bahn Belgrad. Am 26. Juli erfolgte eine österreichisch-ungarische Teilmobilmachung gegen Serbien. Am 28. Juli 1914 erklärte Österreich-Ungarn Serbien den Krieg. Die Katastrophe begann.[157] Von den deutschen Großstädten hatte Plauen die geringste Entfernung zur österreichisch-ungarischen Grenze. 8.211 Personen (6,7 % der Einwohner Plauens) waren österreichisch-ungarische Staatsbürger. So ist wenig bekannt, dass bereits am 28. Juli Plauener Einwohner mit Pass der Doppelmonarchie ihre Einberufung zum Heeresdienst erhielten. In den folgenden Tagen war der Obere Bahnhof voll von österreichisch-ungarischen Reservisten, die mit Zügen nach Eger fuhren.[158]

Am 1. August erklärte das Deutsche Kaiserreich Russland und am 3. August Frankreich den Krieg. Die Verletzung der Neutralität Belgiens war der offizielle Grund für die am 4. August erfolgte Kriegserklärung Großbritanniens an das Deutsche Kaiserreich. Nach der am 1. August verkündeten deutschen Generalmobilmachung wurden in den ersten Kriegstagen etwa 7.500 Plauener Männer zum Heeresdienst einberufen.[159] Bis Kriegsende steigerte sich diese Zahl auf 20.801 Personen, davon 1.127 Personen für die Streitkräfte Österreich-Ungarns.[160]

Unmittelbar nach Ausbruch des Krieges erfolgte die Unterbrechung der Geschäftsbeziehungen mit den kriegsführenden Staaten. Bereits gelieferte Ware wurde nicht mehr bezahlt. Handel konnte durch die britische Seeblockade zwischen Schottland und Norwegen nur noch mit neutralen Ländern wie den Niederlanden und den skandinavischen Staaten betrieben werden. Die nicht mehr benötigten Stickmaschinen waren für die Kriegswirtschaft nicht geeignet und wurden verschrottet. Es folgte ein Anstieg der Arbeitslosigkeit und viele arbeitslose alleinstehende junge Frauen, die bisher in der Spitzenindustrie oder in bürgerlichen Haushalten tätig waren, verließen die Stadt. Dagegen konnte die VOMAG ihre Präzisionsmaschinen für die Kriegswirtschaft nutzen. Da es bei Ausbruch des Krieges im gesamten Kaiserreich nur knapp 10.000 Lastkraftwagen gab und für schnelle Truppentransporte ein sehr hoher Bedarf an Lastkraftwagen bestand, erhielt auch die VOMAG von der Heeresverwaltung einen Produktionsauftrag zur Herstellung des sogenannten Regel-Dreitonners. Für die neue Fertigung wurde ein fünfstöckiger Neubau mit 14.000 m² Fläche errichtet. Bereits im Juni 1915 erfolgte mit den ersten in Serienproduktion hergestellten Lastkraftwagen Probefahrten. Bis zum Ende des Krieges wurden über 1.000 Regel-Dreitonner produziert.
Die VOMAG gehörte zu den größten Lieferanten von Heeres-Lastkraftwagen im Kaiserreich. Waren vor Kriegsbeginn 1.845 Arbeiter und 119 Verwaltungsmitarbeiter beschäftigt, stieg die Zahl bis Ende 1918 auf 3.796 Arbeiter und 189 Verwaltungsangestellte an. Zusätzlich zur Lastkraftwagenproduktion wurden Granaten, Granatminen und Fliegergeschosse hergestellt.[161]
Am 1. Februar 1917 erklärte das Deutsche Kaiserreich den uneingeschränkten U-Boot-Krieg. Die USA brachen daraufhin die diplomatischen Beziehungen zum

Kaiserreich ab. Am 7. Februar erhielt der US-amerikanische Konsul in Plauen seine Abberufung. Danach wurde das Konsulat in der Windmühlenstraße 34 geschlossen. Die Kriegserklärung der USA an das Deutsche Kaiserreich erfolgte am 6. April 1917.

Mit fortschreitender Kriegsdauer nahm die soziale Not unter der Bevölkerung zu. In der Munitionsfabrik Leuchtsmühle, einem Zweigbetrieb der VOMAG, in der überwiegend Ehefrauen von Plauener Soldaten Granaten herstellten, kam es Ende November 1917 zu Arbeitsniederlegungen und weiteren Aktionen gegen Hunger und Krieg. Erst der Einsatz von Militär mit schussbereiten Waffen konnte die Proteste beenden.[162]

Eine Explosionskatastrophe bei der Herstellung von Kriegsmunition geschah am 19. Juli 1918 in einem Zweigbetrieb der AEG in der Parsivalstraße. Im Gebäude des 1911 errchteten Glühlampenwerks wurden Kartuschesäckchen für Minenwerfer mit Schwarzpulver gefüllt. Die genaue Ursache des Unglücks konnte nie ermittelt werden. Der Druck, unter Kriegsbedingungen immer mehr Munition zu produzieren, kostete 301 Beschäftigten, 5 Männern und 296 meist jungen Frauen, kurz vor Kriegsende noch ihr Leben.

Am 11. November 1918 schloss das Deutsche Kaiserreich im Wald von Compiègne (Frankreich) mit den Entente-Staaten einen Waffenstillstand ab. Der Kaiser floh in die Niederlande, der Sozialdemokrat Friedrich Ebert wurde zum Reichskanzler ernannt. Im gesamten Reichsgebiet kam es zu politischen Unruhen (Novemberrevolution). Bis Ende November traten alle deutschen Monarchen zurück. König Friedrich August III. von Sachsen vollzog diesen Schritt am 13. November. In dieser Zeit waren noch etwa 1.700 Plauener Soldaten in Kriegsgefangenschaft. Von den fast 21.000 zum Kriegsdienst eingezogenen Plauener Männer starben 3.871 einen sinnlosen Tod. Über 4.000 Plauener Soldaten waren schwer verletzt und kamen als Kriegsversehrte in die Heimat zurück.[163]

Einwohnerentwicklung

„Im Januar 1914 zählte Plauen 123.617 Einwohner (53 % Frauen und 47 % Männer). Am 1. Januar 1919 waren es nur noch 100.838 (57 % Frauen und 43 % Männer). Die Bevölkerung stieg in den Folgejahren durch die Rückkehr der Soldaten aber wieder an."[164]

Einwohnerzahlen für die Kriegsjahre 1915 bis 1917 in Veröffentlichungen bewegen sich zumeist um die 90.000. Dies liegt jedoch an der Zählweise, da nur die anwesende Wohnbevölkerung gezählt wurde. Die durch ihren Heeresdienst abwesenden Männer hatten jedoch weiterhin ihren Hauptwohnsitz in Plauen. Feststellungen, dass Plauen in den Kriegsjahren keine Großstadt mehr gewesen sei, sind deshalb nichtzutreffend.

8. 1919 bis August 1939

8.1 Weimarer Republik, Nationalsozialismus

Der im Verlauf der Novemberrevolution gebildete Reichsrätekongress hatte den 19. Januar 1919 als Wahltag für die Wahl eines neuen Parlaments bestimmt.

Wahlergebnis der Wahl zur Deutschen Nationalversammlung

Parteiname	Kurzbezeichnung	Stimmenanteil in %
Sozialdemokratische Partei Deutschlands	SPD	37,9
Zentrumspartei	Zentrum	19,7
Deutsche Demokratische Partei	DDP	18,5
Deutschnationale Volkspartei	DNVP	10,3
Unabhängige Sozialdemokratische Partei Deutschlands	USPD	7,6
Deutsche Volkspartei	DVP	4,4
Sonstige		1,6
		100,00

Wahlbeteiligung 83 %

Im Ergebnis der Wahl, bei der erstmals Frauen Stimmrecht hatten, wurde Friedrich Ebert am 11. Februar zum Reichspräsidenten gewählt. SPD, Zentrum und DDP, die über 76,1 % der Stimmen verfügten, bildeten eine Koalitionsregierung (Weimarer Koalition) unter Reichsministerpräsident Philipp Scheidemann. Die gewählte Nationalversammlung verabschiedete am 31. Juli in Weimar die neue Verfassung, die Friedrich Ebert am 11. August in Schwarzburg/Thüringen unterzeichnete. Die Verfassung trat am 14. August 1919 in Kraft. Nach der Verabschiedung der demokratischen Verfassung bestand die Hoffnung, einen Frieden auf der Grundlage des 14-Punkte-Vorschlags des US-amerikanischen Präsidenten Wilson zu erhalten. Nachdem am 7. Mai 1919 die Alliierten der deutschen Regierung ihre Friedensbedingungen übergeben hatten, war die deutsche Öffentlichkeit geschockt. Auf Überlegungen, den Vertrag nicht zu unterzeichnen, drohten die Alliierten ultimativ mit der Wiederaufnahme des Krieges. Reichsministerpräsident[165] Philipp Scheidemann, der am 9. November 1919 vom Balkon des Reichstages die deutsche Republik ausgerufen hatte, trat zurück. Unter seinem Nachfolger Gustav Bauer (SPD) wurde der Vertrag am 28. Juni 1919 unterzeichnet.

„Insgesamt verlor Deutschland durch Abtretungen und Volksabstimmungen rund 73.000 km² (etwa 13,5 % seines Territoriums) mit etwa 6,5 Millionen Einwohnern (knapp 10 % seiner Bevölkerung). Auf diese Gebiete entfielen etwa 75 % der deutschen Eisenerz- und Zinkförderung, 20 % der Steinkohleförderung und 26 % der Roheisenerzeugung."[166]

Der Versailler Vertrag trat am 10. Januar 1920 in Kraft. Vertragsgemäß kam es für **einige deutsche Großstädte zu Veränderungen in der Staatszugehörigkeit:**

- Straßburg und Mülhausen/Elsass kamen zu Frankreich
- Posen kam zu Polen
- Danzig wurde „Freie Stadt" unter dem Mandat des Völkerbundes[167]

Artikel 231 des Vertrages beinhaltete Reparationszahlungen, deren Höhe noch nicht festgelegt waren. Erst im März 1921 verkündete in Paris die alliierte Reparationskommission[168] die Summe. Deutschland sollte innerhalb von 42 Jahren 221 Milliarden Goldmark zahlen. Reichskanzler Constantin Fehrenbach[169] wies die Forderung zurück und verließ die Konferenz. Am 5. Mai 1921 wurde der deutschen Regierung von den Alliierten das „Londoner Ultimatum"[170] mit der Forderung übergeben, dass Deutschland noch 132 Milliarden Goldmark in jährlichen Raten von 2 Milliarden Goldmark zu zahlen habe. Die Zahlung der ersten Milliarde sollte innerhalb der nächsten 25 Tage erfolgen. Bei Nichtannahme der Forderung drohten die Alliierten, das Ruhrgebiet zu besetzen. Nach Bekanntwerden des Ultimatums trat Reichskanzler Fehrenbach zurück. Nachfolger Josef Wirth[171] stimmte den Forderungen zu, wollte aber langfristig eine Revision des Zahlungsplans erreichen. Die fällige erste Milliarde wurde fristgerecht gezahlt. Die Art der Beschaffung des Geldes, kurzfristige Schatzwechsel, war der Beginn des Verfalls der deutschen Währung.

1923 wurde für das Nachkriegsdeutschland zum absoluten Krisenjahr. Die Reparationskommission stellte am 9. Januar 1923 fest, dass Deutschland mit der Lieferung einer bestimmten Zahl von Telegrafenstangen im Rückstand sei. Die britischen Mitglieder der Kommission stimmten dieser Auffassung nicht zu. Ungeachtet der britischen Ablehnung besetzten bereits zwei Tage später fünf französische Divisionen mit Unterstützung belgischer Einheiten das Ruhrgebiet. Großbritannien und die USA verurteilten die Besetzung, aus Protest zogen sich die USA aus ihrer Besatzungszone im Rheinland zurück, das freigewordene Gebiet zwischen Luxemburg und Koblenz wurde daraufhin von französischem Militär besetzt. Nachdem Frankreich ganz offen im Herbst 1923 den rheinischen Separatismus unterstützte und der Oberkommandierende der französischen Truppen am 26. Oktober 1923 die „Vorläufige Regierung der Rheinischen Republik" in Koblenz anerkannt hatte, kam es zu diplomatischen Initiativen von Großbritannien und den USA. Aus der Besetzung des Ruhrgebiets hatte sich inzwischen eine britisch-französische Krise entwickelt. Die USA, die Deutschland als einen für sie bedeutenden Absatzmarkt sahen und demokratische Kräfte der Republik stärken wollten, setzten gemeinsam mit Großbritannien einen Sachverständigenausschuss unter Leitung des amerikanischen Finanzexperten Charles Gates Dawes ein. An der vom 16. Juli bis 16. August 1924 in London stattgefundenen Konferenz durften die deutschen Teilnehmer erstmals nach Ende des Ersten Weltkriegs als gleichberechtigte Partner teilnehmen. Im am 16. Juli 1924 verabschiedeten Dawes-Plan orientierten sich die jährlichen Reparationszahlungen Deutschlands an der Leistungsfähigkeit der Wirtschaft. Die letzte Rate in Höhe von 200 Millionen Euro wurde durch die Bundesrepublik Deutschland am 3. Oktober 2010 beglichen (Zeit Online 1. Oktober 2010).

Auf der Konferenz wurde auch auf Drängen der USA und Großbritanniens die Räumung des Ruhrgebiets durch Frankreich vereinbart, der Vollzug erfolgte 1925. 1926 räumten Belgien und Großbritannien ihre Besatzungszonen im Rheinland, Frankreich folgte 1929/30.[172]

Die Besetzung des Ruhrgebiets von 1923 führte zu einer schweren Wirtschaftskrise, zu Massenarbeitslosigkeit und zu einer hohen Inflation. Extreme nationalistische Kräfte und die Kommunisten erhielten dadurch einen hohen Zulauf. Bei der Reichstagswahl vom 4. Mai 1924 konnte die KPD ihren Stimmenanteil im Vergleich zur vorangegangenen Wahl vom 6. Juli 1920 von 2,1 % auf 12,6 % und die

DNVP von 15,1 % auf 19,5 % steigern. Die erstmals zur Wahl angetretene NSDAP erhielt 6,6 % der Stimmen. Alle anderen Parteien hatten Wählerstimmen verloren. Nach dem Tod Friedrich Eberts im Februar 1925 wurde ein neuer Reichspräsident gewählt. Nachdem im ersten Wahlgang keine Entscheidung gefallen war, genügte im zweiten Wahlgang die einfache Mehrheit. Die KPD hielt an ihrem Kandidaten Ernst Thälmann fest. Der Volksblock, d. h. die Parteien der Weimarer Koalition SPD, DDP und Zentrum stellten als gemeinsamen Kandidaten den Zentrumspolitiker Wilhelm Marx[173] auf. Nach dem Wahlgesetz war die Aufstellung von Bewerbern möglich, die am ersten Wahlgang nicht teilgenommen hatten. Dies nutzte der Reichsblock, ein Zusammenschluss von DNVP, DVP, BVP, Bayerischem Bauernbund, Wirtschaftspartei und Deutsch-Hannoverscher Partei aus, um den 77-jährigen parteilosen Ruheständler Paul von Hindenburg als gemeinsamen Kandidaten aufzustellen. Bei der Wahl am 26. April 1925 erhielt der ehemalige Generalfeldmarschall Paul von Hindenburg 48,3 %, Wilhelm Marx 45,3 % und Ernst Thälmann 6,4 % der Wählerstimmen. Das Festhalten der KPD an ihrem Kandidaten verhalf indirekt Paul von Hindenburg zum Wahlsieg.

Mit der am 10. September 1926 erfolgten Aufnahme Deutschlands in den Völkerbund war die Isolation des Landes beendet. Die goldenen 20er Jahre folgten, die aber bereits mit der Weltwirtschaftskrise 1929 sehr schnell endeten. Durch den Zusammenbruch der New Yorker Börse kam es zu einer gewaltigen US-amerikanischen Wirtschaftskatastrophe, die in Europa besonders die von den USA abhängige deutsche Wirtschaft traf. Lag die Arbeitslosigkeit in Deutschland 1928 noch bei 7 %, stieg sie bis 1932 bereits auf 30,8 %. In den goldenen 20er Jahren spielte die NSDAP eine untergeordnete

Rolle. Zur Reichstagswahl vom 20. Mai 1928 lag ihr Stimmenanteil bei 2,6 % und stieg bei der Wahl am 14. September 1930 bereits auf 18,3 %. Den höchsten Anteil an Wählerstimmen erhielt die NSDAP bei der Reichstagswahl am 31. Juli 1932 mit 37,3 %.
Bei der Wahl zum Reichspräsidenten am 10. April 1932 wollte Adolf Hitler die steigende Wählergunst zum Sieg für die Nationalsozialisten nutzen. Die Unterstützung des amtierenden Reichspräsidenten durch die Sozialdemokraten führte allerdings zur **Wiederwahl Paul von Hindenburgs**.

Wahlergebnis der Wahl zum Reichspräsidenten vom 10. April 1932 (Stimmen in %)	
Paul von Hindenburg	53,0
Adolf Hitler	36,8
Ernst Thälmann	10,2

Reichspräsident Paul von Hindenburg hatte am 13. August 1932 Adolf Hitler, dem Sieger der Reichstagswahl vom 31. Juli 1932, nach Absprache mit Kanzler Franz von Papen und Reichswehrminister Kurt von Schleicher[174] nur den Vizekanzlerposten in einer neuen Regierung angeboten! Hitler lehnte ab. Der Reichswehrminister versuchte nun, Hitlers Haltung zu nutzen und nahm Verbindung mit Hitlers stärkstem innerparteilichen Gegner Gregor Strasser[175] auf, um mit dem „linken" Flügel der NSDAP und den Gewerkschaftsflügeln aller Parteien eine Regierung mit einer tragfähigen Mehrheit zu bilden. Am 3. Dezember 1932 beauftragte Paul von Hindenburg Kurt von Schleicher mit der Regierungsbildung.

Von den Nationalsozialisten war nur Gregor Strasser zum Eintritt in eine neue Regierung bereit. Den Führern der freien Gewerkschaften wurde vom SPD-Parteivorstand eine Mitarbeit in einem Kabinett unter der Führung Kurt von Schleichers untersagt. Mit der Unterstützung des Vorsitzenden der Deutschnationalen Volkspartei, Alfred Hugenberg[176], deutschen Bankiers und Großindustriellen bereitete Franz von Papen eine Regierung Papen–Hitler oder Hitler–Papen vor. Hitler sollte in so einer Konstellation unter „Aufsicht" und Kontrolle gehalten werden. Die letzte Januarwoche 1933 brachte die Entscheidung. „Wettlauf zwischen Hitler und Schleicher-Koalition oder Staatsnotstand", so titelte „Der Mittag", die „Illustrierte Tageszeitung für Sport/Verkehr/Politik/Kunst", am Montag, dem 23. Januar 1933. Am 28. Januar 1933 trat Reichskanzler Kurt von Schleicher zurück. Mit einem großen Fackelzug durch Berlin feierten am Abend des 30. Januar 1933 tausende Nationalsozialisten die Ernennung Adolf Hitlers zum Reichskanzler durch Reichspräsident Paul von Hindenburg.[177]

Hitler löste kurz nach seinem Machtantritt den Reichstag auf und setzte für den 5. März 1933 Neuwahlen an. Selbst bei dieser nur noch halbdemokratischen Wahl gelang es den Nationalsozialisten nicht, eine Mehrheit im Reichstag zu erzielen. Die NSDAP erhielt nur 43,9 % der Wählerstimmen. Unter Druck der im Parlament anwesenden SA-Leute erließ der Reichstag am 23. März 1933 mit Zweidrittelmehrheit das Ermächtigungsgesetz. Auf der Grundlage dieses Gesetzes konnte die Regierung vier Jahre lang Gesetze ohne Mitwirkung des Reichstags erlassen. Nach dem Verbot der KPD und der freien Gewerkschaften wurde am 22. Juli 1933 die größte Oppositionspartei, die SPD, verboten. Mit Ausnahme der NSDAP lösten sich bis Juli 1933 unter dem Druck der neuen Machtverhältnisse alle anderen Parteien auf. Als 1934 der Führer der SA Ernst Röhm in einer „Zweiten Revolution" die Sturmabteilung zu einem „Volksheer" umbilden wollte, griff Hitler persönlich ein und ließ am 30. Juni 1934 unter dem Vorwand, Röhm habe einen Putsch geplant, diesen und weitere hohe SA-Führer durch seine Schutzstaffel ermorden. Auch frühere Gegner, wie den ehemaligen Reichskanzler Kurt von Schleicher und Gregor Strasser, tötete die SS. Am 2. August 1934 verstarb Reichspräsident Paul von Hindenburg. Hitler nutzte die Situation und vereinigte das Amt des Reichspräsidenten mit dem Amt des Reichskanzlers. Die Reichswehr wurde jetzt auf „den Führer des Deutschen Reiches und Volkes, den Oberbefehlshaber der Wehrmacht" vereidigt. Der Machtwechsel zugunsten der Nationalsozialisten war endgültig vollendet.

Die Olympischen Spiele 1936 in Berlin hatten in großen Teilen der deutschen Bevölkerung Hoffnung für einen gemäßigteren Kurs der Nationalsozialisten geweckt. Dies sollte sich nicht erfüllen. Mit dem Vierjahresplan von 1936 wollte Hitler die deutsche Wirtschaft bis 1940 kriegsfähig machen. Über seine Kriegsziele informierte er während einer Geheimkonferenz am 5. November 1937 führende deutsche Politiker und Militärs.[178]

Die meisten hochrangigen deutschen Politiker und Militärs kannten somit nicht nur die perversen Menschenrechtsverletzungen in den seit 1933 errichteten Konzentrationslagern und die Maßnahmen zur Unterdrückung der jüdischen Mitbürger, sondern waren seit November 1937 auch über Hitlers Aggressionspläne informiert.

8.2 Verwaltungsaufbau

**Verfassung des Deutschen Reiches
(Weimarer Verfassung)
1. Abschnitt**
Reich und Länder
Artikel 1
Das Deutsche Reich ist eine Republik.
Die Staatsgewalt geht vom Volke aus.
Artikel 2
Das Reichsgebiet besteht aus den Gebieten der deutschen Länder.

Das Deutsche Reich als föderative Republik bestand am 1. Januar 1920 aus 24 Ländern. Sieben thüringische Staaten, darunter der vogtländische Volksstaat Reuß, schlossen sich am 1. Mai 1920 zum Land Thüringen zusammen. Das ehemalige Herzogtum Coburg als Gliederstaat von Sachsen-Coburg und Gotha schloss sich dem Freistaat Bayern an. Somit bestand das Deutsche Reich ab dem 1. Mai 1920 aus 18 Ländern.[179]

	Name im Deutschen Kaiserreich	Neuer Name in der Weimarer Republik
1	Herzogtum Anhalt	Freistaat Anhalt
2	Großherzogtum Baden	Republik Baden
3	Königreich Bayern	Freistaat Bayern
4	Herzogtum Braunschweig	Freistaat Braunschweig
5	Freie Hansestadt Bremen	Freie Hansestadt Bremen

6	Freie und Hansestadt Hamburg	Freie und Hansestadt Hamburg
7	Großherzogtum Hessen	Volksstaat Hessen
8	Fürstentum Lippe	Volksstaat Lippe
9	Freie und Hansestadt Lübeck	Freie und Hansestadt Lübeck
10	Großherzogtum Mecklenburg-Schwerin	Freistaat Mecklenburg-Schwerin
11	Großherzogtum Mecklenburg-Strelitz	Freistaat Mecklenburg-Strelitz
12	Großherzogtum Oldenburg	Freistaat Oldenburg
13	Königreich Preußen	Freistaat Preußen
14	Königreich Sachsen	Freistaat Sachsen
15	Fürstentum Schaumburg-Lippe	Freistaat Schaumburg-Lippe
16	sieben Thüringer Staaten*	Land Thüringen
17	Fürstentum Waldeck	Freistaat Waldeck
18	Königreich Württemberg	Volksstaat Württemberg

*Aus dem Großherzogtum Sachsen-Weimar und Eisenach, den Herzogtümern Sachsen-Coburg und Gotha, Sachsen-Altenburg und den Fürstentümern Schwarzburg-Rudolstadt, Schwarzburg-Sondershausen, Reuß jüngere Linie und Reuß ältere Linie waren nach Abdankung der Monarchen 1918 Freistaaten geworden. Die beiden reußischen Freistaaten schlossen sich 1919 zum Volksstaat Reuß zusammen. Somit entstand das Land Thüringen 1920 aus sechs Freistaaten und einem Volksstaat.

Veränderungen:

1929 wurde der Freistaat Waldeck in den Freistaat Preußen eingegliedert.

1934 erfolgte der Zusammenschluss von Mecklenburg-Schwerin und Mecklenburg-Strelitz zu Mecklenburg.

1935 Wahl im Saarland, das von 1920 bis 1935 dem Völkerbund unterstellt und von Frankreich besetzt war. Bei der am 13. Januar 1935 durchgeführten Wahl (Wahlbeteiligung 97,99 %) entschieden sich 8,87 % der Wähler für eine Beibehaltung des Status quo, 0,4 % für eine Angliederung an Frankreich und 90,73 % für eine Rückgliederung an das Deutsche Reich. Dies erfolgte als Reichsland Saarland zum 1. März 1935.

Die von Adolf Hitler angekündigte nationale Reichsreform wurde auch aufgrund des Kriegsbeginns ausgesetzt. Mit dem „Gesetz über den Neuaufbau des Reiches" vom 30. Januar 1934 erfolgte die Abschaffung der Hoheitsrechte der Länder, die direkte Unterstellung der Länderregierungen unter die Reichsregierung und die Auflösung des Reichsrates (Länderkammer).

Als zusätzliches Machtinstrument dienten den Nationalsozialisten ihre Parteigaue, wobei die Gaugrenzen vielfach nicht mit den Ländergrenzen übereinstimmten. In Sachsen waren Land- und Gaugrenze identisch.

8.3 Eingemeindungen, Zusammenschlüsse

Durch das Groß-Berlin-Gesetz von 1920 kamen zum 1. Oktober 1920 die sechs Großstädte im Umland von Berlin (Spandau, Charlottenburg, Schöneberg, Neukölln, Wilmersdorf, Lichtenberg) zur neuen Stadt Groß-Berlin. Diese hatte über 4 Millionen Einwohner und war damit die zweitgrößte Stadt Europas.

Die 1925 Großstadt gewordene Stadt Buer wurde 1928 nach Gelsenkirchen eingemeindet. Hamborn wurde zum 1. August 1929 mit Duisburg zur neuen Stadt Duisburg-Hamborn vereinigt. Seit dem 1. April 1935 wird nur noch der Stadtname Duisburg verwendet. Die Großstädte Barmen und Elberfeld sowie weitere Orte wurden 1929 zur neuen Stadt Barmen-Elberfeld vereinigt. Nach einer Bürgerbefragung wurde die neue Stadt 1930 in Wuppertal umbenannt.

Altona und das 1927 zur Großstadt gewordene Harburg-Wilhelmsburg wurden zum 1. April 1938 nach Hamburg eingemeindet.

8.4 Neue Großstädte

Erstmals Großstadt:
1921 Ludwigshafen, Mönchengladbach
1925 Buer
1926 Gleiwitz
1927 Harburg-Wilhelmsburg, Hindenburg; die Landgemeinde Zabrze erhielt 1915 den Namen des Generalfeldmarschalls Paul von Hindenburg. Zur Stadt wurde Hindenburg erst 1922 erhoben. 1946 erfolgte die Rückbenennung in Zabrze.
1928 Hagen
1929 Remscheid, Solingen

1930	Bielefeld
1932	Würzburg
1933	Beuthen, Herne
1934	Bonn, Freiburg im Breisgau
1935	Dessau, Rostock
1937	Darmstadt
1938	Wilhelmshaven
1939	Potsdam Am 1. April 1939 wurde Potsdam durch die Eingemeindung der Stadt Babelsberg (ca. 29.000 Einwohner) Großstadt.
1939	(im 2. WK) Wesermünde (Bremerhaven) Am 1. Oktober 1939 wurden Wesermünde (86.041 Einwohner) und Bremerhaven (26.790 Einwohner) zur neuen Großstadt Wesermünde zusammengelegt. 1947 erfolgte die Umbenennung in Bremerhaven.
1939	(im 2. WK) Osnabrück 100.247 Einwohner am 31. Dezember 1939
1944	(im 2. WK) Zwickau Durch die Eingemeindung der Stadt Planitz mit ca. 25.500 Einwohnern und der Gemeinde Oberhohndorf wurde Zwickau am 1. Januar 1944 Großstadt.

8.5 Entwicklung in Plauen

8.5.1 Bedeutsame Ereignisse

Im Februar 1920 rückten Reichswehreinheiten in Plauen ein und besetzten Gericht, Rathaus und Schlachthof. Grund war ein bevorstehender Gerichtsprozess gegen Kommunisten aus Falkenstein. Der Stadtrat protestierte bei der Landesregierung in Dresden gegen die Besetzung der Stadt. Die Reichswehr zog sich daraufhin in die Kaserne des ehemaligen Infanterieregiments 134 zurück, zum Teil kam es zum Abzug einzelner Einheiten.
Der am 13. März 1920 von der Reichswehrbrigade Ehrhardt in Berlin begonnene Kapp-Lüttwitz-Putsch, der durch den bis dahin größten Generalstreik in der deutschen Geschichte nach nur 100 Stunden zusammenbrach, hatte fatale Auswirkungen auf Plauen. Zum Schutz vor den Putschisten kam es am 15. März in der Stadt zur Bildung eines Aktionsausschusses aus Mitgliedern der Gewerkschaften, der SPD, USPD und KPD. Drei Mitglieder dieses Ausschusses verhaftete die Reichswehr am Abend. Bei Auseinandersetzungen mit der Reichswehr am 16. März nach einer Demonstration vor der Kaserne und der anschließenden Besetzung des Rathauses und der Innenstadt gab es 8 Tote und 14 Verletzte. Am 17. März löste sich der Aktionsausschuss auf, die Gefangenen wurden freigelassen. Nach der Beendigung des deutschlandweiten Generalstreiks am 20. März verließen die Reichswehrtruppen Plauen.[180] Nach dem Abzug der Reichswehr drangsalierte Max Hoelz[181] mit seiner Roten Garde Plauen. In der Nacht vom 22. zum 23. März befreiten etwa 50 Falkensteiner und Oelsnitzer „Rotgardisten" 21 Gefangene aus dem Gefängnis. Am 28. März sprach Hoelz vor etwa 15.000 Menschen vor der Gaststätte Felsenschlösschen über die Ziele seiner

Bewegung und zog nach der Rede mit seinen Mitstreitern zum Gebäude der Neuen Vogtländischen Zeitung. Bei der Besetzung kam es zur Zerstörung der Druckmaschinen. Hoelz' „Herrschaft" über Plauen dauerte etwa zwei Wochen. Seine Rote Garde plünderte Geschäfte, erpresste große Geldsummen und nahm einen Sohn des Kaffeehausbesitzers Trömel als Geisel, um das geforderte Geld zu erhalten. Die KPD-Bezirksleitung Erzgebirge–Vogtland forderte Hoelz am 4. April 1920 auf, sich zurückzuziehen. Hoelz lehnte ab. Am 6. April 1920 schloss der Bezirksparteitag Hoelz aus der KPD aus. Hoelz zog sich aus Plauen zurück und flüchtete in die Tschechoslowakei.[182] Zuvor hatte „Zündelmax" noch fünf Villen Falkensteiner Fabrikanten in Brand gesetzt.

Die Ereignisse von Februar bis April hatten Auswirkungen auf die Reichstagswahlen vom 6. Juni 1920. Lag die SPD bei der Wahl am 19. Januar 1919 zur Nationalversammlung in Plauen mit 38,63 % klar vor der USPD, die 17,93 % der Wählerstimmen erreichte, veränderte sich das Verhältnis bei der Reichstagswahl am 6. Juni 1920. Nun lag die USPD mit einem Stimmanteil von 38,53 % in Plauen klar vor der SPD, die nur auf 7,84 % der Wählerstimmen kam. In der Addition ging der Stimmanteil der beiden Arbeiterparteien von 56,56 % 1919 um 10,19 % auf 46,37 % 1920 zurück. Die 1920 erstmals angetretene KPD kam auf 3,71 % der Plauener Wählerstimmen.

Bei den Reichstagswahlen am 20. Mai 1928 war die NSDAP noch eine völlig unbedeutende Splitterpartei. Ihr deutschlandweiter Stimmenanteil lag bei 2,63 %, in Sachsen bei 4,3 %. In der Großstadt Plauen kam sie bereits auf 13,04 % der Wählerstimmen. Der Stimmenanteil der SPD lag bei 24,22 %, der der KPD bei 17,07 %.[183] Eine Erklärung für den relativ hohen Stimmenanteil der NSDAP dürfte die Verbindung des Plauener Spitzenfabrikanten und

Antisemiten Martin Mutschmann zu Hitler gewesen sein. Er hatte Hitler bereits 1924 während dessen Festungshaft in Landsberg am Lech besucht und ihn danach finanziell unterstützt. Mutschmann, seit 1922 NSDAP-Mitglied, wurde 1925 von Hitler mit dem Neuaufbau der Partei in Sachsen beauftragt und zum sächsischen Gauleiter ernannt. Da Mutschmann Verpflichtungen als Spitzenfabrikant in Plauen hatte, wechselte er nicht nach Dresden, sondern bestimmte Plauen zum Sitz der NSDAP-Gauleitung von Sachsen. Hitler war für Auftritte 1925, 1928 und 1932 sowie zum Gautag der NSDAP 1930 in Plauen. Nach seiner Berufung zum Reichskanzler war er nicht mehr in der Stadt. Erst im Mai 1933 erfolgte die Verlegung der Gauleitung von Plauen nach Dresden. Mutschmann wurde Reichsstatthalter von Sachsen und 1935 Führer der Landesregierung (neue Bezeichnung für Ministerpräsident).

Eine zweite Person, die als bekannter Nationalsozialist in der Zeit der Weimarer Republik genannt werden muss, ist der aus Syrau stammende Kurt Gruber. Vielfach wurde Plauen als Gründungsort der Hitlerjugend bezeichnet. In dieser Eindeutigkeit ist die Aussage falsch! Nach der Wiedergründung der NSDAP 1925 gab es verschiedene Jugendverbände, die sich um die Anerkennung als Parteijugend der NSDAP bewarben. Gruber gelang es, einige dieser Gruppen zur Großdeutschen Jugendbewegung (GDJB) zusammenzuschließen. Im Juli 1926 hielt die NSDAP in Weimar ihren zweiten Parteitag ab. Auf einer Sondertagung für Jugendfragen im Lokal Armbrust konnte sich Gruber überraschend gegen den Hauptkonkurrenten, die vom ehemaligen Freikorps- und späteren SA-Führer Gerhard Roßbach 1923 gegründete Schill-Jugend (benannt nach dem aus den Befreiungskriegen bekannten preußischen Offizier Ferdinand von Schill), durchsetzen. Überraschend deshalb, da der Sportversand Schill die SA mit ihren Braunhemden versorgte und Hitler vor dem Parteitag die Schill-Jugend als Jugendverband der NSDAP anerkannt hatte. Der Namensvorschlag Hitler-Jugend kam von Hans Severus Ziegler, dem späteren stellvertretenden NSDAP-Gauleiter von Thüringen. Auf der Tagung wurde der Name erfolgreich von Julius Streicher, dem Herausgeber der Parteizeitung „Der Stürmer", vorgeschlagen und Gruber zum Reichsführer der HJ ernannt. Als Sitz der Reichsleitung der Jugendorganisation wurde Grubers Wohnort Plauen bestimmt.[184] Im Frühjahr 1928 erfolgte die Eröffnung der Geschäftsstelle der Reichsleitung der HJ im Kellergeschoss eines Wohnhauses an der Ecke Karolastraße/Kaiserstraße.[185] Nach den Wahlerfolgen bei der Reichstagswahl 1930 kam es 1931 zur Verlegung der Reichsleitung der HJ von Plauen nach München. Im Oktober 1931 wurde das Amt eines Reichsjugendführers eingeführt und mit Baldur von Schirach besetzt. Gruber musste als Reichsführer der HJ zurücktreten und erhielt eine „Nebenrolle" als Mitglied des Jugendausschusses der Reichsleitung der NSDAP. Bestrebungen des nationalsozialistischen Oberbürgermeisters Wörner vom November 1933, für Plauen den Titel „Stadt der HJ" zu erhalten, scheiterten. Nur die Errichtung einer Adolf-Hitler-Schule, einer Vorschule für die NS-Ordensburgen, bekam die Stadt 1937 genehmigt.[186] Der 1938 begonnene Bau auf der Wettinhöhe bei Schneckengrün blieb unvollendet, allerdings wurden in fertiggestellten Gebäuden bis Ostern 1945 vierwöchige Wehrertüchtigungslehrgänge für 14/15-jährige Mitglieder der Hitlerjugend durchgeführt.[187]

War Plauen eine NS-Hochburg? Spielte Bayern durch seine räumliche Nähe dabei eine Rolle? Sicherlich hatten Personen wie Gruber und Mutschmann durch ihre Taten, bei Mutschmann besonders seine finanzielle Unterstützung Hitlers, für die er mit Titeln und Posten belohnt wurde, einen großen Anteil an der Förderung des Nationalsozialismus und der antijüdischen Propaganda in Plauen. Im Ergebnis der Reichstagswahlen vom Juli 1932 erreichten die Nationalsozialisten mit 37,3 % der gültigen Stimmen ihr bestes Ergebnis bei freien demokratischen Wahlen in der Weimarer Republik. Dennoch konnten sie ihr Ziel, durch Wahlen an die Macht zu kommen, nicht erreichen. Der rasche Aufstieg der NSDAP war das Ergebnis der wirtschaftlichen und politischen Krise nach 1930. Die von den USA ausgehende Weltwirtschaftskrise traf Deutschland besonders hart, die Zahl der Arbeitslosen stieg von 1,3 Millionen im September 1929 auf 6 Millionen 1933.[188]

„Im Jahresverlauf 1930 erreichte die Arbeitslosenzahl in Sachsen die Grenze von einer Dreiviertelmillion. Damit rangierte der Freistaat nun auf dem negativen Spitzenplatz in der reichsweiten Statistik, sogar noch vor Hamburg und Berlin. Sachsen sollte diese Position weitere sechs Jahre innehaben. Besonders hart traf die Weltwirtschaftskrise den südwestsächsischen Raum. In den beiden Großstädten Chemnitz und Plauen waren 1932 knapp 160 Arbeitnehmer pro 1.000 Einwohner ohne Anstellung. Die voranschreitende Verelendung und die damit einhergehende Verzweiflung der Bevölkerung waren hier am größten und erregten sogar internationale Aufmerksamkeit."[189]

Reichstagswahlen 1924 bis 1933
Stimmenanteil der NSDAP in %

	Deutschland gesamt	Bayern gesamt	Bayern Franken	Bayern Oberbayern Schwaben	Bayern Niederbayern-Oberpfalz	Sachsen/Chemnitz/Zwickau	Stadt Plauen
04.05. 1924	6,5	16,0	20,7	17,0	10,2	7,7	
07.12. 1924	3,0	5,1	7,5	4,8	3,0	4,2	
20.05. 1928	2,6	6,4	8,1	6,2	3,5	4,3	13,04
14.09. 1930	18,3	17,9	20,5	16,3	12,0	23,8	33,40
31.07. 1932	37,3	32,9	39,9	27,1	20,4	47,1	50,3
06.11. 1932	33,1	30,5	36,4	24,6	18,5	43,4	49,77
05.03. 1933	43,9	43,1	45,7	41,0	39,2	50,0	56,3

Plauen gehörte zum Wahlkreis 30. Der bestand aus den Kreishauptmannschaften Chemnitz und Zwickau. Die Wahl am 5. März 1933 war maximal nur noch halblegal![190] Aus der Übersicht ist erkennbar, dass der Stimmanteil der NSDAP bei der Wahl vom Juli 1932 für Bayern gesamt unter dem Reichsdurchschnitt lag.

Die Wahlkreise Niederbayern–Oberpfalz und Oberbayern–Schwaben lagen sogar deutlich unter 37,3 %. Nur Franken mit 39,9 % übertraf wie auch der Wahlkreis Chemnitz–Zwickau mit 47,1 % den NSDAP-Gesamtwert. Innerhalb von Franken ist bemerkenswert, dass die höchste Zustimmung für die NSDAP im an das Vogtland grenzenden Oberfranken lag, während in Nürnberg (Mittelfranken), der Stadt der Reichsparteitage, der Reichsdurchschnitt mit 37,7 % nur leicht überschritten wurde. Plauen mit einem NSDAP-Wahlergebnis von 50,3 % ist zwischen ausgewählten Städten aus Oberfranken und Thüringen einzuordnen.

Reichstagswahl 31. Juli 1932 (Stimmenanteil der NSDAP in %)
Wahlkreis 26 Franken, Teil Oberfranken
- Coburg 58,68
- Bayreuth 52,61
- Hof 50,94
- Kulmbach 50,15

[191]

Wahlkreis 30 Chemnitz–Zwickau
- Plauen 50,3

Thüringen
- Arnstadt 51,3
- Apolda 50,0
- Gotha 46,8
- Weimar 44,7
- Greiz 42,8

[192]

Nach der nur noch halbdemokratischen Reichstagswahl vom 5. März 1933 vollzogen die Nationalsozialisten in Plauen organisatorisch sehr schnell putschartig ihre Machtübernahme und setzten am 8. März den parteilosen Oberbürgermeister Dr. Schlotte ab. Zum kommissarischen

Oberbürgermeister wurde Stadtbaurat Eugen Wörner, seit 1931 NSDAP-Mitglied, ernannt.[193]

Die örtliche Naziführung behauptete immer, dass Plauen die erste Großstadt im Deutschen Reich gewesen sei, die Hitler die Ehrenbürgerschaft verliehen habe. Der Beschluss vom 1. März 1933 kam jedoch nicht rechtskonform zustande und wäre in einer Demokratie wieder aufgehoben worden. Bereits am 23. Februar 1933 brachte die NSDAP-Fraktion einen Dringlichkeitsantrag in die Ratssitzung ein, Hindenburg und Hitler die Ehrenbürgerwürde zu verleihen. *Der Antrag wurde abgelehnt.* In einer außerordentlichen Sitzung der Stadtverordnetenversammlung am 1. März 1933 ließ der Stadtverordnetenvorsteher Glauning von der NSDAP Eugen Fritsch, Fraktionsvorsitzender der SPD, und Richard Mildenstrey, Fraktionsvorsitzender der KPD, wegen „ihrer Unverschämtheiten" des Saales verweisen und einen Stadtverordneten der KPD verhaften. Damit besaß die NSDAP bei der Abstimmung die Mehrheit und Hindenburg und Hitler wurden rechtswidrig Ehrenbürger.[194]

Die zwischen 1899 und 1903 vollzogenen Eingemeindungen hatten das bebaute Stadtgebiet vergrößert. Ab den 1920er Jahren kam es durch den Bau von Siedlungshäusern zwischen den alten Wohngebieten und den neuen Stadtteilen zur Vergrößerung des bebauten Stadtgebietes. So entstanden in Reusa, Sorga, Kleinfriesen und dem Westend neue Kleinsiedlungen. Am Weinberg wurde eine Gartenstadt errichtet. 1922 erfolgte die Einweihung des neuen Rathauses.[195]

Weitere Neubauten:
- 1926 Schwimmstadion in Haselbrunn
- 1928 Filmtheater Capitol mit 1.200 Plätzen
- 1928 Milchhof

- 1934 Fußballstadion in Haselbrunn, 1937 Fertigstellung der Leichtathletikanlage
- 1935 Plauen wurde wieder Garnisonstadt, es begann der Bau von neuen Kasernen in Neundorf und einer Fliegerkaserne an der Schöpsdrehe.

Die jüdische Gemeinde weihte 1930 ihr neues Gemeindehaus mit Synagoge ein. Die Gemeinde wurde ab 1927 von Rechtsanwalt Dr. Isidor Goldberg geführt. Am 8. März 1933 sollte er von der SA verhaftet werden. Befreundete Polizeioffiziere, die darüber informiert waren, verhafteten ihn zum Schein und nahmen ihn im Gefängnis in Schutzhaft. Der SA gelang es nicht, seine Auslieferung zu erreichen. Der Gefängnisdirektor, der ein Freund Goldbergs war, soll ihn im Auto zum Oberen Bahnhof gebracht haben. Nach einer Zeit des Aufenthalts in Berlin und der Zahlung der sogenannten Reichsfluchtsteuer konnte Goldberg Deutschland verlassen und ließ sich in Südfrankreich nieder. Dort holte ihn der Zweite Weltkrieg ein. 1943 wurde er in einem plombierten Zug nach Auschwitz transportiert und dort ermordet.

In Plauen nahm die Anzahl der jüdischen Bürger durch die antisemitischen Maßnahmen der Nationalsozialisten ständig ab. Von über 800 Gemeindemitgliedern vor 1933 gab es vor der Progromnacht von 1938 noch 297 jüdische Mitbürger.[196] In der Nacht vom 9. zum 10. November wurde die Synagoge zerstört, Wohnungen und Geschäfte demoliert, Juden gequält und verhaftet. 1939 hatte die jüdische Gemeinde Plauen noch 116 Mitglieder, davon 98 in Plauen. In der Stadt wurden mehrere Gebäude zu Judenhäusern erklärt. *„1942 bis Februar 1945 wurde eine nicht mehr feststellbare Zahl von Juden aus dem Vogtland in mehreren Transporten in Konzentrationslager verschleppt. 1945 kehrten nur wenige vogtländische Juden aus Konzentrationslagern und aus dem Ausland zurück, darunter neun Plauener."*[197]

8.5.2 Wirtschaft

Ab 1919/1920 waren in ganz Deutschland die Auswirkungen des Versailler Vertrages im ökonomischen Leben zu spüren. In Plauen kam hinzu, dass sich in der Spitzenindustrie der 1913 begonnene Niedergang fortsetzte. Unter den deutschen Großstädten hatte die Spitzenstadt in der Zeit der Inflation 1923 zeitweise den höchsten Anteil an Arbeitslosen. Der Bedarf an Spitzen und Stickereierzeugnissen war in dieser Zeit gering, es erfolgte aber eine verstärkte Herstellung von Wäschestickerei und Konfektionsartikeln. Die Stadtverwaltung war bestrebt, neue Industrie, so z. B. den Bau von Eisenbahnwaggons, anzusiedeln.

Im geringen Umfang gelang die **Ansiedlung neuer Produktionszweige:**
- Kabelherstellung
- Zündwarenproduktion
- Erzeugung von Sauerstoff
- Radiofabrikation

Für die Kabelherstellung erwarben die Siemens-Schuckertwerke Berlin 1919 das 1902 erbaute Fabrikgebäude der Firma Blank & Co. und errichteten unter dem Firmennamen Sächsische Draht- und Kabelwerke GmbH einen Erweiterungsbau. Zur Produktion von Damen- und Kinderwäsche, Tapisserie und Stickereibedarf entstand auf einem Grundstück an der Rähnisstraße 19 1923 ein Fabrikgebäude der Firma Gebr. F. & M. Simon. Das architektonisch gelungene Verwaltungsgebäude, in dem sich heute das Bildungs- und Technologiezentrum Vogtland der Handwerkskammer Chemnitz befindet, wurde ein Jahr später erbaut.

Obwohl ein grundlegender Umbau der Wirtschaftsstruktur in diesen krisenreichen Jahren nicht erfolgen konnte, wurde ab den 20er Jahren die Industriestruktur der Stadt stärker durch das verarbeitende Gewerbe im Maschinenbau geprägt. Der VOMAG gelang es, Großaufträge des Freistaates Sachsen für Omnibusse und Spezialfahrzeuge der Stadtwerke zu erhalten. Die Auftragslage für die LKW-Produktion war zu Beginn der 20er Jahre sehr gut. Hinzu kam die Produktion von Rotationsdruckmaschinen und ab 1921 von vollautomatischen Webstühlen. Die gesteigerte Nachfrage an Lastkraftwagen und Omnibussen führte ab 1919 zur Vergrößerung der Werksanlagen am Leuchtsmühlenweg. Auf einem Grundbesitz von 89.000 m², von dem 46.900 m² bebaut waren, hatte die VOMAG über 5.000 Mitarbeiter. Im Geschäftsjahr 1925/26 wurden 644 Lastwagen produziert. 1930, infolge der Weltwirtschaftskrise, konnte keine gewinnbringende Produktion mehr erfolgen. Die monatliche Produktion betrug nur noch 15 bis 20 Fahrzeuge. Am 9. Mai 1932 kam es zur Eröffnung des Konkursverfahrens. Bereits am 16. März 1932 wurde die VOMAG Betriebs-A.G. als Auffanggesellschaft gegründet. Da Wirtschaft, Reichspost und erstmals auch Reichsbahn wieder verstärkt Lastkraftwagen und Busse bestellten, konnte die Auffanggesellschaft bereits 1932 wieder einen Reingewinn erwirtschaften. Um eine Verwechslung mit der insolventen VOMAG zu vermeiden, wurde die VOMAG Betriebs-A.G. 1938 in VOMAG Maschinenfabrik A.G. umbenannt. Die Streichung der „alten" VOMAG aus dem Handelsregister erfolgte erst am 11. Juli 1942. Die durch Insolvenz auf etwa 500 Mitarbeiter Ende 1932 reduzierte Belegschaft wuchs bis Ende 1938 auf 612 Angestellte und 3.212 Arbeiter an.

Nachdem es 1931/32 zu einem teilweisen Zusammenbruch renommierter Firmen der Spitzenindustrie kam, stieg nach einem modischen Wandel in der zweiten Hälfte der 30er Jahre die Produktion wieder an. Schon seit 1934 hatte sich die Gardinenproduktion erholt. Zwei Drittel der deutschen Gardinen wurden in Plauen oder in umliegenden

Orten hergestellt. Der massive Druck der Nationalsozialisten auf jüdische Unternehmer, ihre Geschäfte oder Fabriken unter Wert im Rahmen der „Arisierung" abzugeben, führte 1935 für die jüdische Familie Tietz zum Verlust ihres Plauener Warenhauses. Durch den Reichsarbeitsdienst und den 1936 eingeführten Wehrdienst und die steigende Rüstungsproduktion kam es zu einer Reduzierung der Arbeitslosenzahl. Zu beachten ist, dass infolge der Grenznähe zur Tschechoslowakei die Umstellung von Teilen der Industrie auf Rüstungsproduktion in Plauen im Vergleich zu anderen Großstädten langsamer erfolgte.[198]

Flugplatz
Auf einer Fläche zwischen Syrau und Kauschwitz, auf der 1917 die kaiserliche Luftwaffe mit Errichtung eines Militärflugplatzes begonnen hatte, erfolgte 1925/26 der Bau des zivilen Flugplatzes. Zur Platzweihe mit einer Flugschau strömten am 23. August 1925 etwa 25.000 Personen in Richtung Tannenhof. Am 12. April 1926 kam es zur Aufnahme des zivilen Flugbetriebes. Im gleichen Jahr wurde der Bau einer modernen Flugzeughalle beendet. 1927 entstand eine Flughafengaststätte. Zielflughäfen waren u. a. Berlin und München sowie Erfurt und Dresden.
So gab es 1930 Abflüge nach:
- Nürnberg
- Gera–Leipzig–Dessau–Berlin
- Regensburg–München
- Rudolstadt–Erfurt
- Hof–Bayreuth–Nürnberg
- Chemnitz–Dresden

Zeitlich abgestimmt konnten fast alle europäischen Hauptstädte erreicht werden, wie am Beispiel der Verbindung Plauen–London über Berlin und Amsterdam vom Herbst 1930 erkennbar ist:
- Plauen–Berlin (mit Zwischenlandungen in Gera und Leipzig), Umsteigen in Berlin
- Berlin–Amsterdam (mit Zwischenlandung in Hannover), Umsteigen in Amsterdam
- Amsterdam–London
- Abflug in Plauen 09:15 Uhr MEZ
- Reine Flugzeit 8,25 Stunden
- Gesamtreisezeit durch Zwischenlandungen und Umsteigen 9,50 Stunden
- Ankunft in London 19:05 Uhr MEZ

Die Einstellung des zivilen Flugbetriebes erfolgte durch die Nationalsozialisten 1935. Dies galt auch für Zwickau und Gera. Die Nutzung für Sportflugzeuge blieb vorerst bestehen. 1936 übernahm die Luftwaffe den Flugplatz. Kriegsvorbereitend kam es zur Erweiterung des Rollfeldes, zum Bau einer neuen Flugzeughalle und zur Errichtung der Fliegerkaserne an der Schöpsdrehe. 1939 war der Umbau zu einem Fliegerhorst abgeschlossen.[199]

Reichsautobahn
Mit der Verabschiedung des Gesetzes über die Reichsautobahn im Juni 1933 wurden Planungen für den Anschluss Plauens an das Autobahnnetz konkreter. Eine aus dieser Zeit veröffentlichte Kartenskizze sah eine Streckenführung Berlin–Leipzig–Nürnberg–Augsburg–München vor. Wahrscheinlich aus militärischen Gründen (Grenznähe zur Tschechoslowakei) kam es zur Realisierung einer Streckenführung Leipzig–Hermsdorf–Schleiz–Hof–Nürnberg.

Nach Intervenieren durch Oberbürgermeister Wörner erhielt die Stadtverwaltung eine vorerst vage Zusage zum Anschluss der Stadt an eine Nebenstrecke, der Dreiecksverbindung Chemnitz–Zwickau–Plauen–Hof/Naila. Am 17. April 1935 erfolgte auf Großfriesener Flur der erste Spatenstich für die Teilstrecke Thoßfell–Pirk. Der Abschnitt von Pirk bis Chemnitz war ab 1940 befahrbar. Der 1938 begonnene Bau der Elstertalbrücke Pirk blieb unvollendet. Kriegsbedingt kam es im Mai 1940 zur Einstellung der Arbeiten an der Autobahnbrücke.[200]

8.5.3 Einwohnerentwicklung

Nach Gründung der Tschechoslowakischen Republik im Oktober 1918 übersiedelten in den folgenden Jahren zahlreiche Deutsche aus Eger und dem Umland nach Plauen. Andererseits verließen etwa 850 Plauener zwischen den beiden Weltkriegen ihre Stadt und wanderten in die USA aus. Nicht allen gelang es, dort sesshaft zu werden. Viele kehrten ins Vogtland zurück.[201]

1922 kam die Gemarkung „Reißigwald" zu Plauen. Die Gemeinde Reißig mit 540 Einwohnern wurde zum 1. April 1939 eingemeindet. Ab 1940 gehörte auch die Gemarkung „Pfaffenhaus" zu Plauen. Bei der Betrachtung der Einwohnerzahlen ist zu beachten, dass erst ab 1925 die Wohnbevölkerung gezählt wurde. Nach 1918 fand so die Zahl der noch in Gefangenschaft befindlichen Soldaten mit Wohnsitz in Plauen in der Statistik keine Aufnahme (siehe auch Gliederungspunkt 7.).

Einwohnerzahlen 1919 bis 1939 (vor Kriegsbeginn)

Datum	Einwohner
1. Januar 1919	100.838
8. Oktober 1919	104.918
31. Dezember 1920	108.576
16. Juni 1925	111.398
31. Dezember 1930	114.564
16. Juni 1933	113.855
31. Dezember 1935	112.502
17. Mai 1939	111.891

Die Angaben der Jahre 1919, 1925, 1933 und 1939 sind Volkszählungsergebnisse. Nach 1920 bis 1939 lag die Einwohnerzahl bei jährlich zwischen 110.000 und 115.000.

Einwohnerzahlen während des Zweiten Weltkriegs

Datum	Einwohner
1940	111.896
1941	112.102
1942	111.802
1943	110.841
1944	115.040

(aus Einwohnerverzeichnis „Plauen im Vogtland", Ausgabe 1947, Frank Neubert GmbH Plauen)

9. Zweiter Weltkrieg September 1939 bis Mai 1945 / US-amerikanische Besatzung April bis Juni 1945

Am frühen Morgen des 1. September 1939, genau um 4:45 Uhr, begann das Im Danziger Hafen liegende Linienschiff „Schleswig-Holstein" mit dem Beschuss der Westerplatte. Über 1,8 Millionen Soldaten der deutschen Wehrmacht und zwei slowakische Divisionen marschierten an diesem Tag ohne Kriegserklärung in Polen ein. Der Zweite Weltkrieg hatte begonnen. Am 3. September erklärten Großbritannien, Frankreich, Australien, Neuseeland und Indien dem nationalsozialistischen Deutschland den Krieg. Es folgten am 6. September die Südafrikanische Union und am 10. September Kanada. Italien verhielt sich neutral. Die Rote Armee der Sowjetunion marschierte ab dem 17. September 1939 gemäß des Hitler-Stalin-Paktes in Ostpolen ein. Nach dem Erreichen der im Vertrag vereinbarten Demarkationslinie durch die jeweiligen Armeen wurde eine gemeinsame Parade in Brest-Litowsk durchgeführt. Polen war aufgeteilt.[202]

Im Gegensatz zu 1914 war die Stimmung unter der deutschen Bevölkerung gedrückt. In Plauen erhielten bereits am ersten Kriegstag viele wehrfähige Männer ihren Einberufungsbefehl. In den meisten Betrieben erfolgte eine totale Umstellung der Produktion auf die Bedürfnisse der Kriegswirtschaft. Aufgrund der Nähe zur tschechoslowakischen Grenze war der Aufbau der Rüstungsindustrie in Plauen zurückhaltender erfolgt als in anderen Regionen. Zwar produzierte die Sächsische Zellwolle AG bereits seit Dezember 1936 kriegswichtige Viskose, die Panzerproduktion der VOMAG hatte bis 1939 allerdings noch nicht begonnen. Im Oktober 1939 nahm die neu erbaute Flockenbast AG, die Hanf und Hanfabfälle für eine Weiterverarbeitung in der

Textilindustrie aufarbeitete, ihren Betrieb auf. Die von 1937 bis 1939 in Reißig errichtete Mitteldeutsche Spinnhütte GmbH bereitete Naturseide auf. Daraus fertigten andere Unternehmen Fallschirme. 1941/42 wurden Richtung Syrau Produktionsgebäude für das Dr. Theodor Horn Luftgerätewerk als Zulieferbetrieb für den Flugzeugbau (Navigationsinstrumente) errichtet. Der größte Rüstungsbetrieb war die VOMAG. 1940 betrug der Anteil der Panzerproduktion nur 3 % der insgesamt hergestellten Produkte. Mit der Erhöhung der Anzahl der Beschäftigten von 4.096 im Jahre 1940 auf 6.530 Ende 1944, darunter etwa 2.000 ausländische Zivil- und Zwangsarbeiter, konnte die **Panzerproduktion** gesteigert werden.

Jahr	Anzahl Kampfpanzer Modell IV	Anzahl Jagdpanzer Modell IV	Anteil Panzer an Gesamtproduktion in %
1940	40	0	26,4
1942	237	0	35,0
1943	816	0	53,5
1944	280	1.295	70,0
Januar bis März 1945	0	370	82,0

Von 1940 bis März 1945 wurden 1.665 Jagdpanzer und 1.373 Kampfpanzer produziert. Die insgesamt 3.038 Panzer entsprachen mindestens 20 % der deutschen Panzerproduktion. Damit war die VOMAG seit 1943 auch für die Alliierten ein Rüstungsbetrieb mit erheblichem Einfluss auf das Kriegsgeschehen. Am 12. September 1944 wurde der erste Luftangriff auf das Werk geflogen, der nur leichte Schäden anrichtete. Die fünf Angriffe 1945 (17. März, 19. März, 21. März, 26. März und 8. April) erfolgten zu einer Zeit, in der der Krieg entschieden war und nur noch eine geringe Zahl von Panzern (370) hergestellt wurde.[203]

Vom 12. September 1944 bis 10. April 1945 flogen britische und US-amerikanische Bomber 14 Luftangriffe auf Plauen. Sechs Tage vor der Besetzung der Stadt durch die US-Truppen führten Geschwader des britischen Bomber Command durch ein Flächenbombardement den schwersten Angriff durch.[204]

Insgesamt wurden 92 % der Schulen, 80 % der Kulturstätten, 75 % der Wohnungen, 70 % der Industriebauten und 48 % der Verkehrs- und Versorgungsanlagen zerstört. Nach Halberstadt (82 %) und Dessau (80 %) hatte Plauen den dritthöchsten Zerstörungsgrad an Wohnraum auf dem Gebiet der späteren DDR.[205]

Durch den schnellen Vormarsch der US-Truppen durch Thüringen und den Rückzug der letzten Wehrmachts- und SS-Einheiten aus ihren fast unzerstörten Kasernen konnten Truppenteile der 3. US-Armee am 16. April 1945 Plauen kampflos einnehmen.[206]

Bereits am 17. April 1945 wurde Dr. Max Schlotte, der am 8. März 1933 von den Nazis abgesetzte Oberbürgermeister, durch die Amerikaner wieder in sein altes Amt eingesetzt.

Am 7. Mai 1945 unterzeichnete im Hauptquartier der Alliierten Expeditionsstreitkräfte in Reims der durch den letzten „Reichspräsidenten" Dönitz autorisierte Generaloberst Jodl die bedingungslose Kapitulation der Wehrmacht. Auf Wunsch der Sowjetunion erfolgte eine Ratifizierung der Kapitulation am 8. Mai 1945 in Berlin-Karlshorst. Mindestens 10.000 Plauener Soldaten verloren im Zweiten Weltkrieg oder in der Kriegsgefangenschaft ihr Leben.

Infolge der 14 Bombenangriffe starben nach amtlichen Angaben 2.358 Menschen, darunter auch Zivil- und Zwangsarbeiter aus vielen Ländern Europas, deren Zahl bis heute nur schwer ermittelbar ist. Durch den späteren Beginn der Kriegsproduktion in Plauen kamen erst ab 1941 ausländische Arbeitskräfte in den Betrieben zum Einsatz. Die VOMAG bekam 1941 zivile Arbeitskräfte aus dem faschistischen Italien, ab 1942 wurden Franzosen eingesetzt und ab 1943 Belgier. Die Arbeitsverträge mit diesen Personengruppen, deren Abschluss anfangs auf freiwilliger Basis erfolgte, wurden im Verlauf des Krieges von den Nationalsozialisten oft zwangsweise verlängert. Durch die verstärkte Kriegswichtigkeit Plauener Betriebe kam es 1943/44 zu einem stärkeren Einsatz von Ostarbeitern. Erst in den letzten Kriegsjahren erfolgte der Einsatz von KZ-Häftlingen. Ein trauriges Schicksal mussten die Insassen des Rückkehrsammellagers für Ostarbeiter in der damaligen Gaststätte Holzmühle erleiden. Arbeitsunfähige Ostarbeiter sollten dort gesammelt und dann in ihre Heimat zurückgebracht werden. Das scheiterte meist an den schwierigen Transportbedingungen in die Heimatgebiete. Aufgrund der fehlenden Hygiene, nicht vorhandenen Medikamenten und medizinischen Personals verstarben 678 Personen, meist junge Frauen, an Lungen-TBC, Herzinsuffizienz und allgemeiner Körperschwäche. An diese Opfer erinnert nur ein einfacher Gedenkstein am Straßenrand. Das Kriegsende brachte für die Ostarbeiter meist keine Erlösung. Während Zivil- und Zwangsarbeiter aus Westeuropa mit dem Einmarsch der US-Amerikaner Plauen in Richtung ihrer Heimat verließen, erließ die sowjetische Kommandantur im Juli 1945 eine Anordnung zur Rückführung der sowjetischen Zivilisten einschließlich der Schwerverletzten. Viele Ostarbeiter hatten Angst, in ihrer Heimat als Verräter bestraft zu werden. Einige nahmen sich das Leben, die meisten kamen, vor allem in der Sowjetunion, wieder in ein Lager.[207]

Mitte Mai 1945 war wahrscheinlich noch nicht allen höheren Offizieren der alliierten Streitkräfte der eindeutige Grenzverlauf der Besatzungszonen bekannt. In Thüringen wurde der aus dem Konzentrationslager Buchenwald befreite SPD-Politiker Dr. Hermann Brill Ende Mai 1945 von der Militärregierung beauftragt, Pläne für eine künftige Verwaltung Thüringens zu erarbeiten. Dr. Brill wurde am 9. Juni 1945 von der Militärregierung zum vorläufigen Regierungspräsidenten der neugebildeten Provinz Thüringen ernannt. Neben Thüringen sollte auch Westsachsen mit den Stadt- und Landkreisen Plauen, Zwickau, Auerbach, Oelsnitz, Reichenbach und Rochlitz zur neuen Verwaltungseinheit gehören. Am 5. Juni hatte jedoch bereits in Berlin eine Beratung der alliierten Oberkommandierenden stattgefunden, die die sofortige Übernahme der obersten Regierungsgewalt durch die Alliierten beschlossen. In Kraft gesetzt wurden das Londoner Protokoll vom 12. September 1944, die Besatzungszonen in Deutschland und die Verwaltung von Groß-Berlin betreffend. Damit war der Alleingang der US-Amerikaner in Thüringen mit Auswirkungen auf Westsachsen beendet.[208]

Die US-Armee bereitete für Westsachsen und Thüringen ihren Rückzug vor. In Plauen erfolgte der offizielle Wechsel von der amerikanischen an die sowjetische Besatzungsmacht am 1. Juli 1945. In Unkenntnis der Berliner Beschlüsse vom 5. Juni 1945 hatte der Thüringer Regierungspräsident Dr. Brill den Plauener Oberbürgermeister zu einer gemeinsamen Beratung über die weitere Entwicklung der Provinz Thüringen für den 30. Juni nach Weimar eingeladen. Das Vorhandensein einer neuen Besatzungsmacht in Plauen traf Dr. Schlotte nach seiner Rückkehr völlig überraschend.[209]

10. Sowjetische Besatzungszone / Deutsche Demokratische Republik Juli 1945 bis Oktober 1990

10.1 Potsdamer Konferenz

Für das Nachkriegsdeutschland wichtige territoriale Fragen wurden vom 17. Juli bis 2. August 1945 in Potsdam entschieden. Die „Großen Drei" (Stalin, Truman und Churchill, der nach Wahl in Großbritannien durch Attlee ersetzt wurde) legten für Deutschland als neue Ostgrenze die Flüsse Lausitzer Neiße und Oder fest. Im Protokoll der Konferenz war zwar noch aufgeführt, dass der endgültige Verlauf der Westgrenze Polens erst bei einem Friedensvertrag abschließend geklärt werden sollte, in der Praxis war die Oder-Neiße-Grenze nicht mehr veränderbar. Die DDR hatte am 6. Juli 1950 in Zgorzelec entsprechend den Formulierungen des Potsdamer Protokolls die Oder-Neiße-Grenze völkerrechtlich anerkannt.

Durch die Schaffung der Oder-Neiße-Grenze 1945 gab es für **einige deutsche Großstädte und die Freie Stadt Danzig Veränderungen in der Staatszugehörigkeit:**

- Danzig kam zu Polen
- Breslau, Beuthen, Gleiwitz, Hindenburg und Stettin kamen zu Polen
- Königsberg kam zur Sowjetunion
- Saarbrücken und das Saarland kamen als autonome Region unter französische Verwaltung

10.2 Verwaltungsaufbau

Die Sowjetunion schuf nach der Kapitulation Nazideutschlands in ihrer Besatzungszone sehr schnell neue Verwaltungen. Die am 9. Juli 1945 gebildete Sowjetische Militäradministration in Deutschland (SMAD) bestätigte bereits im Juli 1945 die Präsidenten der Landes- bzw. Provinzialverwaltungen von Brandenburg, Mecklenburg-Vorpommern, Sachsen, Sachsen-Anhalt und Thüringen. Nach dem Zusammenschluss von KPD und SPD zur SED im April 1946 fanden vom 1. bis 15. September 1946 Gemeindewahlen statt. Wegen verschiedener Behinderungen durch die SED im Vorfeld waren die Gemeindewahlen und die Kreis- und Landtagswahlen vom 20. Oktober 1946 keine 100 % freie Wahlen. In den Wahllokalen erfolgte jedoch noch eine Abstimmung in Wahlkabinen.

In Plauen war **das Ergebnis der Gemeindewahl** eine klare Niederlage für die SED, die nur 41,8 % der Stimmen erhielt:

Partei	Plauen	Sachsen	Sowjetische Besatzungszone
SED	41,8 %	53,7 %	57,1 %
LDP	44,4 %	22,4 %	21,1 %
CDU	13,8 %	21,9 %	18,8 %

Die LDP stellte im Ergebnis der Wahl vom Januar 1947 bis Anfang März 1953 den Oberbürgermeister von Plauen. Alle weiteren Oberbürgermeister in Sachsen hatten das Mandat der SED. Aber auch in Thüringen gab es in Städten ab 60.000 Einwohner Wahlsiege der LDP.[210]

In Erfurt erreichte die LDP 41 % der Wählerstimmen, der als Oberbürgermeister vorgesehene LDP-Politiker wurde jedoch verhaftet und erst nach Verzichtserklärung auf das Amt wieder aus der Haft entlassen.[211] In Jena gab es wie in Plauen von 1946 bis 1953 einen Oberbürgermeister aus den Reihen der LDP. Ein Sonderfall für die Besetzung des Oberbürgermeisteramtes war Weimar. Von 1946 bis 1948 war das Stadtoberhaupt ein LDP-Politiker, von 1948 bis zum Ende der DDR gab es nur Oberbürgermeister mit CDU-Mandat. Nach den Gemeinde-, Kreis- und Landtagswahlen vom September/Oktober 1946 wurden im Dezember 1946 die bisherigen Präsidenten der Landes- und Provinzialverwaltungen zu Ministerpräsidenten gewählt. Für Sachsen war es der in Plauen geborene Rudolf Friedrichs.[212/213]

Mit der Gründung der DDR am 7. Oktober 1949 übergab die SMAD die von ihr ausgeübten Machtbefugnisse an die von der SED geschaffenen Institutionen und Organe der DDR. Ab 1951 kam es durch den ersten Fünfjahresplan zu Veränderungen in der wirtschaftlichen Entwicklung. Zur Hauptaufgabe der Volkswirtschaft wurde der Aufbau der Schwerindustrie. 1952 erfolgte eine tiefgreifende Änderung der Verwaltungsgliederung der DDR.

Die 2. Parteikonferenz der SED (9. bis 12. Juli 1952) beschloss zur „Festigung der sozialistischen Staatsmacht" die Abschaffung der Länder und die Bildung von 14 Bezirken. Ostberlin als Hauptstadt der DDR wurde eine eigene, einem Bezirk gleichgestellte Verwaltungseinheit. Das „Gesetz über die weitere Demokratisierung und der Arbeitsweise der staatlichen Organe in den Ländern der Deutschen Demokratischen Republik" trat am 23. Juli 1952 in Kraft. Mit der Bildung der 14 Bezirke wurde die Zahl der Kreise von 132 auf 217 erhöht. Aus den Landkreisen Plauen, Auerbach und Oelsnitz wurden die Kreise

Auerbach, Reichenbach, Oelsnitz, Klingenthal und Plauen-Land gebildet. Der Stadtkreis Plauen blieb erhalten. Fast das gesamte sächsische Vogtland kam zum neu gebildeten Bezirk Chemnitz. Drei Städte des Kreises Plauen kamen zum neuen Bezirk Gera. Mühltroff wurde dem Kreis Schleiz, Pausa dem Kreis Zeulenroda und Elsterberg dem Kreis Greiz eingegliedert. Der Kreis Plauen war somit der einzige Kreis in der DDR ohne eine Stadt. Die alten Ländergrenzen waren nicht immer die neuen Bezirksgrenzen. Weitere größere Veränderungen gab es u. a. durch die Eingliederung des thüringischen Kreises Altenburg in den Bezirk Leipzig und die Eingliederung der sächsischen Kreise Hoyerswerda und Weißwasser in den Bezirk Cottbus. Neben der Abgabe der drei Städte aus dem Kreis Plauen-Land an den Bezirk Gera gab es für die Stadt Plauen weitere Nachteile durch die Verwaltungsreform. Im neuen Bezirk Chemnitz (ab 1953 Karl-Marx-Stadt) gab es **zwei Großstädte und eine große Mittelstadt:**

Einwohner	Chemnitz	Zwickau	Plauen
1950	293.373	138.844	84.438
1955	290.153	135.751	81.998

Plauen, 1950 noch die **15.-größte Stadt der DDR**, war somit als **drittgrößte Stadt eines Bezirkes** bei nur 14 Bezirken strukturell stark benachteiligt. Bis zum Ende der DDR wurden die Bezirkshauptstädte und einige wichtige Industriestandorte (Eisenhüttenstadt, Hoyerswerda und Schwedt) in den Volkswirtschaftsplänen stark bevorteilt. Kapazitäten für den Neubau von Wohnungen, Kultur- und Bildungseinrichtungen, medizinischen Einrichtungen[214] sowie der Verkehrs- und Versorgungsstruktur erhielten bevorzugt die Bezirkshauptstädte.

Diese einseitige Bevorteilung wurde von den zwei mächtigsten Männern der DDR, Walter Ulbricht und Erich Honecker, während ihrer gesamten Amtszeit beibehalten. Nach der Zwangsvereinigung von KPD und SPD zur SED gab es zwei gleichberechtigte Vorsitzende: Wilhelm Pieck, ehemals KPD, und Otto Grotewohl, ehemals SPD. Die Fäden im Hintergrund zog jedoch Ulbricht, der am 30. April 1945 als Leiter der gleichnamigen Gruppe im Auftrag der Sowjetführung nach Berlin kam. Nach Gründung der DDR wurde Pieck Staatspräsident und Grotewohl Ministerpräsident. Ulbricht erlangte 1950 die Position des Generalsekretärs des Zentralkomitees der SED (1953 Umbenennung in 1. Sekretär des ZK der SED) und war somit der mächtigste Mann des ostdeutschen Staates. In Abstimmung mit der sowjetischen Führung kam es 1971 zur Entmachtung Ulbrichts durch Honecker. Nach dem Tod Piecks 1960 gab es in der DDR keinen Präsidenten mehr. Staatsoberhaupt war jetzt der Vorsitzende des Staatsrates. Dieses Amt durfte Ulbricht bis zu seinem Tod 1973 behalten. Danach war Honecker auch Staatsratsvorsitzender. Ab 1976 erfolgte wieder eine Umbenennung in der Führung der SED, statt 1. Sekretär durfte sich der oberste Genosse wieder Generalsekretär nennen.

10.3 Neue Großstädte

Erstmals Großstadt:
1950	Görlitz
1959	Gera
1972	Schwerin
1975	Jena
1976	Cottbus

Dessau wurde 1972 zum zweiten Mal Großstadt. Durch die Eingemeindung von Roßlau war Dessau zum 1. April 1935 Großstadt geworden. Genau 10 Jahre später, zum 1. April 1945 erfolgte die Ausgliederung von Roßlau. Am 31. Dezember 1972 zählte Dessau 100.188 Einwohner.

10.4 Entwicklung in Plauen

10.4.1 Bedeutsame Ereignisse

Die Beseitigung der Kriegstrümmer und die Wiederherstellung der Versorgung der Bevölkerung blieben auch nach Einzug der sowjetischen Besatzung am 1. Juli 1945 die wichtigsten Aufgaben in der Stadt. Langsam kehrte das zivile Leben zurück. Mit Unterstützung des sowjetischen Stadtkommandanten konnte das zu 40 % zerstörte Plauener Theater bereits am 3. Oktober 1945 als eines der ersten in Deutschland mit der Aufführung von Mozarts „Figaros Hochzeit" wiedereröffnet werden. Eine unrühmliche Rolle spielte die Besatzungsmacht bei der Verhaftung hunderter Jugendlicher. *„Im Jahre 1945 gingen von Plauener Gefängnissen viele hundert unschuldige Jugendliche im Alter von 15 bis 16 Jahren aus den Vogtlandkreisen einen leidvollen Weg in die Speziallager Buchenwald, Bautzen, Mühlberg und in die Sowjetunion (Sibirien). Viele kamen nach mehrjähriger Haft krank zurück oder hatten gar nicht überlebt."*[215]

Während der Nürnberger Prozese vor dem internationalen Militärgerichtshof wurde der Wehrmachtsgeneral Paulus, der im Januar 1943 vor Stalingrad Hitlers Durchhaltebefehle befolgte und erst nach seiner Beförderung zum Generalfeldmarschall kapituliert hatte, von der Roten

Armee von Moskau nach Plauen gebracht. Vom 3. Februar bis zum 29. März 1946 war er in einer Villa in der Mommsenstraße 7 untergebracht. Am 11. und 12. Februar erfolgten seine Aussagen in Nürnberg. Am 29. März 1946 begann Paulus' Rücktransport über Dresden nach Moskau. Mit der Normalisierung des Zivillebens öffneten weitere Einrichtungen, so im Mai 1946 die Freibäder Haselbrunn und Preißelpöhl. Das Kaffeehaus Trömel, weniger durch die Bombenangriffe beschädigt als das in unmittelbarer Nähe stehende Warenhaus, eröffnete mit etwa hundert Plätzen und oberer Terrasse am 22. Mai 1946 wieder. Mitte September 1948 war auch Richtfest der neuen Gaststätte am Nonnenturm. Als erste HO-Gaststätte wurde im April 1949 der „Vogtlandhof" eröffnet (ehemals Reichshallen). Zu Pfingsten 1954 erfolgte die Weihe der neu gebauten evangelisch-methodistischen Erlöserkirche. Das Filmtheater Capitol eröffnete am 22. Dezember 1954 mit jetzt etwa 1.000 Plätzen wieder, die nur wenige Meter entfernt liegenden Luna-Lichtspiele (LuLi) mit etwa 520 Plätzen am 7. Mai 1956. Vom 17. bis zum 25. September 1955 fand das erste Plauener Spitzenfest statt. Höhepunkt war der Festumzug vom 18. September. Im März 1961 begann der Bau des Parktheaters im Stadtpark. Nach der Fertigstellung 1964 fanden die Veranstaltungen des Spitzenfestes auf dieser Parkbühne statt. Ein Höhepunkt für die Kleinsten war der Bau der am 7. Oktober 1959 eingeweihten Pioniereisenbahn.[216]

Zur Verbesserung des Berufsverkehrs erfolgte die Verlängerung der Straßenbahnlinie von Haselbrunn (Stadtwald) bis zur PLAMAG. Der Fahrbetrieb wurde am 30. Dezember 1957 aufgenommen. 1966 kam es zur Verlängerung der Streckenführung vom Hauptfriedhof bis nach Kleinfriesen.

Um 1950 entstanden Pläne für eine Neugestaltung des Stadtzentrums. Dem Zeitgeist entsprechend sollte am

Tunnel ein zentraler Platz, auch als Aufmarschplatz für etwa 40.000 Personen, geschaffen werden. Diesem Projekt stand das Kaffeehaus Trömel im Weg. Das Cafe schloss am 31. August 1950. Unter Wert hatte die HO dieses Gebäude erworben und ließ es Ende 1950 bis auf das Erdgeschoss abbrechen. Im Erdgeschoss entstand eine provisorische Verkaufsstelle, von den Plauenern „Pferdestall" genannt. 1964 erfolgte der Abriss der letzten Gebäudeteile.[217]

Bis 1957 wurde auch das halb fertiggestellte Tunnelrestaurant neben dem Nonnenturm wieder abgerissen. Erst 1969/70 gab es neue Studien für die Umgestaltung des Stadtzentrums. Hermann Henselmann (1905 bis 1995), einer der profiliertesten Architekten der DDR, der in Berlin u. a. das Haus des Lehrers entwarf und in Jena den Universitätshochhausturm konzipiert hatte, beteiligte sich am Wettbewerb. Realisiert werden sollte entsprechend eines Stadtratsbeschlusses nur Henselmanns Entwurf einer runden Stadthalle auf dem Gelände der ehemaligen Lohmühlenanlage.[218]

Von 1949 bis 1970 entstanden im Stadtgebiet etwa 8.000 Neubauwohnungen.[219] Von der ab 1959 erfolgten Einheitsgroßblockbauweise hoben sich die vier zehngeschossigen Punkthäuser in der Nähe des Oberen Bahnhofs und das Kopfhaus am Platz der Roten Armee ab. Mit dem Bau von 5.700 Wohnungen im Gebiet Chrieschwitzer Hang von 1977 bis 1986 kam es zur Schaffung eines neuen Stadtteils mit Straßenbahnanschluss (1983). Als eine gelungene Baumaßnahme galt der Neubau des Oberen Bahnhofs, der im Dezember 1973 eingeweiht wurde. Im Juni 1975 erfolgte die Übergabe des neuen Busbahnhofs und im Oktober 1976 die Fertigstellung des Nordwestflügels (Glasfassade) des Rathauses.

Am 23. Mai 1965 war der Staatsratsvorsitzende Walter Ulbricht mit seiner Ehefrau Lotte in Plauen. Am Abend besuchten beide eine Theatervorstellung im Stadttheater. Die oftmals gehörte Behauptung, die zwei Bahnhofsneubauten seien Ulbricht zu verdanken gewesen, trifft für den Oberen Bahnhof nicht zu. Bereits am 2. November 1964 hatte Stadtbaurat Piehler die Jahre 1971/72 als Zeitplan für den Neubau bekanntgegeben. Allerdings war Ulbricht über die Neubauten an der oberen Bahnhofstraße, stadtauswärts rechts vor der Bahnunterführung, nicht begeistert gewesen. Der Ausspruch „Wie baut ihr denn hier?" soll von ihm stammen, wobei er fehlende Läden im Erdgeschoss der Wohngebäude meinte. Der Neubau des am 12. August 1968 nach zweijähriger Bauzeit eingeweihten Unteren Bahnhofs könnte allerdings auf Ulbrichts Unmut über das 1965 vorgefundene Provisorium zurückzuführen sein. „Was ist denn das für eine Bretterbude?", so seine Kritik, ehe er in einen Sonderzug nach Falkenstein einstieg.[220] Trotz Ulbrichts Besuch wurde Plauen aufgrund der Grenznähe zur Bundesrepublik nicht zu einer Aufbaustadt bestimmt. Selbst ein am Platz der Roten Armee (Albertplatz) geplanter Hotelneubau konnte in den 40 Jahren der SED-Herrschaft nicht realisiert werden.

Die größte Militäroperation in Europa nach Beendigung des Zweiten Weltkriegs begann in der Nacht vom 20. zum 21. August 1968. Etwa eine halbe Million Soldaten aus der Sowjetunion, Polen, Ungarn und Bulgarien besetzten die Tschechoslowakei und beendeten auf Anordnung von Leonid Breschnew, dem damaligen Generalsekretär der KPdSU, den „Prager Frühling".[221] Zu den Okkupationstruppen gehörte auch das in Plauen stationierte Gardepanzerregiment der Sowjetarmee. Die Panzer der Einheit fuhren zu nächtlicher Stunde durch das Plauener

Stadtzentrum über die Alte Elsterbrücke bis zu ihrer Eisenbahnverladestelle. Da die Alte Elsterbrücke für Panzerverkehr nur bedingt geeignet war, wurde der schon lange geplante Bau der Neuen Elsterbrücke plötzlich sehr schnell ab 1972 realisiert.

Ein für die Kulturszene bis heute nachwirkendes Ereignis war die im August 1973 erfolgte Gründung des legendären „Club Malzhaus". Legendär auch deshalb, weil es unter den damaligen Bedingungen der Clubleitung gelang, der Vereinnahmung durch die SED und die FDJ so weit wie möglich entgegenzutreten. Unter dem Vorwand einer bevorstehenden Rekonstruktion des Malzhauses wurde der unbequeme Club 1982 geschlossen.[222]

Am 22. Oktober 1987 unterzeichneten im Plauener Rathaus die Oberbürgermeister Dr. Heun (Hof) und Dr. Martin (Plauen) einen Partnerschaftsvertrag. Die zehnte Städtepartnerschaft zwischen einer bundesdeutschen Stadt und einer DDR-Stadt ging auf die Initiative Dr. Heuns zurück, der den damaligen bayerischen Ministerpräsidenten Franz Josef Strauß um Unterstützung bat. Dieser hatte dann seine Zustimmung zu einem zweiten Milliardenkredit schriftlich an die Bedingung des Zustandekommens einer Städtepartnerschaft zwischen Hof und Plauen geknüpft. Honecker stimmte im Frühjahr 1987 zu.[223]

Ab Mitte der 1980er Jahre nahm die Zahl der Ausreiseantragsteller zu. Für den Sommer 1989 schätzte die Zeitung „WELT am SONNTAG" für den Stadt- und den Landkreis Plauen eine Gesamtzahl von zirka 15.000 Personen, die die DDR verlassen wollten.[224]

Im Vorfeld der Kommunalwahl vom 7. Mai 1989 hatte sich ein Arbeitskreis „Umdenken durch Nachdenken" gebildet, der für den Abend des 7. Mai Wahlbeobachtungen organisiert hatte. Etwa 70 Wahlbeobachter waren in 40 der 99

Wahllokale bei der Stimmauszählung anwesend und konnten bei 13.513 ausgezählten Wahlzetteln 1.027 Gegenstimmen feststellen. Ohne die Stimmzettel des Sonderwahllokals und der restlichen Wahllokale lag der Gegenstimmenanteil bei 7,6 %. Im zwei Tage später bekanntgegebenen Endergebnis wurde für Plauen ein Nein-Stimmenanteil von 3,82 % vermeldet. Mehr offizielle Gegenstimmen gab es nur aus den Kreisen Potsdam-Land (4,14 %) und Leipzig-Land (3,98 %).[225]

Nachdem am 30. September 1989 der bundesdeutsche Außenminister Hans-Dietrich Genscher im Prager Palais Lobkowitz mit seiner berühmten kurzen Ansprache den Botschaftsflüchtlingen die Genehmigung der DDR-Regierung zu ihrer Ausreise nach Westdeutschland übermittelt hatte, fuhren in den nächsten Tagen Züge mit den Botschaftsflüchtlingen durch die Bezirke Dresden und Karl-Marx-Stadt nach Hof. Am Abend des 4. Oktober kam es in Dresden auf dem Hauptbahnhof zu Ausschreitungen.

In Plauen, ebenfalls am Abend des 4. Oktober, versammelten sich in Erwartung der Ausreisezüge etwa 1.500 Personen auf dem Oberen Bahnhof. Der Bahnhof wurde danach mit Gewalt geräumt.[226] Die Stimmung unter der Bevölkerung in Plauen war bereits aufgeheizt, als am 5. Oktober der Plauener Superintendent Thomas Küttler zum Oberbürgermeister Dr. Martin bestellt wurde, um eine für den Abend geplante Veranstaltung in der Markuskirche zu verhindern. Dort sollte aus dem Arbeitskreis „Umdenken durch Nachdenken" die Plauener Ortsgruppe des „NEUEN FORUM" gegründet werden. Superintendent Küttler lehnte Dr. Martins Aufforderung ab. Zwar wurde die Gründung des „NEUEN FORUM" in Plauen verschoben, mit Beteiligung aller Plauener Kirchengemeinden fand jedoch eine Friedensandacht statt, an der mindestens 2.500 Personen teilnahmen. Da nicht alle Besucher in die Kirche passten, musste die Andacht zweimal gehalten werden.[227]

Im Vorfeld des 7. Oktober verfasste ein damals 22-jähriger Plauener auf seiner Reiseschreibmaschine im Namen einer „Initiative zur demokratischen Umgestaltung der Gesellschaft" Handzettel mit einer Aufforderung an die Bürger Plauens, sich am 7. Oktober 1989 um 15:00 Uhr auf dem Theaterplatz an einer Protestdemonstration zu beteiligen. In den Nächten der Woche vor dem 7. Oktober verteilte er mit drei Freunden diese Flugblätter. Die Staatsmacht war vorgewarnt, rechnete aber nur mit 200 bis 400 Demonstranten. Das Kinderfest auf dem Otto-Grotewohl-Platz (Tunnel) wurde nicht abgesagt. Ab 14:30 Uhr kamen immer mehr Menschen auf dem Otto-Grotewohl-Platz, auf dem Theaterplatz, vor dem Rathaus und in den angrenzenden Nebenstraßen zusammen. Gegen 15:00 Uhr waren 15.000 bis 20.000 Menschen in der Innenstadt versammelt. Erste Transparente (Reisefreiheit, Reformen) wurden entrollt. *„Die Wende begann in Plauen"*, schrieb die Freie Presse am 20. Mai 2021. Um die Demonstration aufzulösen, erhielt die der Volkspolizei unterstellte Plauener Feuerwehr gegen 15:30 Uhr den Befehl, zwei Tanklöschfahrzeuge als Wasserwerfer einzusetzen. Über Lautsprecher wurde zur Räumung des Otto-Grotewohl-Platzes aufgefordert. Zusätzlich kreiste ein VP-Hubschrauber sehr tief über den Versammelten. Als die zwei Feuerwehrtanklöschfahrzeuge als Wasserwerfer in Aktion treten mussten, war dieser Einsatzbefehl praktisch die Kriegserklärung gegen die Plauener Bürger.

„Vor allem am zweiten Tanklöschfahrzeug entlädt sich der Zorn. Der Löschkanonier kann sich gerade noch im Fahrerhaus in Sicherheit bringen. Einer der Demonstranten rollte wutentbrannt einen Betonpapierkorb vor das Fahrzeug, um es zu stoppen. Der geht zu Bruch und die

Betonteile verwandelten sich in schwere Wurfgeschosse. Pflastersteine zerschlagen die Scheiben."[228]
Gegen 15:40 Uhr wurde der Einsatz abgebrochen. Ein Teil der Demonstranten versuchte daraufhin, in das Rathaus zu gelangen, wurde aber durch eine Sondereinheit der VP, die eine Sperrkette bildete und Schlagstöcke einsetzte, daran gehindert. Plötzlich begannen sich immer mehr Demonstranten umzudrehen. Ein eindrucksvoller Demonstrationszug von 10.000 bis 15.000 Personen hatte sich gebildet und lief die Bahnhofstraße hinauf, schwenkte in die Friedensstraße ein und näherte sich wieder dem Rathaus. In dieser Situation gelang es Superintendent Thomas Küttler, die Situation zu beruhigen. Obwohl der Oberbürgermeister nicht bereit war, vor das Rathaus zu kommen, erhielt Küttler ein Megafon und konnte den Demonstranten verkünden, dass der Oberbürgermeister zu Gesprächen bereit sei und er (Küttler) sich um die Vermittlung solcher Gespräche mit Bürgern bemühen werde. Nachdem zwei Forderungen, der Abzug des Hubschraubers und der bewaffneten Kampfgruppen, von der Staatsmacht erfüllt worden waren, löste sich die Demonstration bis auf eine kleine Gruppe auf. Der Oberbürgermeister hatte für den 12. Oktober 1989 ein Gespräch mit 25 Bürgern zugesagt. Die friedliche Revolution war allerdings in den Abendstunden des 7. Oktober in Plauen nicht friedlich. In den Abend- und Nachtstunden kam es zu überharten Polizeieinsätzen gegen kleinere Menschengruppen, meist zufällige Passanten. In der Nacht zum 8. Oktober wurden 61 Personen verschleppt, inhaftiert und meist körperlich misshandelt. In Fliegerstellung mussten sie die Nacht in der Kfz-Schleuse der Strafvollzugseinrichtung Plauen verbringen.[229]

In den kommenden Wochen bis zur Kommunalwahl im März 1990 kam es zu weiteren Samstagsdemonstrationen, großen Bürgerforen (Theater, Festhalle) und zur Bildung von Arbeitsgruppen. Am 23. November trat Oberbürgermeister Dr. Norbert Martin zurück. In Vorbereitung der Wahlen sprachen Friedrich Zimmermann (19. Februar 1990 – CSU), Willy Brandt (23. Februar – SPD), Heiner Geißler (11. März – CDU) und Hans-Dietrich Genscher (11. März – FDP) auf verschiedenen Plätzen in Plauen.

10.4.2 Wirtschaft

Die von der Sowjetunion als Besatzungsmacht durchgeführte rigorose Demontagepolitik führte zur Zerstörung von Arbeitsplätzen in schwerer wirtschaftlicher Notzeit. Bis Ende 1954 kam es so zur Vernichtung von etwa 50 % der bei Kriegsende noch vorhandenen wirtschaftlichen Kapazitäten. Für die VOMAG war für 1946 die Wiederaufnahme der Fahrzeugproduktion vorgesehen. Die Schäden an den Produktionsanlagen waren repariert. Die Anzahl der Beschäftigten lag im Dezember 1945 bei ca. 1.100. Völlig überraschend kam deshalb der sowjetische Befehl zur vollständigen Demontage ab Dezember 1945. Ab 1946 erfolgten die Sprengungen der Gebäude. Der einzige deutsche Automobilhersteller, der durch die Reparationspolitik vollständig vernichtet wurde, war die VOMAG in Plauen.[230]

Qualifizierte Stammarbeitskräfte, die sich nach Kulmbach in die US-amerikanische Besatzungszone absetzten, konnten dort weiter in der Lastwagenproduktion arbeiten. Ein Stamm alter Arbeitskräfte aus dem Druckmaschinenbau begann 1946 mit 60 von der sowjetischen Militäradministration überlassenen Werkzeugmaschinen unter dem Betriebsnamen PLAMAG die Wiederaufnahme der Druckmaschinenproduktion. Um das unzerstörte Fabrikgebäude der ehemaligen Firma Horn entstanden neue Werkhallen.

Die PLAMAG (Plauener Maschinenbau-Gesellschaft) entwickelte sich relativ schnell zu einem Großbetrieb mit etwa 2.000 Beschäftigten, der bei der Herstellung von Offset-Rotationsmaschinen zur Weltspitze zählte. Aus der 1948 gegründeten Maschinenfabrik Vogtland (Mavo) ging im Oktober 1953 der VEB Werkzeugmaschinenfabrik Vogtland Plauen hervor. Von 1957 bis 1961 erfolgte ein Betriebsneubau mit dem markanten Turm als Sozial- und Verwaltungsgebäude. Das Fertigungsprogramm des Betriebs mit ebenfalls ca. 2.000 Beschäftigten umfasste eine große Palette an Sondermaschinen und Taktstraßen. Mit der Entwicklung innovativer Unternehmen, wie dem VEB Stahlbau im Metallleichtbaukombinat (MLK), dem VEB Elektro-, Gas- und Wasserwirtschaftliche Anlagen (Elgawa), dem VEB Glühlampenwerk NARVA und dem VEB Kabelwerk, war die Plauener Wirtschaft nicht mehr monostrukturiert. Hinzu kamen die durch die Verstaatlichung entstandenen Großbetriebe der bisher vorherrschenden Textilindustrie:

VEB Plauener Gardine
VEB Plauener Damenkonfektion
VEB Vogtländische Webereitextilien (VOWETEX)
VEB Baumwollspinnerei
VEB Plauener Spitze

Eine richtige Hochschule oder Universität besaß Plauen nicht. Die sich seit 1963 in der ehemaligen König-Georg-Kaserne befindliche Offiziersschule der Grenztruppen wurde ab 1971 Offiziershochschule genannt und ab 1984 zur Freude der meisten Plauener nach Suhl verlegt. Als höhere Bildungseinrichtung gab es nur die im September 1958 geschaffene Fachschule für Planung und Statistik in der Heubnerstraße. Zu einem Wiederaufbau der bei den Luftangriffen 1945 zerstörten Staatlichen Kunstschule kam es in der DDR nicht. Ausbildungen zum Facharbeiter

Musterzeichner, später Textilzeichner, und zum Textilmustergestalter mit Abitur wurden von den Berufsschulen weitergeführt. Durch das nach Ulbrichts Visite von 1965 relativ schnell errichtete neue Empfangsgebäude für den Unteren Bahnhof gab es vorerst keine Staatsgelder mehr für einen bereits 1946 angekündigten Neubau eines Bahnhofs Mitte an der Trögertreppe. Vom neuen Unteren Bahnhof über den Bahnhof Chrieschwitz fuhren am 9. September 1970 die letzten Personenzüge nach Falkenstein. Der Güterverkehr für den Theumaer Schieferbruch blieb noch bis zum Herbst 1972 erhalten. Ende 1972 bis 1974 erfolgte der Abbau der Gleise von Chrieschwitz über Lottengrün bis Falkenstein. Auf dieser Bahnstrecke, vom Bahnhof Großfriesen aus, erfolgte auch der Transport des von der SDAG Wismut bis 1965 in den Schächten Zobes und Mechelgrün geförderten Uranerzes.

10.4.3 Einwohnerentwicklung

Nach Beendigung der Kriegshandlungen 1945 zogen viele Flüchtlinge und Vertriebene durch Plauen, nur ein kleiner Teil von ihnen verblieb in der Stadt. Wegen der großen Zahl zerstörter Wohnungen und der in den Kasernen stationierten sowjetischen Besatzungstruppen zog die Mehrzahl der Flüchtlinge und Vertriebenen weiter. Neben den bereits genannten VOMAG-Beschäftigten verließen aufgrund der politischen Verhältnisse in den folgenden Jahren ständig Plauener Einwohner die Stadt in Richtung der drei westlichen Besatzungszonen. Darunter waren viele junge Männer, die die Flucht in den Westen der Zwangsverpflichtung zur Arbeit in den Wismut-Stollen vorzogen.

Einwohnerentwicklung 1944 bis 1950

Datum	Einwohner
1944	115.040
1. Dezember 1946 VZ	82.134
31. August 1950 VZ	84.438

VZ = Volkszählungsergebnisse

Bei der Bewertung der Einwohnerzahl 1950 ist zu beachten, dass diese 3.478 Personen beinhaltet, die 1949/50 durch die **Eingemeindungen** von Reinsdorf, Oberlosa, Stöckigt, Thiergarten und Unterlosa Plauener Bürger wurden.

Name	Tag der Eingemeindung	Einwohner
Reinsdorf	1. April 1949	328
Oberlosa	1. Juli 1950	1.159
Stöckigt	1. Juli 1950	705
Thiergarten	1. Juli 1950	683
Unterlosa	1. Juli 1950	603

231

Einwohnerentwicklung 1951 bis 1961

Datum 31. Dezember	Einwohner
1951	84.645
1952	83.048
1953	82.165
1954	82.041
1955	81.998
1956	81.105
1957	80.125
1958	79.794
1959	79.743
1960	79.056
1961	78.905

Von 1952 bis 1961 ist jährlich ein leichter Einwohnerrückgang erkennbar. Mit dem Bau der Berliner Mauer am 13. August 1961 wurde die letzte Möglichkeit eines Wegzuges nach Westdeutschland/Westberlin beseitigt. Die Einwohnerzahlen stiegen bis zum 31. Dezember 1964 wieder auf etwas über 81.000 an und stabilisierten sich bis 1970 bei einer Zahl um die 82.000. Bis 1988 sank die Einwohnerzahl nie unter 77.000.

Einwohnerentwicklung 1962 bis 1990

Datum 31. Dezember	Einwohner
1962	78.983
1963	79.111
1964	81.250
1965	81.739
1966	82.053
1967	82.046
1968	82.008
1969	81.951
1970	82.026
1971	81.712
1972	81.279
1973	80.871
1974	80.353
1975	79.899
1976	79.581
1977	79.500
1978	79.190
1979	78.882
1980	78.828
1981	79.071
1982	78.647
1983	78.797
1984	77.913
1985	77.570
1986	77.514
1987	77.116
1988	77.593
1989	73.971
1990	71.774

232

11. Westliche Besatzungszonen / Bundesrepublik Deutschland Mai 1945 bis Oktober 1990

11.1 Drei Besatzungszonen und das Saarland

Zum 1. Januar 1947 wurden mit der Bildung der Bizone die US-amerikanische und die britische Besatzungszone wirtschaftlich gemeinsam verwaltet. Im Vorfeld der Währungsunion im Juni 1948 kam es im März 1948 mit Frankreich zu einer Einigung hinsichtlich der Bildung einer Trizone, diese wurde jedoch erst im April 1949 verwirklicht. Nach Verabschiedung des Grundgesetzes am 23. Mai 1949 wurde zum 7. September 1949 die Bundesrepublik Deutschland gegründet. Das Saarland war 1949 noch unter französischer Verwaltung und sollte nach Vorschlag des damaligen saarländischen Ministerpräsidenten Hoffmann ein weder zu Frankreich noch zu Deutschland gehörendes europäisches Territorium werden. Alle europäischen Institutionen, die sich gegenwärtig in Brüssel, Straßburg und Luxemburg befinden, sollten in Saarbrücken angesiedelt werden. In einer Volksabstimmung stimmten 1956 nur 32,29 % der Saarländer für diesen Vorschlag, der Anteil der Neinstimmen lag bei 67,71 %. Im Ergebnis der nach der Volksabstimmung durchgeführten Verhandlungen kam es zwischen Frankreich und der Bundesrepublik zum Abschluss des Saarabkommens. Das Saarland wurde am 1. Januar 1957 ein Bundesland der Bundesrepublik Deutschland.

11.2 Neue Großstädte

Erstmals Großstadt:

1945	Flensburg (Dezember, hoher Anteil an Flüchtlingen an der Bevölkerung)
1946	Heidelberg, Oldenburg
1949	Recklinghausen
1950	Bottrop, Fürth
1954	Offenbach
1955	Wanne-Eickel
1962	Koblenz
1963	Leverkusen, Neuss
1964	Göttingen
1968	Rheydt
1969	Trier
1970	Heilbronn, Kaiserslautern
1972	Wolfsburg
1974	Erlangen, Hildesheim
1975	Hamm, Moers, Paderborn, Siegen
1977	Bergisch Gladbach
1980	Ulm
1988	Reutlingen
1989	Ingolstadt

11.3 Keine Großstädte mehr

1952	Flensburg
1979	Wilhelmshaven

Infolge der Gebietsreformen in Nordrhein-Westfalen wurden 1975 Wanne-Eickel in Herne und Rheydt in Mönchengladbach eingemeindet. Die Großstadt Lahn in Hessen, die zum 1. Januar 1977 aus den Städten Gießen und Wetzlar gebildet wurde, hatte nicht lange Bestand. Zum 1. August 1979 waren beide Städte wieder eigenständig.

12. Vergleich der Entwicklung der Einwohnerzahlen von Plauen mit Städten in der DDR, die im Zeitraum von 1946 bis 1988 mindestens einmal 60.000 Einwohner zählten

Die Ungleichbehandlung von Städten in der DDR wird in den Vergleichen der Einwohnerentwicklung für die Jahre 1946, 1950, 1964, 1970, 1981 und 1988 erkennbar. Verglichen werden mit Ausnahme der Bezirkshauptstadt Suhl nur Städte, die im gesamten Zeitraum mindestens einmal eine Mindesteinwohnerzahl von 60.000 erreicht hatten. Da Plauen 2020 nur noch ca. 64.000 Einwohner zählte, wurde 60.000 Einwohner als Mindestvergleichswert gewählt. Das Jahr 1988 wurde als Vergleichsjahr angesetzt, da am 9. November 1989 die Grenzöffnung erfolgte und somit 1989 als Vergleichsjahr nicht verwendbar ist.

1946 – Plauen ist die 16.-größte Stadt der sowjetischen Besatzungszone

Rang	Name	Einwohner
1	Berlin-Ost	1.174.582
2	Leipzig	607.655
3	Dresden	467.966
4	Chemnitz	250.188
5	Magdeburg	236.326
6	Halle/Saale	222.505
7	Erfurt	174.633
8	Zwickau	122.862
9	Rostock	114.869
10	Potsdam	113.568

11	Gera	89.212
12	Schwerin	88.164
13	Dessau	88.139
14	Görlitz	85.686
15	Jena	82.722
16	Plauen	82.134
17	Brandenburg	70.632
18	Weimar	66.659
19	Frankfurt/Oder	51.577
20	Stralsund	50.303
21	Cottbus	49.131
22	Greifswald	43.590
23	Suhl	24.598
24	Neubrandenburg	20.446
25	Hoyerswerda	7.274

1950 – Plauen ist die 15.-größte Stadt der DDR

Rang	Name	Einwohner
1	Berlin-Ost	1.189.074
2	Leipzig	617.574
3	Dresden	494.187
4	Chemnitz	293.373
5	Halle/Saale	289.119
6	Magdeburg	260.305
7	Erfurt	188.650
8	Zwickau	138.844
9	Rostock	133.109
10	Potsdam	118.180
11	Görlitz	100.147
12	Gera	98.576

13	Schwerin	93.576
14	Dessau	91.973
15	Plauen	84.438
16	Brandenburg	82.215
17	Jena	80.309
18	Weimar	64.452
19	Cottbus	60.874
20	Stralsund	58.303
21	Frankfurt/Oder	52.822
22	Greifswald	44.468
23	Suhl	24.412
24	Neubrandenburg	22.412
25	Hoyerswerda	7.365

1964 – Plauen ist die 17.-größte Stadt der DDR

Rang	Name	Einwohner
1	Berlin-Ost	1.070.713
2	Leipzig	594.882
3	Dresden	503.810
4	Chemnitz	293.133
5	Halle/Saale	273.987
6	Magdeburg	265.091
7	Erfurt	189.860
8	Rostock	179.372
9	Zwickau	128.431
10	Potsdam	110.083
11	Gera	106.838
12	Dessau	95.452
13	Schwerin	91.164
14	Brandenburg	89.697
15	Görlitz	88.800

16	Jena	84.307
17	Plauen	81.250
18	Cottbus	73.358
19	Stralsund	67.851
20	Weimar	63.943
21	Frankfurt/Oder	57.975
22	Greifswald	47.421
23	Neubrandenburg	39.939
24	Hoyerswerda	39.600
25	Suhl	28.190

1970 – Plauen ist die 18.-größte Stadt der DDR

Rang	Name	Einwohner
1	Berlin-Ost	1.086.374
2	Leipzig	583.885
3	Dresden	502.432
4	Chemnitz	299.411
5	Magdeburg	272.237
6	Halle/Saale	257.261
7	Rostock	198.636
8	Erfurt	196.528
9	Zwickau	126.988
10	Gera	111.535
11	Potsdam	111.336
12	Dessau	99.571
13	Schwerin	97.164
14	Brandenburg	93.983
15	Görlitz	87.492
16	Jena	84.307
17	Cottbus	82.896
18	Plauen	82.026
19	Stralsund	71.489

20	Weimar	63.634
21	Frankfurt/Oder	62.433
22	Hoyerswerda	59.144
23	Greifswald	47.421
24	Neubrandenburg	46.087
25	Suhl	31.661

1981 – Plauen ist die 20.-größte Stadt der DDR

Rang	Name	Einwohner
1	Berlin-Ost	1.162.305
2	Leipzig	559.574
3	Dresden	521.060
4	Chemnitz	318.578
5	Magdeburg	287.362
6	Rostock	236.011
7	Halle/Saale	232.622
8	Erfurt	212.012
9	Potsdam	132.543
10	Gera	126.792
11	Schwerin	122.264
12	Zwickau	121.283
13	Jena	104.946
14	Dessau	103.732
15	Cottbus	101.265
16	Brandenburg	94.862
17	Frankfurt/Oder	81.009
18	Görlitz	80.831
19	Neubrandenburg	79.813
20	Plauen	79.071
21	Stralsund	74.421
22	Weimar	63.725
23	Hoyerswerda	71.124

24	Greifswald	61.388
25	Suhl	49.849

1988 – Plauen ist die 20.-größte Stadt der DDR

Rang	Name	Einwohner
1	Berlin-Ost	1.284.535
2	Leipzig	545.307
3	Dresden	518.037
4	Chemnitz	311.765
5	Magdeburg	290.579
6	Rostock	253.990
7	Halle/Saale	236.044
8	Erfurt	220.016
9	Potsdam	142.862
10	Gera	134.834
11	Schwerin	130.685
12	Cottbus	128.136
13	Zwickau	121.749
14	Jena	108.010
15	Dessau	103.831
16	Brandenburg	94.872
17	Neubrandenburg	90.471
18	Frankfurt/Oder	87.123
19	Görlitz	77.609
20	Plauen	77.593
21	Stralsund	75.498
22	Hoyerswerda	69.361
23	Greifswald	68.597
24	Weimar	63.412
25	Suhl	56.345

13. Vergleich der Einwohnerentwicklung für den Zeitraum von 1990 bis 2020

13.1 Vergleiche der Einwohnerentwicklung der unter Gliederungspunkt 12. aufgeführten Städte für die Jahre 1990, 2005 und 2020

1990 – Plauen ist die 21.-größte Stadt der neuen Bundesländer (einschließlich Berlin)

Rang	Name	Einwohner
1	Berlin – Gesamt	3.433.695
2	Leipzig	511.079
3	Dresden	490.571
4	Halle/Saale	310.234
5	Chemnitz	294.244
6	Magdeburg	278.807
7	Rostock	248.088
8	Erfurt	208.989
9	Potsdam	139.748
10	Gera	129.037
11	Schwerin	127.447
12	Cottbus	125.891
13	Zwickau	114.632
14	Jena	102.518
15	Dessau	96.754
16	Brandenburg	89.889
17	Neubrandenburg	89.284
18	Frankfurt/Oder	86.131
19	Stralsund	72.780
20	Görlitz	72.237
21	Plauen	71.774

22	Greifswald	66.251
23	Hoyerswerda	64.888
24	Weimar	60.326
25	Suhl	54.731

2005 – Plauen ist die 17.-größte Stadt der neuen Bundesländer (einschließlich Berlin)

Rang	Name	Einwohner
1	Berlin – Gesamt	3.395.189
2	Leipzig	502.651
3	Dresden	495.181
4	Chemnitz	246.587
5	Halle/Saale	235.959
6	Magdeburg	229.126
7	Erfurt	202.844
8	Rostock	199.208
9	Potsdam	147.583
10	Cottbus	105.309
11	Gera	103.948
12	Jena	102.532
13	Zwickau	97.832
14	Schwerin	96.656
15	Dessau	78.360
16	Brandenburg	74.129
17	Plauen	68.892
18	Neubrandenburg	68.118
19	Weimar	64.594
20	Frankfurt/Oder	63.748
21	Stralsund	58.708
22	Görlitz	57.629
23	Greifswald	53.281

24	Suhl	42.689
25	Hoyerswerda	42.607

2020 – Plauen ist die 18.-größte Stadt der neuen Bundesländer (einschließlich Berlin)

Rang	Name	Einwohner
1	Berlin – Gesamt	3.664.088
2	Leipzig	597.493
3	Dresden	556.227
4	Chemnitz	244.401
5	Halle/Saale	237.865
6	Magdeburg	235.775
7	Erfurt	213.692
8	Rostock	209.061
9	Potsdam	182.112
10	Jena	110.731
11	Cottbus	98.693
12	Schwerin	95.609
13	Gera	92.126
14	Zwickau	87.516
15	Dessau	79.354
16	Brandenburg	72.040
17	Weimar	65.098
18	Plauen	64.014
19	Neubrandenburg	63.372
20	Greifswald	59.282
21	Stralsund	59.205
22	Frankfurt/Oder	57.015
23	Görlitz	55.784
24	Suhl	36.395
25	Hoyerswerda	31.790

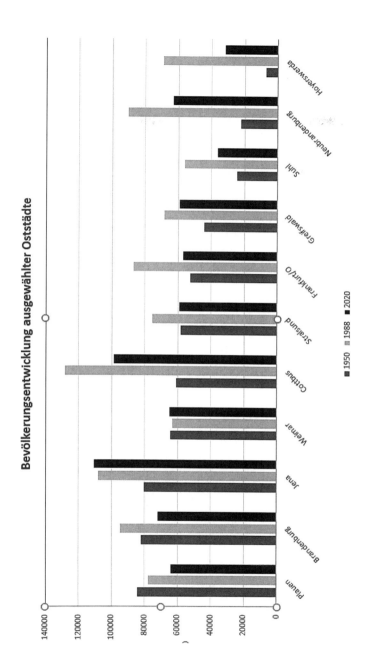

13.2 Vergleich der Einwohnerentwicklung der unter Gliederungspunkt 12. aufgeführten Städte für das Jahr 2020 zum Jahr 1988 (Zunahme/Abnahme in %)

Rang	Name	Zunahme/Abnahme in %
1	Potsdam	+ 27,23
2	Leipzig	+ 9,57
3	Dresden	+ 7,37
4	Weimar	+ 2,66
5	Jena	+ 2,52
6	Erfurt	- 2,87
7	Greifswald	- 13,58
8	Plauen	- 17,52
9	Rostock	- 17,69
10	Magdeburg	- 18,86
11	Stralsund	- 21,58
12	Chemnitz	- 21,61
13	Cottbus	- 22,98
14	Dessau	- 23,58
15	Brandenburg	- 24,07
16	Halle/Saale	- 26,81
17	Schwerin	- 26,84
18	Zwickau	- 28,11
19	Görlitz	- 29,11
20	Neubrandenburg	- 29,96
21	Gera	- 31,68
22	Frankfurt/Oder	- 34,56
23	Suhl	- 35,41
24	Hoyerswerda	- 54,17

Die Angaben für Halle im Jahr 1988 sind einschließlich der Einwohnerzahlen von Halle-Neustact. Berlin ist für den gesamten Zeitraum nicht vergleichbar.

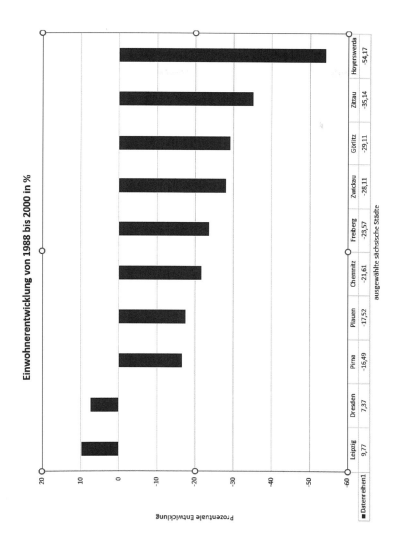

Sonderfall Halle-Neustadt

Der Aufbau der Chemiearbeiterwohnstadt begann am 15. Juli 1964. Bereits am 12. Mai 1967 erfolgte die Ausgliederung aus Halle und die Schaffung eines eigenen Stadtkreises.

Jahr	Einwohner
1965	1.983
1970	35.180
1972	ca. 51.600
1974	67.956
1980	93.578
1990	ca. 90.000

1980 Halle-Neustadt	93.578
1981 Halle	232.622

Die Addition beider Einwohnerzahlen für die Jahre 1980/81 ergibt eine Gesamteinwohnerzahl von ca. 326.000 Einwohnern. Bei Annahme der Gesamteinwohnerzahl wäre Halle 1981 nach Berlin-Ost, Leipzig und Dresden die viertgrößte Stadt der DDR gewesen.

13.3 Vergleich der Einwohnerentwicklung von Hoyerswerda, Eisenhüttenstadt und Schwedt für die Jahre 1950 bis 2020

Hoyerswerda
Die niederschlesische Kleinstadt hatte 1871 2.591 Einwohner. Nach dem 2. Weltkrieg kam die Stadt zum Land Sachsen, 1952 zum Bezirk Cottbus. 1955 wurde das Braunkohleveredlungswerk/Kombinat Schwarze Pumpe

errichtet. Aus der Lausitzer Braunkohle wurden durch Veredlung 80 % des in der DDR verbrauchten Stadtgases gewonnen. Bis 1989 war das Gaskombinat Schwarze Pumpe der größte Braunkohleveredlungsbetrieb der Welt. Für etwa 18.000 Beschäftigte wurde seit 1955 die sozialistische Wohnstadt Hoyerswerda errichtet.

Einwohnerentwicklung Hoyerswerda 1950–2020

Jahr	Einwohner
1950	7.232
1970	59.144
1981	71.124
1988	69.361
1990	64.888
2000	50.203
2020	31.790

Eisenhüttenstadt (und wie Karl-Marx-Stadt zu seinem Namen kam)
In Ausführung eines Beschlusses des ZK der SED vom Juli 1950 wurde im gleichen Jahr in der Nähe der Stadt Fürstenberg/Oder mit dem Aufbau eines Hüttenwerkes begonnen. Das Anblasen des ersten Hochofens erfolgte im September 1951. In unmittelbarer Nähe sollte als Planstadt die erste sozialistische Stadt der DDR errichtet werden. Es gelang relativ schnell, die benötigten Arbeitskräfte anzuwerben. 1953 hatte der neue Ort bereits 2.400 Einwohner. Für den 14. März 1953 war anlässlich des 70. Todestages von Karl Marx vorgesehen, der zukünftigen Vorzeigestadt den Namen des Philosophen zu verleihen. Plötzlich verstarb am 5. März 1953 der sowjetische Diktator Stalin. Die Namensverleihung wurde auf

den 7. Mai 1953 verschoben. Allerdings erhielt der Ort jetzt den Namen „Stalinstadt". Das ZK der SED wollte jedoch unbedingt eine Stadt in der DDR mit dem Namen von Karl Marx beglücken. Am 5. Mai 1953, dem 135. Geburtstag von Marx, fassten das ZK der SED und die Regierung der DDR den Beschluss, Chemnitz als Stadt mit einer starken Arbeitertradition in Karl-Marx-Stadt umzubenennen.

Ohne Beteiligung der Bürger an diesem Vorhaben wurde die Namensänderung mit einem Staatsakt durch den Ministerpräsidenten Otto Grotewohl bereits am 10. Mai 1953 vollzogen. Durch die Abschaffung der Länder 1952 und die Bildung von 14 Bezirken war die kleine Stadt Fürstenberg Kreisstadt geworden. Aus dem neuen Kreis erfolgte im Februar 1953 die Herauslösung der Wohnstadt des Hüttenwerkes. Stalinstadt wurde Stadtkreis. Im November 1961 kam es zur Zusammenlegung der Städte Fürstenberg (6.749 Einwohner), Stalinstadt (24.372 Einwohner) und der Gemeinde Schönfließ. Im Rahmen der Entstalinisierung erhielt der neue Ort den Namen Eisenhüttenstadt.

Einwohnerentwicklung Eisenhüttenstadt 1953–2020

Jahr	Einwohner
1953	2.400 (ohne Fürstenberg)
1961	32.970
1988	53.048
1990	50.216
2020	23.373

Das ehemalige Eisenhüttenkombinat Ost (EKO) gehört seit 2002/2006 zu Arcelor Mittal, dem weltweit größten Stahlkonzern, und hat sich auf die Flachstahlproduktion spezialisiert. Das Werk hat derzeit etwa 2.500 Mitarbeiter.[233]

Schwedt

In Schwedt wurde 1960 ein Erdölverarbeitungswerk errichtet, das über die Erdölleitung Freundschaft aus dem Ural versorgt wurde (heute PCK Raffinerie GmbH Schwedt).

Einwohnerentwicklung Schwedt 1950–2020

Jahr	Einwohner
1950	6.506
1964	19.108
1981	52.291
1990	51.161
2000	39.683
2020	30.189

13.4 Vergleich der Einwohnerentwicklung der Städte Forst, Guben (Brandenburg), Weißwasser, Zittau (Sachsen) für die Jahre 1950, 1988, 1990 und 2020 (Einwohnerrückgang von 2020 zu 1988 in %)

Name	Einwohner 1950	Einwohner 1988	Einwohner 1990	Einwohner 2020	Einwohnerrückgang 2020 zu 1988 in %
Forst	30.475	26.676	25.844	17.691	33,68
Guben	25.929	34.772 (1985)	32.690	16.659	52,10
Weißwasser	13.844	38.288	35.390	15.640	59,16
Zittau*	46.692	38.144	34.465	24.738	35,14

* Hochschulstandort

14. Das Ende der DDR 1989 bis 2. Oktober 1990 / Bundesrepublik Deutschland 3. Oktober 1990 bis 2020

14.1 Das Ende der DDR / Neuer Verwaltungsaufbau ab 1990

In den 1980er Jahren konnte die DDR nur durch westliche Kredite ihre Zahlungsunfähigkeit vermeiden. Zu den inneren Schwierigkeiten kamen Spannungen in den Beziehungen zur Sowjetunion hinzu. Michael Gorbatschow, seit 1985 Generalsekretär der KPdSU, versuchte mit seiner Politik der Offenheit (Glasnost) und Umgestaltung (Perestroika), den Sozialismus in der Sowjetunion zu retten. Seine Politik stieß bei Honecker auf totale Ablehnung. Die von der Bevölkerung erhoffte größere Meinungsfreiheit in den Medien kam nicht. Im Gegenteil, im Herbst 1988 wurde die sowjetische Zeitschrift Sputnik in der DDR verboten. Die 1980er Jahre waren auch geprägt von einer stärkeren Militarisierung der Gesellschaft. Die Einführung des Wehrkundeunterrichts in den Schulen und die verstärkte Einberufung der Männer zum ein Vierteljahr dauernden Reservistenwehrdienst (in der Bundesrepublik Dauer nur zwei Wochen) führten zu weiteren Konflikten zwischen der Staatspartei SED und der Bevölkerung. Nur hinsichtlich der Genehmigung von Westreisen aus persönlichen Gründen kam es in den letzten Jahren der DDR zu Erleichterungen. Allerdings verstärkte sich nach Rückkehr der Reisenden in die DDR die Abneigung gegen den sogenannten Arbeiter- und Bauernstaat noch mehr. Massive Wahlfälschungen bei den am 7. Mai 1989 durchgeführten Kommunalwahlen führten zu einer hohen Zahl von Eingaben und

Strafanzeigen gegen die Wahlfälscher. Ermittlungen durch die Justiz erfolgten nicht. Als Ungarn am 11. September 1989 seine Grenzen zu Österreich öffnete, begann der Untergang der DDR, begleitet durch die Gründung neuer politischer Organisationen und Vereinigungen wie dem „Neuen Forum". Am 7. Oktober 1989 kam es in Plauen zu einer Demonstration von 15.000 bis 20.000 Teilnehmern, bei der *„die Staatsmacht an ihrem 40. Geburtstag erstmals vor ihrer eigenen Bevölkerung zurückweichen musste. Die Stunde Null vom Untergang der DDR."*[235] Weitere Großdemonstrationen fanden am 9. Oktober in Leipzig mit etwa 70.000 Teilnehmern und am 4. November in Berlin mit einer Teilnehmerzahl von über 500.000 statt.

Honecker trat am 18. Oktober zurück, Nachfolger als Generalsekretär der SED wurde Egon Krenz, der ab 24. Oktober zugleich Staatsratsvorsitzender wurde. Es erfolgten die Wochen der Entscheidung. Bereits am 3. Dezember trat das gesamte Politbüro der SED mit Egon Krenz zurück. Neuer Staatsratsvorsitzender wurde am 6. Dezember der Vorsitzende der LDPD Manfred Gerlach. Am 13. November erfolgte die Ernennung von Hans Modrow zum neuen Ministerpräsidenten, der am 17. November eine Regierung mit 28 Ministern aus den Reihen der SED, LDPD, Ost-CDU und NDPD bildete. Modrow blieb bis zur Volkskammerwahl vom 18. März 1990 Ministerpräsident, Gerlach bis zum 5. April 1990 Staatsratsvorsitzender. Dieses Amt wurde nach der Wahl abgeschafft. Für das *„Wunder des 9. November 1989"* war der Sekretär für Informationswesen des Politbüros der SED Günter Schabowski verantwortlich. Er stellte gegen 19:00 Uhr in einer Pressekonferenz die neue Reiseregelung für die Bürger der DDR vor. Auf die Nachfrage eines italienischen Korrespondenten, ab wann diese Regelung in Kraft trete, antwortete Schabowski *„sofort, unverzüglich"*. Nach 21:00 Uhr erfolgte am Grenzübergang

Bornholmer Straße auf Druck der vor dem Übergang wartenden Passanten die Öffnung der Berliner Mauer.
Die Politik von Modrow war anfangs nicht auf eine Wiedervereinigung der beiden deutschen Staaten ausgerichtet. Nach dem Treffen mit Bundeskanzler Helmut Kohl am 19. Dezember 1989 in Dresden und der Rede Kohls vor der Ruine der Frauenkirche, bei der der Bundeskanzler als sein politisches Ziel die Einheit Deutschlands nannte, veränderte sich die Lage. Am 13. Februar 1990 kam es in Ottawa am Rande einer KSZE-Konferenz zu einem Beschluss, Gespräche über eine eventuelle Wiedervereinigung der beiden deutschen Staaten in einem Format „Zwei plus Vier" zu führen. Vertreter der DDR sollte die aus einer freien Wahl hervorgehende neue Regierung sein. Die erste und damit auch die letzte wirklich freie Volkskammerwahl fand am 18. März 1990 statt (siehe Gliederungspunkt 10.2).

Ergebnis der Volkskammerwahl vom 18. März 1990

Parteien	DDR – Gesamtwählerstimmen in %
CDU	40,8
SPD	21,9
PDS	16,4
DSU	6,3
BFD	5,3
Bündnis 90	2,9
DBD	2,2
Grüne/UFV	2,0

DA	0,9
NDPD	0,4
DFD	0,3
VL und Die Nelken	0,2
Sonstige	0,4
Gesamt	100,00

Legende:
PDS = Partei des Demokratischen Sozialismus
DSU = Deutsche Soziale Union
BFD = Bund Freier Demokraten
DBD = Demokratische Bauernpartei Deutschlands
UFV = Unabhängiger Frauenverband
DA = Demokratischer Aufbruch
NDPD = Nationaldemokratische Partei Deutschlands
DFD = Demokratischer Frauenbund Deutschlands
VL = Vereinigte Linke

Die neu gewählte Volkskammer kam am 5. April 1990 zu ihrer ersten Sitzung zusammen. Am 12. April 1990 wurde der CDU-Politiker Lothar de Maizière zum neuen Ministerpräsidenten gewählt. Er führte eine große Koalition aus der Allianz für Deutschland, der SPD und den drei liberalen Parteien an. Die am 5. Mai in Bonn, am 22. Juni in Ost-Berlin, am 17. Juli in Paris (unter Beteiligung Polens) und am 12. September in Moskau stattgefundenen Zwei-plus-Vier-Verhandlungen verliefen erfolgreich, obwohl die britische Premierministerin Margaret Thatcher bis zuletzt versucht hatte, die Einigung zu verzögern. Im Ergebnis der Gespräche kam es zum „Vertrag über die abschließende Regelung in Bezug auf Deutschland", einem Staatsvertrag zwischen der Bundesrepublik Deutschland und der

Deutschen Demokratischen Republik einerseits sowie den Vereinigten Staaten von Amerika, der Sowjetunion, Großbritannien und Frankreich andererseits. Der Vertrag bedeutete die endgültige Friedensordnung für Deutschland und hob alle noch vorhandenen besatzungsrechtlichen Beschränkungen auf. Die bestehenden Grenzen wurden bestätigt. Die Sowjetunion verpflichtete sich, bis Ende 1994 alle eigenen Truppen aus Deutschland abzuziehen. Der Vertrag wurde am 12. September in Moskau unterzeichnet und war somit die Grundlage für die Wiedervereinigung vom 3. Oktober 1990. Vergleichbar mit der britischen Premierministerin Thatcher versuchten in der Sowjetunion Gegner Gorbatschows, den Vertrag zu verzögern oder zu verhindern. Die Annahme des Vertrags durch den Obersten Sowjet der Sozialistischen Sowjetrepubliken erfolgte am 4. März 1991.[236] So konnte der Zwei-plus-Vier-Vertrag erst am 15. März 1991 durch die Hinterlegung der letzten Ratifikationsurkunde durch die Sowjetunion mit einer offiziellen Zeremonie in Kraft treten.

Seit dem 3. Oktober 1990 hatten in Ostdeutschland fünf neue Landesregierungen ihre Arbeit aufgenommen. Bereits seit Anfang des Jahres 1990 gab es in vielen Bezirken der DDR Bestrebungen zur Wiederherstellung der 1952 abgeschafften Länder. Nach Bildung der neuen Regierung wurde eine Regierungskommission „Verwaltungsreform" zum Beitritt in die Bundesrepublik Deutschland geschaffen. Der erste Vorschlag war die Bildung von zwei neuen Bundesländern mit einer Grenze südlich von Berlin. Der Vorschlag war schnell vom Tisch. Der zweite Vorschlag sah die Bildung der Bundesländer Mecklenburg-Vorpommern, Brandenburg, Thüringen und Sachsen vor, wobei die Bezirke Magdeburg und Halle zwischen Brandenburg und Sachsen aufgeteilt werden sollten. Nach heftigen Widersprüchen aus den wirtschaftsstarken Bezirken Magdeburg und Halle kam es zur jetzt bestehenden Lösung mit fünf ostdeutschen Bundesländern und Gesamtberlin, einer Lösung, die (bis auf Berlin) bereits bis 1952 bestand. Allerdings stimmten die jetzigen Bezirksgrenzen nicht immer mit den damaligen Ländergrenzen überein (siehe Gliederungspunkt 10.2). Die Bevölkerung der betroffenen Kreise, Städte und Gemeinden durfte in Bürgerbefragungen ihre Vorstellungen äußern, welchem Bundesland sie künftig angehören wollten. Die Einwohner des Kreises Altenburg entschieden sich zu knapp 54 % für einen Anschluss an Sachsen. Da der Kreistag jedoch anderes entschied, kam Altenburg zu Thüringen. Die Einwohner der Städte Pausa, Elsterberg und Mühltroff hatten sich im Juli 1990 mit über 85 % für eine Zugehörigkeit zum Landkreis Plauen entschieden. Bei Pausa lag die Zustimmung für Plauen sogar bei 98,57 %. Auch umliegende „ur"-thüringische Gemeinden wie Bernsgrün hatten überwiegend für den Landkreis Plauen gestimmt. Der „Sachsenkrieg" genannte Länderwechsel sollte sich noch bis zum April 1992 hinziehen. Erst mit dem Staatsvertrag vom 1. April 1992 wurde der Flächentausch vollzogen. Nicht alle ehemaligen sächsischen Gemeinden wollten in den Landkreis Plauen zurück. Dröswein und Langenbuch bei Mühltroff gehören heute zum Saale-Orla-Kreis. Wolfshain bei Pausa, Pansdorf und Tremnitz bei Elsterberg blieben beim Landkreis Greiz. Thüringische Gemeinden wie Bernsgrün, die sich mehrheitlich für Sachsen entschieden hatten, durften nicht wechseln, da sie keine Anspruchskommunen waren. Fröbersgrün verblieb im Landkreis Plauen. In einem zweiten Staatsvertrag vom 22. November 1994 kehrte die Gemeinde Cunsdorf bei Elsterberg in den Landkreis Plauen zurück. Der „Sachsenkrieg" war beendet.[237]

In dieser Zeit wurde in Sachsen bereits eine Kreisreform vorbereitet. Das am 24. Juni 1993 verabschiedete Kreisreformgesetz sah die Bildung eines Elstertalkreises mit Sitz in Plauen, hervorgehend aus den Landkreisen Plauen und Oelsnitz und Teilen des Landkreises Klingenthal, und die Bildung eines Göltzschtalkreises mit Sitz in Auerbach, hervorgehend aus den Landkreisen Auerbach und Reichenbach und Teilen des Landkreises Klingenthal, vor. Gegen diesen Vorschlag legte der Landkreis Reichenbach beim Sächsischen Verfassungsgerichtshof Verfassungsbeschwerde ein. Der Landkreis Plauen schloss sich der Verfassungsbeschwerde an. Das Gericht hob die Teile des Kreisreformgesetzes, die die fünf vogtländischen Altlandkreise betrafen, auf. Mit dem zweiten Kreisreformgesetz vom 6. September 1994 wurde zum 1. Januar 1996 die Bildung des Vogtlandkreises mit Sitz in Plauen beschlossen. Plauen blieb wie Dresden, Leipzig, Chemnitz, Zwickau und Görlitz kreisfrei. Hoyerswerda, das damals noch über 50.000 Einwohner zählte, wurde kreisfreie Stadt. Die Anzahl der Landkreise wurde von 48 auf 22 reduziert. Die Bezeichnung kreisfreie Stadt war nach dem 3. Oktober 1990 für die bis dahin übliche Bezeichnung „Stadtkreis" eingeführt worden. Die erste Kreisreform nach 1990 brachte für Plauen weder Vor- noch Nachteile. Da Plauen als einzige kreisfreie Stadt Sachsens auch Kreissitz war, gab es jedoch für den Vogtlandkreis keinen Anspruch auf Fördermittel für den Neubau eines Landratsamtes. Nach 2008 war es durch die erzwungene Aufgabe der Kreisfreiheit möglich, Fördermittel für den Umbau des Warenhauses Horten zum Landratsamt zu erhalten. Die Aufgabe der Kreisfreiheit war ein Ergebnis der zweiten sächsischen Kreisreform nach 1990. Das sächsische Kreisreformgliederungsgesetz vom 22./23. Januar 2008 reduzierte die Anzahl der Landkreise von 22 auf 10 und die Anzahl der kreisfreien Städte von 7 auf 3. Neben Plauen verloren auch Zwickau, Görlitz und Hoyerswerda ihre Kreisfreiheit.

Der Versuch der Stadt Plauen, mittels einer Kooperationsvereinbarung mit dem Vogtlandkreis die Kreisfreiheit zu erhalten, scheiterte. Taktisch ungeschickt wurde von einem „Vogtländischen Weg" gesprochen. Ein Abweichen von einheitlichen Vorgaben ließ sich mit dem „Vogtländischen Weg" nicht begründen. Der Verfassungsgerichtshof des Freistaates Sachsen verwarf mit Beschluss vom 22. April 2008 einen Antrag der Stadt Plauen auf Erlass einer einstweiligen Anordnung gegen den Vollzug der Einkreisung als offensichtlich unbegründet. „Das Kooperationsmodell beruhe weder auf spezifischen örtlichen noch historischen Bedingungen", hieß es im oben genannten Beschluss.

Vielleicht hätte die Konzentration auf eine Leitlinie aus dem ersten Kreisreformgesetz von 1993, dass Städte ab 50.000 Einwohner kreisfrei sind, das Gesetzgebungsverfahren nochmals geöffnet. Dazu hätte man die Städte Görlitz und Zwickau als Partner gewinnen müssen. Die zweite sächsische Kreisreform brachte nicht die erhofften Vorteile. In einigen der neuen Landkreise fehlt den Bürgern die gewohnte regionale Identität. Die erwarteten finanziellen Vorteile traten überwiegend nicht ein. Es kam zu einer Vernachlässigung des ländlichen Raums. Zufall oder das Ergebnis einer gründlichen Analyse der Ergebnisse von Sachsen. In Brandenburg und Thüringen wurden die geplanten Kreisreformen vorerst abgesagt.

14.2 Neue Großstädte

Erstmals Großstadt:
2018　　Gütersloh

14.3 Keine Großstädte mehr

1990　　Dessau (Sachsen-Anhalt)
2001　　Schwerin (Mecklenburg-Vorpommern)
2007　　Witten (Nordrhein-Westfalen)
2009　　Gera (Thüringen)
2018　　Cottbus (Brandenburg)

14.4 Übersicht der 80 Großstädte von 2020 nach Bundesländern

Nordrhein-Westfalen (30)
- Aachen, Bergisch Gladbach, Bielefeld, Bochum, Bonn, Bottrop, Dortmund
- Duisburg, Düsseldorf, Essen, Gelsenkirchen, Gütersloh, Hamm, Hagen
- Herne, Köln, Krefeld, Leverkusen, Moers, Mönchengladbach
- Mühlhausen/Ruhr, Münster, Neuss, Oberhausen, Paderborn
- Recklinghausen, Remscheid, Siegen, Solingen, Wuppertal

Baden-Württemberg (9)
- Freiburg i. B., Heidelberg, Heilbronn, Karlsruhe, Mannheim, Pforzheim
- Reutlingen, Stuttgart, Ulm

Bayern (8)
- Augsburg, Erlangen, Fürth, Ingolstadt, München, Nürnberg, Regensburg
- Würzburg,

Niedersachsen (8)
- Braunschweig, Göttingen, Hannover, Hildesheim, Oldenburg, Osnabrück
- Salzgitter, Wolfsburg

Hessen (5)
- Darmstadt, Frankfurt/Main, Kassel, Offenbach/Main, Wiesbaden

Rheinland-Pfalz (4)
- Koblenz, Ludwigshafen, Mainz, Trier

Sachsen (3)
- Chemnitz, Dresden, Leipzig

Bremen (2)
- Bremen, Bremerhaven

Sachsen-Anhalt (2)
- Halle/Saale, Magdeburg

Schleswig-Holstein (2)
- Kiel, Lübeck

Thüringen (2)
- Erfurt, Jena

Brandenburg (1)
- Potsdam

Berlin (1)
- Berlin

Hamburg (1)
- Hamburg

Mecklenburg-Vorpommern (1)
- Rostock

Saarland (1)
- Saarbrücken

14.5 Entwicklung in Plauen

14.5.1 Bedeutsame Ereignisse

Am 17. März 1990 fand die letzte der 23 Samstagsdemonstrationen statt. Bei der am 18. März 1990 stattgefundenen Volkskammerwahl erhielt die CDU im Stadtkreis Plauen die meisten Wählerstimmen.

Ergebnisse der Volkskammerwahl vom 18. März 1990

Parteien	Stadt Plauen Wählerstimmen in %
CDU	36,9
SPD	18,3
DSU	18,1
PDS	11,9
BFD	7,8
Bündnis 90	2,5
Grüne	2,0
DA	0,9
DBD	0,4
NDPD	0,2
Sonstige	1,0
Gesamt	**100,00**

Auch bei der Kommunalwahl am 6. Mai 1990 erzielte die CDU im Stadtkreis Plauen das beste Ergebnis.

Ergebnisse der Kommunalwahl vom 6. Mai 1990

Parteien	Stadt Plauen Wählerstimmen in %
CDU	34,17
SPD	20,99
PDS	9,48
DSU	8,39
BFD	8,30
NF	8,23
BV	5,02
Grüne	3,31
KB	0,68
DFD	0,66
DBD	0,28
UFV	0,13
KPD	0,09
Sonstige	0,25
Gesamt	**100,00**

239

Legende:
BV = Bürgervereinigung
KB = Kulturbund e. V.
NF = Neues Forum

Zum Oberbürgermeister wurde der Bildhauer Dr. Rolf Magerkord von der CDU gewählt, der das Amt vom 31. Mai 1990 bis zum 31. August 2000 ausübte. Am 1. September 2000 übernahm Ralf Oberdorfer (FDP) das Amt des Oberbürgermeisters.

Ab Mitte des Jahres 1990 begann eine rege Bautätigkeit mit der Sanierung von Altgebäuden und der Errichtung von Neubauten. Bereits im November 1990 eröffnete auf dem Klostermarkt als erstes Fast-Food-Restaurant in Ostdeutschland eine Filiale von McDonald's.

Neubauten:
1992 Klostermarkt Treff
1993 Modehaus Wöhrl
1994 Hotel am Theater
1997 Hotel am Straßberger Tor
1999 Kolonaden
2001 Stadtgalerie mit neuer Straßenbahnzentralhaltestelle „Tunnel" nach Durchführung eines Bürgerentscheids
2002 Verwaltungsgebäude der Sparkasse
2007 Dreifeldsporthalle am Beruflichen Schulzentrum „Anne Frank"
2011 Bettenhaus des Helios „Vogtland-Klinikums"

Als architektonisch sehr gelungen gilt die von der Wohnungsbaugesellschaft 2012 vollendete Lückenbebauung in der Marktstraße mit Durchgang zur Nobelstraße. Ob der Neubau der Sparkasse sich harmonisch ins Stadtbild einfügt, möge der Betrachter selbst entscheiden.

Umbauten, Modernisierungen und Teilneubauten:
1999 BSZ „e.o.plauen"
2007 Umbau/Anbau Festhalle
    Wiederaufbau Konventgebäude[240]

Umbau der Alten Feuerwache zur Jugendherberge
Sanierung des Stadtbades und Neubau einer Schwimmhalle mit 50-m-Bahnen

Ende Dezember 2016, Anfang 2017 begann der Umzug von 625 Mitarbeitern aus 15 Dienststellen der Landkreisverwaltung des Vogtlandkreises in das neue Landratsamt. Dass der Umbau des ehemaligen Horten-Warenhauses zum Landratsamt realisiert werden konnte, ist auch der Weitsicht des ehemaligen Landrats Dr. Tassilo Lenk zu verdanken, der das Vorhaben in den Kreistag einbrachte und die Zustimmung zum Bau erhielt. Neben der Sanierung des Altgebäudes wurden auf der Forststraße zwei größere Anbauten errichtet. Die Stadt Plauen brauchte für das Vorhaben nur einen Zuschuss von 7,1 Millionen Euro zu zahlen. Der größte Teil der Bausumme waren Fördermittel des Freistaates und Eigenmittel des Vogtlandkreises.[241]

Gestalterisch und farblich passend fügen sich die meisten Altbausanierungen in das Stadtbild ein. Bauherren waren Plauener Bürger und Unternehmer aus den alten Bundesländern, deren Vorfahren aus Plauen kamen.

Altbausanierungen:
- Gaststätte Matsch mit dahinterliegender Stadtmauer
- Gebäude der ehemaligen Staatsbank
- ehemaliges Sachsendruckgebäude
- Gebäude der ehemaligen Frauenklinik

Zum Zeitpunkt der Entstehung dieser Schrift noch nicht beendet waren die Baumaßnahmen
- Umgestaltung der Elsteraue
- Weisbachsches Haus Plauen – Deutsches Forum für Textil und Spitze

- Neubau eines Gebäudes für die Staatliche Studienakademie unter Nutzung der Mauerreste des Schlosses der Vögte
- Neubau der Dreifeldsporthalle für das Lessing-Gymnasium
- Erweiterung des Stadtbades

Noch in der Wendezeit im März 1990 gab es in dem 1982 auf Druck der DDR-Staatsorgane geschlossenen „Club Malzhaus" wieder Veranstaltungen. Ein für viele Plauener wichtiges Ereignis war der im November 1991 vollzogene Abzug des sowjetisch-russischen Gardemotorschützenregiments. Anlässlich des vom 5. bis 7. September 1997 in Plauen durchgeführten „Tag der Sachsen" wurde der neu errichtete Bärensteinturm und das Besucherbergwerk „Ewiges Leben" an der Reichsstraße der Öffentlichkeit zur Nutzung übergeben. Am 18. Dezember 2000 schloss das traditionsreiche Kaufhaus Tietz, zuletzt unter dem Namen Horten bekannt. „Licht aus", hieß es am 31. August 2007 für die Justizvollzugsanstalt. Der später erfolgte Abriss der Gefängnisgebäude war die Voraussetzung für die Nutzung des Geländes als Berufsakademie. Zur Grundsteinlegung des Wende-Denkmals am 10. Oktober 2009 waren unter anderem Bundespräsident Horst Köhler, der sächsische Ministerpräsident Stanislaw Tillich, der ehemalige Superintendent Thomas Küttler und der US-amerikanische Historiker John Connelly anwesend. Die Einweihung des durch Spenden finanzierten Denkmals in Form einer Kerze nach einem Entwurf des Künstlers Peter Luban fand am 7. Oktober 2010 wieder unter Teilnahme von Stanislaw Tillich statt.

Im Gegensatz zu anderen Städten gab es in Plauen von 1994 bis 1999 nur maßvolle Eingemeindungen mit insgesamt 6 671 Personen.

Jahr	Ort	Einwohner
1994	Meßbach	122
1996	Großfriesen	693
1999	Jößnitz mit Röttis, Oberjößnitz und Steinsdorf	2.399
1999	Neundorf	1.622
1999	Straßberg	831
1999	Kauschwitz mit Zwoschwitz	1.004
	Gesamt	**6.671**

14.5.2 Wirtschaft

Zum 1. Juli 1990 unterstanden der Treuhandanstalt als bundesunmittelbare Anstalt des öffentlichen Rechts etwa 8.500 ehemalige volkseigene Betriebe mit mehr als 4 Millionen Beschäftigten. In Plauen und dem Umland begann eine Zeit der Deindustrialisierung. Mehrere Tausend weggefallene Industriearbeitsplätze konnten trotz der neu geschaffenen Gewerbegebiete bis in die Gegenwart nicht gleichwertig ersetzt werden, obwohl neue heimische Unternehmen entstanden und auch auswärtige Unternehmer Gewerbeansiedlungen vornahmen. Bei einem Wahlforum am 25. Mai 2021 im Plauener Theater zur bevorstehenden

Oberbürgermeisterwahl kam es hinsichtlich der bisherigen Wirtschaftsförderung zu bemerkenswerten Aussagen: „*Keine freien Flächen, keine Investoren, keine Entwicklung. Das ist der IST-Zustand in Plauen. ‚Wir haben 20 Jahre völlig verpennt, was Flächenoptimierung betrifft',* schimpfte *[...] Dem widersprach [...] ‚Wir haben viel mehr Gewerbeflächen optioniert als bekannt', erklärte er. ‚Wir sind aber nicht in der Lage gewesen, unsere wirtschaftlichen Hausaufgaben zu machen.'"* [243]

Große Veränderungen fanden in der Stickereibranche statt. Ab 1990 entstanden wieder die ursprünglichen Familienbetriebe. Aus 22 volkseigenen Spitzenbetrieben bildeten sich nach Reprivatisierung und Neugründung etwa 45 neue Unternehmen, in denen heute auf über 90 % neuer Maschinen Spitzenprodukte hergestellt werden. Mit hochwertiger Spitze, Luxusprodukten und technischer Stickerei wird die Branche ihre Zukunft sichern.[244]

Als einziger Großbetrieb überlebte die PLAMAG unter dem neuen Namen MAN PLAMAG Druckmaschinen AG. Bis 2012! Dann kam auch für die letzten der noch 900 Beschäftigten das Aus, obwohl bereits 2011 die Endmontage nach Augsburg verlagert worden war. Selbst als verlängerte Werkbank wurde der Plauener Standort der neuen Gesellschaft manroland nicht mehr benötigt. In der Stadt, in der 1912 weltweit die erste Rollenoffsetdruckmaschine hergestellt wurde, werden seitdem keine Druckmaschinen mehr produziert. Auch als Bus- und Nutzfahrzeughersteller zog sich MAN aus Plauen zurück. Die 1991 gegründete Neoplan Omnibus GmbH Plauen begann die Reisebusproduktion in einer ehemaligen VOMAG-Halle, die in DDR-Zeiten Reparaturwerkstatt für die Ikarus-Busse war. Das Werk wurde 2008 in die MAN Nutzfahrzeuge AG eingegliedert und hatte 2010 700 Beschäftigte. Ab 2008 hatte MAN seine gesamte Busproduktion auf den Standort Plauen konzentriert. 2014 wurde bekannt, dass MAN ab 2015 die Busproduktion von Plauen in die türkische Hauptstadt Ankara verlagern wird. Von den nur noch 420 Mitarbeitern durften etwa 140 in Plauen in einem Bus Modification Center weiterarbeiten. 2020 teilte MAN mit, dass auch die letzte Produktionsstätte des Konzerns in Plauen geschlossen wird. Im April 2021 verkaufte MAN das Werk an die BINZ Ambulanz- und Umwelttechnik GmbH aus Ilmenau, die in Plauen Rettungsfahrzeuge herstellen will.

In einer am 6. Januar 2021 von der Freien Presse veröffentlichten Liste der 50 größten Arbeitgeber des Vogtlands werden nur zwei Plauener Unternehmen aufgeführt. Rang 22 mit 430 Mitarbeitern nimmt die BAP Boysen Abgassysteme Plauen GmbH & Co. KG ein und ist damit gegenwärtig der größte Plauener Betrieb. Rang 33 mit 300 Mitarbeitern nimmt die Vogtländische Kabelwerk GmbH Plauen/Falkenstein ein.[245]

Eisenbahn

„Das Vogtland war ein bevorzugtes Durchgangsland für den Fernverkehr, wie mittelalterliche Handelswege, Verteidigungsanlagen, Postrouten und nicht zuletzt Bahntrassen und Autobahnen belegen. Die DB-AG hat es geschafft, die Region zwischen Dresden im Osten, Leipzig im Norden, Nürnberg im Westen und Regensburg im Süden vom Fernverkehr abzukoppeln." [246]

Gegenwärtig fährt kein von der Deutschen Bahn-AG betriebener Zug mehr von Plauener Bahnhöfen ab. Nicht einmal Chemnitz hat einen Intercity-Anschluss. Dafür gab und gibt es zwei von der Politik wesentlich beeinflusste und in ihrer Dimension viel zu gigantische Bahnbaumaßnahmen, für die Steuerzahler Milliarden Euro aufbringen müssen. *„Die Beule in der neuen Rennstrecke kostet 20 Minuten und 2 Milliarden",* schrieb die Zeitung „WELT" am 10.

Dezember 2017 zur Eröffnung der neuen ICE Strecke Berlin–München über Erfurt. *Entgegen der ursprünglichen Planung einer Direktverbindung zwischen Berlin und München* setzte der damalige Thüringer Ministerpräsident Bernhard Vogel einen Umweg über die thüringische Landeshauptstadt durch, die die Gesamtstrecke um 90 Kilometer verlängerte! Statt 15 Millionen Euro pro Kilometer Bahntrasse kostete die realisierte Strecke 40 Millionen Euro pro Kilometer. 27 Tunnel und 37 Talbrücken, die zum Teil wie Ungeheuer auf Stelzen in den Tälern stehen, mussten erbaut werden. *„Kurt Biedenkopf, ab 1990 zwölf Jahre lang Ministerpräsident Sachsens, hätte auch gerne die direkte Verbindung gehabt. Plauen oder Zwickau wäre dafür vermutlich direkt angebunden worden. Vermutlich auch Gera. Aber Bernhard Vogel hatte andere Pläne. ‚Ich habe massiv dafür gekämpft, dass die Hochgeschwindigkeitsstrecke den Knick noch nach Westen macht', sagte er der WELT AM SONNTAG."* [247 (1)]

Der unnötige Knick nach Westen wurde zum Nachteil für Ostthüringen und Westsachsen und erforderte den Bau der mit 6.475 m längsten Bahnbrücke Europas. Die von 2006 bis 2013 erbaute Saale-Elster-Talbrücke überquert das Naturschutzgebiet der Auenlandschaft von Saale und Weißer Elster südlich von Halle mit großer Artenvielfalt. Von der Hauptbrücke geht eine Streckenverzweigung in Richtung Halle mit 2.112 m Länge ab, so dass das gesamte Brückenbauwerk 8.577 m lang ist. Wie gewohnt stiegen die Baukosten für die Brücke ständig und betrugen 2016 222 Millionen Euro (ohne Mehrwertsteuer).[248] Trotz der gewaltigen Baukosten wurden die raumplanerischen Auswirkungen auf Ostthüringen und Westsachsen, wenn überhaupt, nur sehr unzureichend beachtet. Die gesamte Region Gera–Zwickau–Plauen–Chemnitz wird vom ICE nicht berührt.

„Die Industrieregion um Gera und Chemnitz ist mit 2,5 Millionen Einwohnern sechstgrößter deutscher und größter ostdeutscher Ballungsraum." [...] *„Aber man fährt drumherum, und was das Schlimmste ist: Man umfährt damit die gesamte Region Gera–Zwickau–Plauen–Chemnitz."* [247] (2)

Mehrkosten bei Baumaßnahmen führen in der Regel zu Kürzungen in den anderen Bereichen. Ob eine dieser Auswirkungen die Abkopplung Plauens vom Fernverkehr war, ist bisher noch unbestätigt. Tatsache ist allerdings, dass vor der Eröffnung der ICE-Verbindung Berlin–München 2017 die seit dem 19. Jahrhundert bestehende Fernverkehrsverbindung Plauen–Leipzig von der Deutschen Bahn AG eingestellt wurde. Reisende von Plauen nach Leipzig (oder umgekehrt) müssen gegenwärtig in Werdau umsteigen, da auch die geplante Vereinigung bzw. Trennung von zwei Triebwagen der S-Bahnlinie S5X in Werdau nicht verwirklicht wurde. [249]

Bedeutend weniger Euro hatte der von 2006 bis 2010 durchgeführte und notwendige Ausbau des Straßenbahnbetriebshofes in der Wiesenstraße gekostet. So besteht die Hoffnung, dass die Plauener Straßenbahn noch lange erhalten bleibt. Vielleicht wird es auch wieder möglich, mit der Straßenbahn nicht nur zum Oberen Bahnhof zu fahren, sondern von dort in einen Zug einer Fernverbindung einzusteigen.

14.5.3 Einwohnerentwicklung

Seit 1990 zogen 3,86 Millionen Menschen aus den neuen Bundesländern in die Altländer. Dabei bildeten die meist gut ausgebildeten 18- bis unter 30-Jährigen die größte Gruppe. Darunter waren mehr junge Frauen als junge Männer. 2,63 Millionen Menschen zogen von West nach Ost, dies ergibt für die neuen Bundesländer einen Wanderungsverlust von 1,23 Millionen Menschen.[250]

Einwohnerentwicklung 1989 bis 2020

Jahr	Einwohner
1989	73.971
1990	71.774
1991	70.856
1992	70.284
1993	69.387
1994	68.308
1995	68.033
1996	67.378
1997	66.497
1998	66.305
1999	71.955
2000	71.543
2001	71.155
2002	70.534
2003	70.070
2004	69.422
2005	68.892
2006	68.430
2007	67.613
2008	66.870
2009	66.412
2010	66.098
2011	65.738
2012	64.115
2013	63.967
2014	64.077
2015	65.201
2016	65.049
2017	65.148
2018	64.931
2019	64.597
2020	64.014

Einwohnerentwicklung für ausgewählte Jahre

Jahr	Ereignis	Einwohner
30.09.1989	Wendezeit	73.971
03.10.1990	nach der Wiedervereinigung	71.774
1994	nach der Eingemeindung von Meßbach (plus 122 Personen)	68.308
1996	nach der Eingemeindung von Großfriesen (plus 693 Personen)	67.378
1999	nach der Eingemeindung von Jößnitz, Steindorf, Neundorf, Straßberg, Kauschwitz und Zwoschwitz (plus 5.856 Personen)	71.955

„Durch die Flüchtlingswelle 2015 erhöhte sich der Einwohnerzuwachs deutlich (+ 1.215). Insgesamt verzeichnete Plauen somit seit 2014 wieder eine steigende Einwohnerzahl (+ 2,2 % gegenüber 2013). Diese resultiert nahezu ausschließlich aus dem einmaligen Zuzugsgewinn von Ausländern und deren Familiennachzug."[251] Der Anteil der Ausländer lag 2019 bei 7,5 % (4.875 Personen) und 2020 bei 7,8 % (5.050 Personen).[252]

(Quelle für die Einwohnerzahlen bis zum 30. September 1989 ist das Statistische Jahrbuch der DDR. Quelle ab 3. Oktober 1990 sind die Angaben des Statistischen Landesamtes des Freistaates Sachsen.)

Trend der Einwohnerzahl von Plauen seit 2000 bis 2020

Jahr	Einwohnerzahl	lineare Trendwerte	parabolische Trendwerte	Über-/Unterschätzung (%) linear	parabolisch
2000	71.543	70890,2	72195,8		
2001	71.155	70473,7	71344,1		
2002	70.534	70057,3	70543,7		
2003	70.070	69640,8	69794,4		
2004	69.422	69224,3	69099,7		
2005	68.892	68807,8	68449,4		
2006	68.430	68391,4	67853,8		
2007	67.600	67974,9	67309,3		
2008	66.870	67558,4	66816,0		
2009	66.287	67141,9	66373,9		
2010	66.098	66725,5	65989,1		
2011	65.738	66309,0	65649,4		
2012	64.715	65892,5	65354,9		
2013	63.967	65476,1	65117,7		
2014	64.047	65059,6	64931,6		
2015	65.201	64643,1	64796,7		
2016	65.049	64226,6	64713,0		
2017	65.148	63810,2	64680,6		
2018	64.931	63393,7	64699,3		
2019	64.597	62977,2	64769,2	-2,51	0,27
2020	64.014	62560,8	64890,4	-2,27	1,37

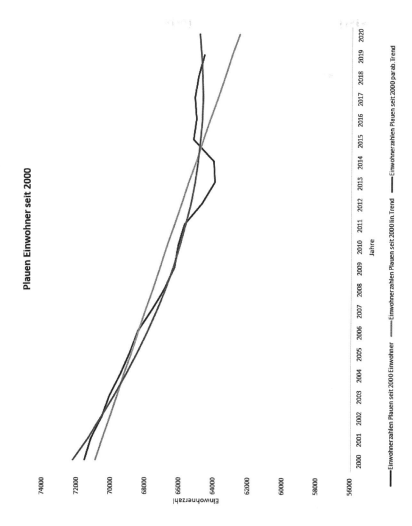

Entwicklung der Plauener Bevölkerung nach der Wende nach Altersgruppen

Jahr	Ew	<15 Jahre	15 b.u. 25 J.	25 b.u. 65 J.	65 u.ä.
1990	100	100	100	100	100
2000	93,3	67,9	92,8	97,1	105,5
2010	85	57,8	62,6	82,8	132,5
2015	85,7	63,3	54,2	83,6	135,7
2020	84,6	65,6	55,7	77,5	144,9

Die Bevölkerung ist in den Jahren bis 2010 deutlich zurückgegangen. Die Einwohnerzahl sank vor allem durch die Abwanderung der aktiven Bevölkerung im erwerbsfähigen Alter. Insgesamt betrug der Verlust ca. 15 %. Bei den jüngeren Menschen, die in der Regel eine gute, vom Freistaat Sachsen finanzierte Ausbildung besaßen, betrug der Verlust bis 2010 27,4 %. Damit einher ging auch ein Verlust der Kinderzahl um sogar 32,2 %, was sehr ungünstig für die perspektivische Entwicklung ist. Erwerbstätige mit einer längeren Berufserfahrung gingen auch verloren, aber „nur" um 17,2 %. Die einzige Altersgruppe mit beträchtlichen Zunahmen sind die Rentner. Diese Zahl stieg bis 2010 um 32,5 % und bis 2020 gegenüber 1990 sogar um 44,9 %.

Der Verlust an Personen im erwerbsfähigen Alter setzte sich leider auch nach 2010 fort, so dass 2020 im Vergleich zu 1990 bei den Jüngeren bis 25 Jahren 44,3 % weniger Erwerbsfähige und bei den Älteren zwischen 25 und 65 Jahren immerhin auch 22,5 % weniger Erwerbsfähige in Plauen wohnten. Bei den Kindern setzte sich der Verlust nach 2010 nicht fort.

Damit stieg der Rentneranteil an Plauens Einwohnern von 17,2 % 1990 auf 29,5 % 2020, während der Anteil der Erwerbsfähigen im gleichen Zeitraum von 66,6 % auf 58 % der Bevölkerung sank. Der Anteil der Personen im Kindesalter sank von 16,2 % auf zwischenzeitlich (2000) 11 %, bis 2020 auf 12,6 % der Gesamtbevölkerung.

Den Haupteinfluss auf den Bevölkerungsverlust hatten die Wegzüge nach der Wende, die besonders von den Altersgruppen unter 50 Jahren geprägt waren.

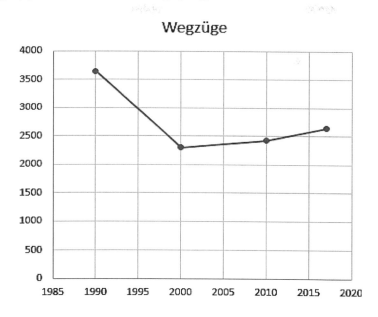

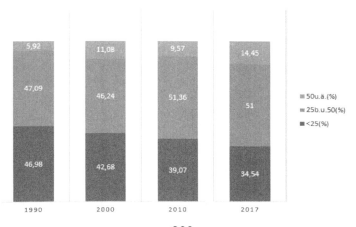

ANTEIL DER ALTERSGRUPPEN AN DEN WEGZÜGEN

Der Anteil der über 50-Jährigen ist zwar etwas gestiegen im Lauf der Jahre, aber er spielte nie eine große Rolle. Dagegen dominierten sowohl die Jungen (unter 25-Jährigen) als auch die Erfahrenen (25 bis unter 50 Jahre) die Wegzüge. Die meisten Wegzüge erfolgten an Orte außerhalb Sachsens, was die Problematik noch verschärfte. 1990 waren das 82,9 %, 2017 noch 52,9 %.

Geburtenentwicklung in Plauen seit 1990

Die Anzahl der Geburten ist seit der Wende drastisch gesunken. Betrug die Zahl 1990 noch 736, waren es 2010 nur noch 487. Das ist ein Rückgang von mehr als einem Drittel (33,8%). Besonders in den Jahren bis 2000 war der Rückgang rasant (ca. 26 %). Hauptursache war dabei die durch Abwanderung stark verminderte Zahl der Frauen im gebärfähigen Alter zwischen 15 und 45 Jahren. Diese Abnahme betrug von 1990 bis 2010 beachtliche 32,7 %. Dagegen sank die durch die Geburtenziffer (Zahl der Geburten pro 100 Frauen im gebärfähigen Alter) ausgedrückte Fruchtbarkeit in diesem Zeitraum nur geringfügig um 1,7 %. Dieser Rückgang betraf auch nur die ersten zehn Jahre bis 2000.

Die Nachwendewirren hatten folglich einen großen Einfluss auf diese Entwicklung. Die Jahre nach 2010 waren durch eine Konsolidierung der Geburtenentwicklung geprägt. Die Geburtenzahl stieg von 2010 bis 2020 von 487 auf 621 an. Das entspricht einem Zuwachs von 27,5 %. Diese positive Entwicklung ist auf die gestiegene Fruchtbarkeit zurückzuführen. Die Geburtenziffer stieg von 2010 bis 2020 um 42,6 % an. Damit fiel der weitere, aber geringfügigere Rückgang der weiblichen Bevölkerung im gebärfähigen Alter in diesem Zeitraum um 10,6 % nicht so stark ins Gewicht.

Prozentuale Entwicklung im Vergleich zu 1990 (Indexreihen)

Jahr	Frauen 15 bis 45 J.	Geburten	Geburtenziffer
1990	100	100	100
2000	90,69	74,05	81,65
2010	67,33	66,17	98,27
2015	61,95	75,82	122,39
2020	60,20	84,38	140,16

Zahlen aus InSEK (Integriertes Stadtentwicklungskonzept 2033, Auszug aus Internetveröffentlichung der Stadtverwaltung 2021)

Daraus lässt sich Folgendes berechnen:
Von 1990 bis 2010 ist die Geburtenzahl um 249 Geburten gesunken. Allein durch den Rückgang der Frauenzahl im Alter zwischen 15 und 45 Jahren wäre die Geburtenzahl um 236,3 Geburten gesunken (94,9 des gesamten Rückgangs). Die Verminderung der Fruchtbarkeit allein hätte nur einen Rückgang um 12,7 Geburten (5,1 des gesamten Rückgangs) bewirkt.
Von 2010 bis 2020 ist die Geburtenzahl um 134 Geburten gestiegen. Durch die gewachsene Fruchtbarkeit wäre die Zahl sogar um 207,6 Geburten gestiegen, also noch 54,9 %

mehr. Da die Zahl der Frauen zwischen 15 bis 45 Jahren aber weiter gesunken ist, lag der tatsächliche Geburtenwert um 73,6 Geburten bzw. um 54,9 % niedriger.

Anmerkung:
Natürlich hat auch die Veränderung der Altersstruktur der weiblichen Bevölkerung innerhalb der Gruppe 15 bis 45 Jahre einen Einfluss. Da aber diese Daten nicht detailliert vorliegen, konnte das nicht tiefer analysiert werden.

Entwicklung Geburten und Fruchtbarkeit in Plauen

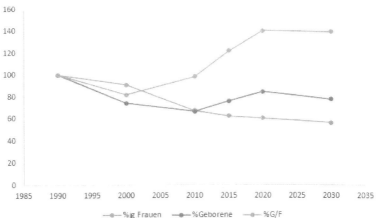

Legende:
%jg. Frauen = Indizes der Frauen im gebärfähigen Alter von 1990 bis 2020
%Geborene = Indizes der Geburten (incl. Mehrlingsgeburten) von 1990 bis 2020
%G/F = Indizes der Geburten pro Frau im gebärfähigen Alter (Geburtenziffer) von 1990 bis 2020

Zerlegung der Differenz der Geburtenentwicklung in Faktoren

Auf die Geburtendifferenz wirken sich sowohl die Differenz der Frauenzahl im gebärfähigen Alter als auch die Differenz der Geburtenziffer aus. Man kann natürlich den Einfluss beider Differenzen berechnen.

Legende:
G_1 bis G_0 Differenz der Geburten vom Zeitraum 0 zum Zeitraum 1
F_1 bis F_0 Differenz der Anzahl der Frauen zwischen 15 und 45 Jahren vom Zeitraum 0 zum Zeitraum 1
Z_1 bis Z_0 Differenz der Geburtenziffer vom Zeitraum 0 zum Zeitraum 1 mit $Z = G/F$

$G_1 - G_0 = F_0 (Z_1 - Z_0) + Z_1 (F_1 - F_0)$

  a) 0 = 1990   1 = 2010
     - 249 = 15.097 * (-0,000842) + 0,047909 * (- 4.932)
     - 249 =   - 12,71   -   236,3
     100 %   5,1 %   +   94,9 %

Der Geburtenrückgang in diesem Zeitraum ist fast ausschließlich (zu 94,9 %) auf die Verminderung der Zahl der Frauen im gebärfähigen Alter und nur gering (zu 5,1 %) auf den Rückgang der Fruchtbarkeit zurückzuführen.

  a) 0 = 2010   1 = 2020
     134 = 10 1656 * (0,020422) + 0,068332 * (- 1.077)
     134 =   207,6   -   73,6
     100 % =   154,9 %   -   54,9 %
     (* = Multiplikationszeichen)

Der Geburtenzuwachs in diesem Zeitraum wäre deutlich höher (um 54,9 %) gewesen, wenn sich nur die Erhöhung der Fruchtbarkeit ausgewirkt hätte. Er wurde aber durch die Minderung der Zahl der Frauen im gebärfähigen Alter um 54,9 % geschmälert.

Das zeigt deutlich, wo die Probleme bei der Geburtenentwicklung in Plauen immer noch liegen, nämlich beim Wegzug der jüngeren Bevölkerung. Das wird sich auch in der Zukunft negativ auswirken, weil dadurch in der natürlichen Bevölkerungsbewegung diese negative Entwicklung fortwirkt. Der Ausweg kann nur Zuzug durch entsprechende wirtschaftliche Faktoren sein.

14.6 Hochschulstandort

Die fünftgrößte Stadt Sachsens ist derzeit kein Hochschulstandort. Die Staatliche Studienakademie Plauen, eine von sieben Standorten der Berufsakademie Sachsen, gilt nicht als Hochschule. Allerdings haben CDU, Grüne und SPD in ihrem Koalitionsvertrag 2019 vereinbart, die Berufsakademie Sachsen zu einer Dualen Hochschule weiterzuentwickeln. Baden-Württemberg hatte bereits ab 2009 alle Berufsakademien in Duale Hochschulen umgewandelt. Thüringen folgte 2016 für Gera und Eisenach.

Mitteldeutschland verfügt über zahlreiche Hochschulstandorte. Selbst kleinere Mittelstädte wie Bernburg, Köthen, Meiningen und Zittau sowie Kleinstädte (Mittweida) sind Hochschulstandorte. In nachfolgenden Übersichten werden die Hochschulstandorte der drei mitteldeutschen Bundesländer aufgezeigt.

Hochschulen in Sachsen-Anhalt

Stadt	Einwohner (31.12.2020)	Rang in ST	Name der Hochschule	Anzahl Studierender
Halle	237.865	1	Kunsthochschule Burg Giebichenstein/S	1.039
			Evangelische Hochschule für Kirchenmusik/K	54
			Martin-Luther-Universität Halle-Wittenberg/S	21.310
			Standort Halle	20.300
Wittenberg	45.425	4	Standort Wittenberg	1.010
Magdeburg	235.775	2	Otto-von-Guericke-Universität Magdeburg/S	13.913
			Hochschule Magdeburg Stendal/S	5.636
			Standort Magdeburg	4.000
Stendal	38.778	7	Standort Stendal	1.636
Dessau-Roßlau	79.354	3	HS Anhalt/S	6.705
			Standort Dessau	1.311

Bernburg	32.257	10	Standort Bernburg	3.244
Köthen	25.244	17	Standort Köthen	2.150
Halberstadt	39.221	5	HS Harz/S	
			Standort Halberstadt	825
Wernigerode	32.181	11	Standort Wernigerode	2.351
Merseburg	33.593	9	Hochschule Merseburg/S	2.864
Aschersleben	26 737	15	FHS Polizei Sachsen-Anhalt/S	745
Möckern OT Friedensau	12 935	39	ThHS Friedensau	189

In Sachsen-Anhalt gibt es keine Berufsakademien.
(Die Angaben zur Anzahl der Studierenden entstammen Wikipedia – Hochschulen in Sachsen-Anhalt und ZEIT campus 2021.)

Hochschulen in Thüringen

Stadt	Einwohner (31.12.2020)	Rang in TH	Name der Hochschule	Anzahl Studierender
Erfurt	213.692	1	Universität Erfurt/S	6.240
			FHS Erfurt/S	5.928
Jena	110.731	2	Friedrich-Schiller-Universität Jena/S	17.659
			Ernst-Abbe-HS/S	4.500
Gera	92.126	3	HS für Gesundheit/P	1.169
			Duale Hochschule Gera-Eisenach/S	2.680
			Standort Gera	2.122
Eisenach	41.970	6	Standort Eisenach	558
Weimar	65.098	4	Bauhaus-Universität/S	3.735
			HS für Musik F. Liszt/S	843
Gotha	45.273	5	FHS für öffentliche Verwaltung (Sitz Gotha)/S	315
Meiningen	24.722	15	Außenstelle Meiningen (Polizei)/S	130
Nordhausen	40.969	7	HS Nordhausen/S	2.408
Ilmenau	38.637	8	Technische Universität/S	5.425

Schmalkalden	19.553	22	HS Schmalkalden/S	2.555

In Erfurt befindet sich außerdem ein Studienort der Internationalen Berufsakademie Darmstadt. Die Berufsakademien Gera und Eisenach fusionierten 2016 zur Dualen Hochschule Gera–Eisenach. Am 26. Januar 2017 verlieh der Thüringer Landtag Gera den Titel „Hochschulstadt". (Die Angaben zur Anzahl der Studierenden entstammen Wikipedia – Hochschulen in Thüringen und ZEIT campus 2021.)

Hochschulen in Sachsen

Stadt	Einwohner (31.12.2020)	Rang in SN	Name der Hochschule	Anzahl Studierender
Leipzig	597.493	1	Universität Leipzig/S	31.088
			Hochschule für Grafik und Buchkunst/S	602
			HS für Musik und Theater „Felix Mendelssohn Bartholdy" Leipzig/S	1.163
			HS für Technik, Wirtschaft und Kultur Leipzig/S	6.189
			HS für Telekommunikation Leipzig/S	833

Dresden	556.227	2	Handelshochschule Leipzig/P		293
			Technische Universität Dresden/S		32.517
			HS für Technik und Wirtschaft Dresden/S		4.550
			HS für Bildende Künste Dresden/S		552
			HS für Musik „Carl Maria von Weber" Dresden/S		586
			Palucca Hochschule für Tanz Dresden/S		153
			Fachhochschule Dresden/P		503
			Dresden International University/P		300
			Evangelische Hochschule für soziale Arbeit Dresden/K		800
			Hochschule für Kirchenmusik Dresden/K		36
Chemnitz	244.401	3	Technische Universität Chemnitz/S		9.752

Zwickau	87.516	4	Westsächsische Hochschule Zwickau/S	3.340
			Standort Zwickau	3.194
Schneeberg	13.790	-	Standort Schneeberg	109
Markneukirchen	7.326	-	Standort Markneukirchen	37
Görlitz	55.784	6	Hochschule Zittau/Görlitz/S	2.911
			Standort Görlitz	1.669
Zittau	24.738	16	Standort Zittau	1.242
Freiberg	39.948	7	Technische Universität Bergakademie Freiberg/S	4.061
Meißen	28.231	14	FHS für öffentliche Verwaltung und Rechtspflege Meißen/S	991
Mittweida	14.356	40	Hochschule Mittweida/S	6.616
Rothenburg/ Oberlausitz	4.405	-	Hochschule der sächsischen Polizei/S	598
Moritzburg	8.363	-	Evangelische Hochschule Moritzburg/K	112

(Die Angaben zur Anzahl der Studierenden entstammen Wikipedia – Hochschulen in Sachsen und ZEIT campus 2021.)

Legende:
- Rang — Rangfolge nach Einwohnerzahl im jeweiligen Bundesland
- S — staatlich
- P — Privat
- K — Kirchlich
- HS — Hochschule
- FHS — Fachhochschule
- ThHS — Theologische Hochschule
- OT — Ortsteil

An der Westsächsischen Hochschule Zwickau werden Studierende an acht Fakultäten unterrichtet. Die Fakultät Angewandte Kunst befindet sich am Standort Schneeberg mit einer Außenstelle in Markneukirchen. In der Stadt im vogtländischen Musikwinkel wird der Bachelorstudiengang Musikinstrumentenbau mit den zwei Studienrichtungen Zupfinstrumentenbau und Streichinstrumentenbau sowie ein Masterstudiengang Akustik und Technologie des Musikinstrumentenbaus angeboten. Die 37 Studierenden in Markneukirchen (Wintersemester 2020/21) sind die einzigen Hochschulstudenten im gesamten Vogtlandkreis. Am Standort Reichenbach (frühere Textilfachschule) unterhält die Westsächsische Hochschule Zwickau nur noch einige Labore. Der ehemalige Studiengang Textil- und Ledertechnik wird jetzt als Studiengang Textile Strukturen und Technologien in Zwickau angeboten.

Ergänzend zu den Hochschulen in Sachsen gibt es die Berufsakademie Sachsen mit sieben Staatlichen Studienakademien in Bautzen, Breitenbrunn, Dresden, Glauchau, Leipzig, Riesa und Plauen.

Plauen hat als einzige der 12 mitteldeutschen Städte mit mehr als 60.000 Einwohnern keine Hochschule. Somit entfällt für die Stadt und das Umland dieser regionale

Wirtschaftsfaktor. Ökonomische Erträge durch die Anwesenheit vieler Studenten in Plauen für Handel, Gaststätten und öffentlichen Personennahverkehr gibt es nur durch die geringe Anzahl von Studenten der Berufsakademie.

Übersicht über das Verhältnis von Einwohnerzahlen zur Anzahl der Studierenden an Hochschulen in Städten ab 60.000 Einwohnern in Mitteldeutschland

Rang	Stadt	Einwohner	Studierende	Gesamtzahl (Einwohner + Studierende)	Verhältnis Studierende zur Gesamtzahl in %
1	Leipzig	597.493	40.171	637.664	6,30
2	Dresden	556.227	39.997	596.224	6,71
3	Chemnitz	244.401	9.752	254.153	3,84
4	Halle	237.865	21.393	259.258	8,25
5	Magdeburg	235.775	17.913	253.688	7,06
6	Erfurt	213.692	12.168	225.860	5,39
7	Jena	110.731	22.159	132.890	16,67
8	Gera	92.126	3.291	95.417	3,44
9	Zwickau	87.516	3.194	90.710	3,52
10	Dessau-Roßlau	79.354	1.311	80.665	1,63
11	Weimar	65.098	4.578	69.676	6,57

12	Plauen	64.014	------	64.014	-------
	Plauen	64.014	380 (Berufsakademie)	64.394	0,59

Bei der Gesamtzahl ist zu beachten, dass in Einzelfällen Studierende ihren Hauptwohnsitz am Studienort haben und somit doppelt gezählt werden. Das beeinträchtigt nicht die *Aussagefähigkeit* der Übersicht, *die Nachteile für Plauen durch das Fehlen einer Hochschuleinrichtung darzustellen.*

Anfang der 1990er Jahre gab es ernsthafte Versuche zur Gründung einer Hochschule in Plauen. Alle Landräte der damals fünf sächsischen Vogtlandkreise und der Plauener Oberbürgermeister setzten sich gemeinsam für die Gründung einer „Fachhochschule Vogtland" an den zwei Standorten Plauen und Reichenbach (ehemalige Textilfachschule) ein. Nach zuerst positiven Signalen aus dem Ministerium für Wissenschaft und Kunst legte das Finanzministerium Berechnungen vor, aus denen hervorging, dass an einigen sächsischen Hochschulen noch freie Studienplätze vorhanden wären und aufgrund der nicht ausgelasteten Kapazitäten eine Neugründung einer Fachhochschule in Plauen nicht erfolgen könne.

In der sächsischen Landespolitik spielte der ländliche Raum lange eine untergeordnete Rolle. Dies änderte sich erst nach der Bundestagswahl von 2017.

Der bayerische Nachbarfreistaat verfolgte dagegen schon immer eine Stärkung des ländlichen Raums und dessen Mittelstädte. Die 1974/75 gegründete Bayerische Beamtenfachhochschule (seit 2003 Hochschule für den öffentlichen Dienst in Bayern – HföD) wurde nicht zentralisiert, sondern verblieb an ihren alten Standorten:

- München – Archiv und Bibliothekswesen
- Herrsching am Ammersee und Kaufbeuren – Finanzwesen
- Fürstenfeldbruck und Sulzbach-Rosenberg – Polizei
- Straubing – Rechtspflege
- Wasserburg am Inn – Sozialverwaltung

In Hof wurde bis 1983 ein neuer Campus für die Außenstelle „Allgemeine Innere Verwaltung" errichtet, an der gegenwärtig etwa 1.900 junge Frauen und Männer studieren. Nach der Wiedervereinigung 1990 kam es zu einer Stärkung des Hochschulstandorts Hof. Der Campus wurde erweitert und neue Lehrgebäude für die zweite Hofer Hochschule errichtet. 1994 war es so weit, die Gründung der Hochschule für Angewandte Wissenschaften Hof erfolgte. Mit den 3.500 Studierenden dieser Einrichtung gibt es in der Hochschulstadt Hof derzeit 5.400 Studierende. 2016 bewilligte der Bayerische Landtag acht Millionen Euro für den Neubau eines Technikums für Wertstoffkompetenz am Standort Münchberg der Hochschule Hof. Der damalige Bayerische Staatsminister der Finanzen, für Landesentwicklung und Heimat Markus Söder wies in einer Presseerklärung für diesen Neubau auf die Bedeutung des Vorhandenseins von Hochschulen für den ländlichen Raum hin. „Die Hochschulen für angewandte Wissenschaften leisten, so Söder, einen wichtigen Beitrag zur regionalen Fachkräfteversorgung und Innovationskraft. Der Freistaat hat seit 2008 das Studienplatzangebot erfolgreich ausgeweitet. Der ländliche Raum profitiert von der Innovationsfähigkeit der Hochschulen."[253]

Innovationsfähigkeit für die Designausbildung in Plauen erhoffte sich auch Klaus Helbig, Vorsitzender des Vereins Initiative Kunstschule Plauen, der zusammen mit seiner Ehefrau Karin Helbig maßgeblich am Zustandekommen eines Kooperationsvertrags zwischen der Stadt Plauen und der Universität Pilsen beteiligt war. Die Außenstelle „Kunst und Design" der Westböhmischen Universität Pilsen nahm im November 2008 mit 17 Studierenden in der ehemaligen Seume-Schule in Plauen den Lehrbetrieb auf. Nachdem die Universität Pilsen 2011 mitgeteilt hatte, dass es ausgehend von einer gesetzlichen Änderung in Tschechien nicht mehr möglich sei, Projekte im Ausland finanziell zu unterstützen, wurde der Lehrbetrieb im Juni 2011 eingestellt.[254]

Für dieses länderübergreifende Projekt gab es in Tschechien und in Sachsen leider zu wenig staatliche Unterstützung, obwohl doch das gemeinsame Lernen junger Menschen aus zwei Ländern im Sinne gemeinsamer europäischer Ideale hätte förderfähig sein müssen.

14.7 Vergleich der Oberzentren Plauen, Zwickau und Hof

Bereich	Plauen	Zwickau	Hof
Einwohner (31.12. 2020)	64.014	87.516	45.173
Kreisfreie Stadt	nein	nein	ja
Landkreissitz	ja	ja	ja
Hochschule	nein	1	2
Schulamt	nein	Landesamt für Schule und Bildung, Standort Zwickau	Staatliches Schulamt für Stadt und Landkreis Hof
Landgericht	nein	ja	ja
Amtsgericht	ja	ja	ja
Arbeitsgericht	nur Gerichtstag des AG Zwickau	ja	Bayreuth, Kammer Hof
Staatsanwaltschaft	Zweigstelle von Zwickau	ja	ja
Justizvollzugsanstalt	nein	ja, Neubau wird errichtet	ja
Polizei	Revier Plauen	Polizeidirektion Westsachsen	Inspektion Hof
Rettungsleitstelle	nein	ja	ja

Theater	ja	ja	ja
Sitz der Intendanz	nein ⇄	ja	ja
Industrie- und Handelskammer	IHK Chemnitz, Regionalkammer Plauen	IHK Chemnitz, Regionalkammer Zwickau	Bildungszentrum Hof der IHK für Oberfranken
Handwerkskammer	HWK Chemnitz, Außenstelle Plauen	HWK Chemnitz, Außenstelle Zwickau	HWK für Oberfranken, Zweigstelle Hof
Bundesbehörde	Hauptzollamt Erfurt, Standort Plauen	*	Zentrale Untersuchungsstelle der Bundeswehr für Technische Aufklärung in der Oberfranken Kaserne
Landesbehörden	Landesamt für Straßenbau und Verkehr, Niederlassung Plauen	Staatsbetrieb Sächsisches Immobilien- und Baumanagement, Niederlassung Zwickau	Zentrales Voll-Streckungsgericht
			Förderstützpunkt der LfA

* Keine abschließende Auflistung, da z. B. Jobcenter und Rentenversicherung für den Vergleich ohne Bedeutung sind	Förderbank Bayern
	Zweitgrößter Standort des Landesamtes für Umwelt
	ab 2030 Polizeibeschaffungsamt für die gesamte bayerische Polizei

Erläuterungen:
Bildung Sachsen:
In Sachsen gibt es ein Landesamt für Schule und Bildung in Chemnitz mit Standorten in Chemnitz, Dresden, Leipzig, Bautzen und Zwickau.

Justiz:
Dem Landgericht Zwickau unterstehen die Amtsgerichte Zwickau, Auerbach, Hohenstein-Ernstthal und Plauen.
Dem Landgericht Hof sind die Stadt Hof, der Landkreis Hof und der Landkreis Wunsiedel zugeordnet.
Bayern hat 22 Staatsanwaltschaftsbezirke. Zum Bezirk Hof gehören die Stadt Hof und die Landkreise Hof und Wunsiedel.

Rettungsleitstellen:
Der Rettungszweckverband Südwestsachsen besteht aus dem Landkreis Zwickau und dem Vogtlandkreis. Die Leitstelle befindet sich in Zwickau.

Der Zweckverband für Rettungsdienst und Feuerwehralarmierung Hochfranken ist zuständig für die Stadt Hof und die Landkreise Hof und Wunsiedel.

Polizei Sachsen:
In Sachsen gibt es fünf Polizeidirektionen in Dresden, Leipzig, Chemnitz, Görlitz und Zwickau. Zwickau nachgeordnet sind die Polizeireviere Plauen, Auerbach–Klingenthal, Werdau und Glauchau.

Polizei Bayern:
Die Landespolizei in Bayern gliedert sich in neun Flächenpolizeipräsidien. Der Sitz für Oberfranken ist Bayreuth. Die Zuständigkeit besteht für 19 Polizeiinspektionen. Hof ist Sitz einer Inspektion.
Das in Hof geplante Beschaffungsamt soll zuständig sein für die Beschaffung von Uniformen, Schusswaffen, Fahrzeugen, Wasserfahrzeugen und Hubschraubern.

Bayern verfolgt schon länger eine *Politik der Stärkung von Mittelstädten und ländlicher Regionen.* Das Bundesland gliedert sich in 71 Landkreise und 25 kreisfreie Städte. Nur acht der 25 kreisfreien Städte sind Großstädte (Augsburg, Erlangen, Fürth, Ingolstadt, München, Nürnberg, Regensburg und Würzburg). Bei neun der restlichen 17 Städte liegt die Einwohnerzahl zwischen 40.000 und 50.000. Um Bürgernähe zu erhalten, war die Abschaffung der Kreisfreiheit 2008 in Sachsen zumindest für Zwickau, Plauen und Görlitz nicht nachvollziehbar. Nach den genannten acht Großstädten sind in Bayern auch Bamberg (ca. 77.000 Einwohner), Bayreuth (75), Landshut (73), Aschaffenburg (71), Kempten (69), Rosenheim (64), Schweinfurth (54), Passau (53), Straubing (48), Hof (45), Kaufbeuren (44),

Memmingen (44), Weiden (43), Amberg (42), Ansbach (42), Coburg (41) und Schwabach (41) kreisfrei.

Mit der Auflösung der Außenkammern des Landgerichts Zwickau in Plauen 2012 durch den Sächsischen Landtag wurde die oberzentrale Funktion Plauens weiter beschädigt. *„Wut auf vogtländische Landespolitiker. Fast alle vogtländischen Abgeordneten stimmten für die Reform – sie stehen jetzt in der Kritik"*, schrieb die Freie Presse am 27. Januar 2012.[255]

Die 2014 vollzogene Schließung der Plauener Rettungsleitstelle und ihre Verlagerung nach Zwickau wurde von den Verantwortlichen mit einer Kostenersparnis begründet. Allerdings sind die jährlichen Kosten von knapp 500.000 auf 1,2 Millionen Euro gestiegen. Ob durch diese Tatsache der Forderung „Vogtländer wollen eigene Leitstelle" seitens Dresden entsprochen wird, ist bisher unklar.[256] Dies wäre ein wenn auch nur sehr kleiner Schritt, um die Verhältnismäßigkeit bei der Erfüllung oberzentraler Funktionen zwischen Plauen und den beiden anderen Oberzentren wieder etwas zugunsten Plauens zu verbessern. Die Flutkatastrophe vom Juli 2021 in Nordrhein-Westfalen und Rheinland-Pfalz unterstreicht die Notwendigkeit, hierzu eine baldige Lösung zu finden.

15. Vergleich der Einwohnerzahlen der deutschen Großstädte von 1910 mit den Einwohnerzahlen von 2020

Von den 48 Großstädten im Jahr 1910 auf dem Gebiet des Deutschen Kaiserreiches sind auf dem Gebiet der heutigen Bundesrepublik Deutschland noch 34 juristisch eigenständige Städte gleichen Namens vorhanden. Hinzu kommt die aus den Großstädten Barmen und Elberfeld gebildete Stadt Wuppertal. **Diese 35 Städte werden in ihrer Einwohnerentwicklung Stand 1. Dezember 1910 zum Stand 31. Dezember 2020 verglichen.**

Rang 2020	Namen	Einwohner 1910	Einwohner 2020
	Berlin	2.079.156	3.664.088
2	Hamburg	931.035	1.852.478
3	München	596.467	1.488.202[A)]
4	Köln	516.527	1.083.498[B)]
5	Frankfurt/Main	414.576	764.104
6	Stuttgart	286.218	630.305
7	Düsseldorf	358.728	620.523
8	Leipzig	589.850	597.493
9	Dortmund	214.226	587.696
10	Essen	294.653	582.415
11	Bremen	247.437	566.573
12	Dresden	548.308	556.227
13	Hannover	302.375	533.049
14	Nürnberg	333.728	515.543
15	Duisburg	229.483	495.885

16	Bochum	136.931	364.454
17	Wuppertal	339.409[C) (nicht vergleichbar)	355.004
18	Mannheim	193.902	309.721
19	Karlsruhe	134.313	308.436
20	Augsburg	102.487	295.830
21	Wiesbaden	109.002	278.009
22	Gelsenkirchen	169.513	259.105
23	Aachen	156.143	248.878
24	Braunschweig	143.552	248.561
25	Kiel	211.627	246.601
26	Chemnitz	287.807	244.401
27	Halle/Saale	180.843	237.865
28	Magdeburg	279.629	235.775
29	Krefeld	129.406	226.844
30	Mainz	110.463	217.123
31	Erfurt	111.463	213.692
32	Kassel	153.196	201.048
33	Saarbrücken	105.089	179.349
34	Mühlheim/Ruhr	112.580	170.921
35	Plauen i.V.	121.272	64.014

257

A) Am 15. 12. 1957 wurde München Millionenstadt.
B) Köln wurde erstmals 1975 Millionenstadt, danach Rückgang der Einwohnerzahl unter eine Million. Im Mai 2010 Anstieg auf 1.000.288 Einwohner.

c) Die Einwohnerzahl ergibt sich aus der Addition der Einwohnerzahlen von Elberfeld (170.195) und Barmen (169.214) zum Stand von 1910.
34 dieser 35 deutschen Städte haben gegenwärtig jeweils mehr als 100.000 Einwohner.

Nur Plauen mit 64.014 Einwohnern (Stand 31. Dezember 2020) ist keine Großstadt mehr.

- Da es 1910 48 deutsche Großstädte gab, besteht zu den betrachteten 35 Städten eine Differenz von 13.
- Genannt wurde bereits die 1929 vollzogene Vereinigung von Barmen und Elberfeld zur neuen Stadt Wuppertal. Minus 1
- Infolge des im Januar 1920 in Kraft getretenen Versailler Vertrages musste Straßburg an Frankreich und Posen an Polen abgetreten werden. Danzig wurde Freie Stadt unter dem Mandat des Völkerbundes. Minus 3
- 1920 wurden infolge der Schaffung von Groß-Berlin Charlottenburg, Neukölln, Schöneberg und Willmersdorf nach Berlin eingegliedert. Minus 4
- 1927 erfolgte die Eingliederung von Altona nach Hamburg. Minus 1
- 1929 erfolgte die Zusammenlegung der Städte Duisburg und Hamborn zur Stadt Duisburg-Hamborn. Ab 1934 wird nur noch der Name Duisburg verwendet. Minus 1
- Nach dem Ende des Zweiten Weltkrieges kamen die Städte Breslau und Stettin an Polen und Königsberg an die Sowjetunion (heute Russland) Minus 3.
Gesamt 13 Städte.[258]

16. Ergebnis/Zusammenfassung

Erzbischof Adalbert I. von Mainz

Weshalb war Adalbert I., Mainzer Erzbischof und ehemaliger Kanzler des Reiches, 1122 in Plauen? Sollte nur die Weihe einer neuen Gaukirche im südlichsten, noch wenig besiedelten Teil der Markgrafschaft Zeitz durch den Naumburger Bischof Dietrich I. Anlass für seine lange Reise gewesen sein? Die engen Beziehungen des Eversteinschen Grafengeschlechts zum Mainzer Erzbistum und die Annahme, dass Plauen im Auftrag von Kaiser Heinrich V. als Planstadt angelegt wurde, lassen vermuten, dass Erzbischof Adalbert I. starke persönliche Interessen an dem neuen Siedlungsraum hatte. Leider liegt für die Entwicklung von Plauen bis 1224 kein weiteres Schriftmaterial vor, das Auskunft über die Absicht des Mainzer Erzbischofs geben könnte. Eine Auswertung von Urkunden aus Mainzer Archiven zu diesem Thema scheint bisher nicht erfolgt zu sein.

Reichsvogtei

Wie die Beauftragung von Reichsvögten mit der Verwaltung des später Vogtland genannten Gebietes an der Weißen Elster durch König Konrad III. oder seinen Neffen Kaiser Friedrich I. Barbarossa erfolgte, ist unklar. Die nachvollziehbarste Erklärung gab bisher Professor Billig, der das Auftreten von Reichsvögten im neuen Siedlungsgebiet durch die Schaffung einer Reichsvogtei im Zuge der Reichslandkampagne von 1158 bis 1165 für möglich hielt.

Landesherren und Niedergang

1254 waren die Häupter der drei Vogtslinien durch ihr politisches Auftreten bereits Landesherren. In Grimma verhandelten sie gleichberechtigt mit dem wettinischen Markgraf Heinrich dem Erlauchten. Höhepunkt ihrer Macht war die Verleihung einer reichsunmittelbaren Stellung und damit eines fürstenähnlichen Ranges durch Kaiser Ludwig dem Bayern 1329. Als sie 1342 im Thüringer Grafenkrieg die Gegner des Schwiegersohnes des Kaisers unterstützten, begingen sie ihren größten politischen Fehler. Nur die Weidaer waren bereits vor der Grafenfehde einen Beistandspakt mit den Wettinern eingegangen. Ungeachtet dieser Ausnahme begann für alle Vogtslinien der allmähliche Machtverlust.

Schlacht bei Lucka 1307

Der Sieg der Wettiner in der Schlacht bei Lucka 1307 und die Ermordung König Albrecht I. 1308 retteten den Wettinern ihren Besitz in Thüringen und der Markgrafschaft Meißen. Damit war der Grundstein für die Schaffung eines starken sächsischen Staates gelegt. Bei einem anderen Ausgang der Schlacht hätte es das spätere Kurfürstentum/Königreich Sachsen mit hoher Wahrscheinlichkeit nicht gegeben.

Burggraf Heinrich IV. / Passauer Vertrag von 1552

Dem Burggrafen war es nach der Schlacht bei Mühlberg 1547 gelungen, für kurze Zeit nochmals einen vogtländischen Flächenstaat zu schaffen. Mit dem Tod seines jüngeren Sohnes Burggraf Heinrich VI. starb die ältere Plauener Linie der Vögte 1572 im Mannesstamm aus. Plauen war bereits 1563 wieder wettinisch geworden. Burggraf Heinrich IV. hatte Plauen 1551 verlassen und kehrte nie mehr ins Vogtland zurück. Für die deutsche Politik und für die evangelische Religion spielte er jedoch eine bedeutende Rolle, die in Plauen umfassender gewürdigt werden könnte. Er war 1552 durch Verhandlungen in Leipzig mit Kurfürst Moritz von Sachsen an der Vorbereitung der Passauer Absprache und der Unterzeichnung des Passauer Vertrages beteiligt. Diese Vereinbarung gilt als die Grundlage für den Augsburger Religionsfrieden von 1555, der das Fortbestehen des Protestantismus sicherte.

Plauen unter sächsischer Verwaltung

Aus vogtländisch-patriotischer Sicht war der Untergang des letzten vogtländischen Flächenstaates sicher schwer zu verkraften. Die Zugehörigkeit zu einem der wirtschaftlich stärksten deutschen Staaten war für die Entwicklung der Plauener Wirtschaft und der Einwohnerzahl jedoch von Vorteil. Auch die 1602 erfolgte Ernennung Plauens zur Hauptstadt des vogtländischen Kreises stärkte die Bedeutung der Stadt, zumal es nur sieben kursächsische Kreise gab. Bereits 1834 war Plauen die fünftgrößte Stadt des damaligen Königreiches Sachsen.

Zweimal bestand die Gefahr, eine preußische Stadt zu werden.

Sachsen hatte sich in seiner Geschichte oft die falschen Verbündeten ausgesucht. Auf dem Wiener Kongress von 1814 bis 1815 versuchte Preußen, als Kriegsbeute ganz Sachsen zu erhalten. Dieses Ansinnen wurde von Österreich und Großbritannien verhindert. 1866 stand Sachsen im Deutschen Krieg wieder auf der Seite der Verlierer.

Preußen unternahm den Versuch, auch noch den Teil von Sachsen zu erhalten, der 1815 als eigenständiger Staat selbstständig bleiben konnte. Wieder verhinderte Österreich, diesmal gemeinsam mit dem französischen Kaiser Napoleon III., die preußischen Pläne. Ob Plauen auch in Preußen eine Großstadt geworden wäre, bleibt somit ungeklärt.

Mittelstadt Plauen

Plauen hatte sich nicht innerhalb weniger Jahre von einer sächsischen Kleinstadt zu einer Großstadt entwickelt. Bereits im Spätmittelalter gehörte Plauen zu den kleineren Mittelstädten.

Bedingt durch die Industrialisierung und die folgende Urbanisierung wurde 1887 auf einer internationalen Statistikkonferenz die heute noch gebräuchliche *Kategorisierung* hinsichtlich der Einwohnerzahl von Städten festgelegt:

Begriff	Einwohner
Landstadt	bis unter 5.000
Kleinstadt	5.000 bis unter 20.000
Mittelstadt	20.000 bis unter 100.000
Großstadt	ab 100.000

[259]

Plauen hatte bei Einführung der Kategorisierung bereits beachtliche 42.484 (1885) bzw. 44.007 (1890) Einwohner und war eine „mittlere" Mittelstadt. Die Anwendung o. g. Kategorien ist rückwirkend *frühestens* ab der Zeit der Gründung des Deutschen Kaiserreiches (1871) sinnvoll. Da hatte Plauen als Mittelstadt bereits 22.844 Einwohner.

Auch andere heutige deutsche Großstädte besaßen *1871 eine ähnliche Einwohnerzahl wie Plauen* oder waren sogar kleiner. Somit ist die durchaus schnelle Großstadtwerdung von Plauen kein Alleinstellungsmerkmal und für die damalige Zeit nicht untypisch.

Stadt	Einwohner 1871
Saarbrücken	7.680
Gelsenkirchen	7.825
Mühlheim/Ruhr	14.267
Bochum	21.192
Plauen	22.844
Duisburg	30.533
Kiel	31.764

Für die Klassifizierung der Städte des Mittelalters hinsichtlich ihrer Einwohnerzahlen gibt es keine einheitlichen Richtlinien. Eine der am häufigsten angewandten *Kategorisierungsgruppen für das Spätmittelalter* (1250 bis 1500) zeigt, dass Plauen bereits seit dieser Zeit bis zur Großstadtwerdung immer eine Mittelstadt war. Eine Ausnahme bildete lediglich der Wiederausbruch der Pest im Jahr 1633 mit 1.748 Toten.

Begriff	Einwohner
Zwergstadt	unter 200
Kleine Kleinstadt	200 bis unter 500
Mittlere Kleinstadt	500 bis unter 1.000
Ansehnliche Kleinstadt	1.000 bis unter 2.000

Zu diesen vier Kategorien gehörten im ausgehenden Mittelalter 94,5 % der damals 4.000 deutschen Städte. Fünf Prozent der Gesamtzahl der Städte waren Mittelstädte. Diese 200 Städte wurden unterteilt in:
- Kleinere Mittelstädte (2.000 bis unter 5.000 Einwohner)
und
- Größere Mittelstädte (5.000 bis unter 10.000 Einwohner)

Ab 10.000 Einwohnern galt eine Stadt als Großstadt. Das waren im damaligen Heiligen Römischen Reich Deutscher Nation nur 26 Städte (0,5 %). *Plauen gehörte somit als kleinere Mittelstadt bereits im Spätmittelalter zu den 226 größten der etwa 4 000 deutschen Städte.*[260]

Bezogen auf das Gebiet des Deutschen Kaiserreiches von 1871 bis 1918 ergibt sich für **die 15 größten Städte von 1800** folgende Rangfolge:

Rang	Stadt	Einwohner
1	Berlin	172.000
2	Hamburg	130.000
3	Dresden	61.000

4	Breslau	54.000
5	Köln	41.000
6	Danzig	40.000
7	München	40.000
8	Bremen	36.000
9	Frankfurt/Main	35.000
10	Augsburg	32.000
11	Braunschweig	31.000
12	Nürnberg	25.000
13	Aachen	24.000
14	Lübeck	24.000
15	Altona	23.000

Die 15 größten Städte von 1800 waren nach damaligem Verständnis Großstädte. Plauen als Mittelstadt hatte 1801 bereits 5.709 Einwohner. In den 33 Jahren bis 1834, als Plauen mit 9.029 Einwohnern bereits die fünftgrößte Stadt Sachsens war, kam es zu einem Einwohnerzuwachs von 36,77 %.

Würden die 1887 festgelegten Kategorisierungsmerkmale auf die Einwohnerzahlen der sächsischen Städte vom Jahr 1834 angewandt, gäbe es in Sachsen keine Großstadt. Dresden (66.133 Einwohner), Leipzig (44.806 Einwohner) und Chemnitz (21.137 Einwohner) wären Mittelstädte, auch wirtschaftlich starke und politisch bedeutsame Städte wie Freiberg und Zwickau müssten in die Kategorie Kleinstädte eingeordnet werden.

Sonderfall Plauen unter den deutschen Großstädten von 1910

Von den 1910 im Deutschen Kaiserreich vorhandenen Großstädten sind noch 35 Städte (einschließlich der neuen Stadt Wuppertal) als eigenständige Kommunen in der Bundesrepublik Deutschland existent. 34 dieser Städte sind weiterhin Großstädte. Von diesen hat Mühlheim/Ruhr mit 170.921 Personen (2020) die wenigsten Einwohner. *Nur Plauen ist mit 64.014 Einwohnern (2020) keine Großstadt mehr.*

Der Sachverhalt ist einer breiten Öffentlichkeit sicher nicht bekannt. Auch gab es bisher keine Veröffentlichungen, die Gründe für diese Entwicklung benennen. Die Zerstörung der Stadt durch die 14 Bombenangriffe 1944/45 und die Nichtausweisung als Aufbaustadt in der frühen DDR sind nur eine Erklärung. Die Grenznähe zur amerikanischen Besatzungszone, später zur Bundesrepublik und die dadurch erfolgte Nichtansiedlung bestimmter auch sicherheitsrelevanter Industriezweige, die Bevorzugung der Bezirkshauptstädte und einzelner wichtiger Volkswirtschaftsstandorte sind als weitere Gründe zu benennen. Auch die Führung der Stadtgeschäfte durch Oberbürgermeister aus den Reihen der LDP/LDPD bis 1953 könnte bei der mangelnden Unterstützung der Stadt durch die Staatsorgane von Bedeutung gewesen sein. Insgesamt fehlen hinsichtlich der Einwohnerentwicklung der ehemaligen Großstadt Plauen[261] ab 1945 auswertbare Forschungen.

Damit ist Plauen der Sonderfall aus der Zeit der Hochkonjunktur um 1910. Es erfolgte ein Rückfall vom Rang 40 im Jahr 1910 auf Rang 138 im Jahr 2020 in der Reihenfolge der deutschen Städte bei der Anzahl der Einwohner.

Plauen ist nicht die einzige Stadt, die im Laufe ihrer Entwicklung *den Status als Großstadt verlor.* Für nachfolgend aufgeführte noch juristisch eigenständige Städte begann der Zeitpunkt der Großstadtwerdung frühestens 1935.

Stadt	letztmals Großstadt	Erstmals Großstadt
Kaiserslautern	2019 (2020 99.662 Einwohner)	1970
Cottbus	2018 (2020 98.693 Einwohner)	1976
Gera	2009	1959
Witten	2007	1975
Zwickau	2003	1944
Schwerin	2001	1972
Dessau-Roßlau	1990	1935
Wilhelmshaven	1979	1938
Flensburg	1952	1945
Görlitz	1951	1949
Plauen	1945	1904

Einwohnerrückgang im Zeitraum von 2020 zu 1988

Für diesen Zeitraum haben von den Städten der DDR, die im Zeitraum von 1946 bis 1988 mindestens einmal 60.000 Einwohner hatten, nur Erfurt (2,87 %) und Greifswald (13,58 %) einen geringeren Einwohnerrückgang aufzuweisen als Plauen mit einem Rückgang von 17,52 %.

Dies ist eine bemerkenswert niedrige Zahl, die in der Öffentlichkeit wenig bekannt ist und in der stadteigenen Werbung für die Ansiedlung neuer Unternehmen nicht

auftaucht. Einen viel höheren Einwohnerrückgang haben beispielsweise:
- Chemnitz   21,61 %
- Schwerin   26,84 %
- Zwickau   28,11 %
- Görlitz   29,11 %
- Gera   31,68 %
- Hoyerswerda   54,17 %

zu verzeichnen.

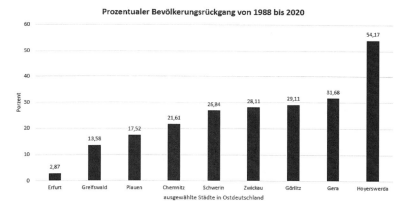

Gera war 1959 als zweite vogtländische Stadt Großstadt geworden. Die Erhebung zur Bezirkshauptstadt, umfangreiche Eingemeindungen 1950 und 1954 und der Bau zahlreicher Neubauwohnungen für die Bergarbeiter der SDAG Wismut aus dem Ronneburger Revier förderten den Anstieg der Einwohnerzahlen. Hatte Gera am 17. Mai 1939 83.436 Einwohner, stieg die Zahl auf 88.139 Einwohner (1. Dezember 1945) und 89.212 Einwohner (29. Oktober 1946) an. Da die Einwohnerzahl von Plauen von 111.891 Einwohnern (15. Mai 1939) auf 82.134 Einwohner (1. Dezember 1945) und 84.778 Einwohnern (29. Oktober 1946) sank, ist Gera seit 1945/46 die größte Stadt des Vogtlandes.

Vergleich der Einwohnerzahlen von Plauen und Gera 1946 zu 1939

	1939	1946	Zunahme/ Abnahme
Plauen	111.891	84.778	minus 27.113
Gera	83.436	89.212	plus 5.776

Die zehn größten Städte des Vogtlandes 2020

Rang	Stadt	Einwohner
1	Gera	92.126
2	Plauen	64.014
3	Hof	45.173
4	Reichenbach	20.198
5	Greiz	20.108
6	Auerbach	18.048
7	Zeulenroda-Triebes	16.194
8	Oelsnitz i.V.	10.045
9	Schleiz	8.832
10	Weida	8.318

Die Stadt Langenberg wurde zum 1. Juli 1950 nach Gera eingemeindet. Zeulenroda und Triebes hatten sich zum 1. Februar 2006 zur neuen Stadt Zeulenroda-Triebes zusammengeschlossen. Zum 1. Januar 2016 wurde die Stadt Mylau nach Reichenbach eingemeindet.

Zum 31. Dezember 2020 hatte die ehemalige Kreisstadt Klingenthal 8.035 Einwohner und die ehemalige Kreisstadt Bad Lobenstein 5.843 Einwohner.

Zum Stand 31. Dezember 2020 gab es im thüringischen, sächsischen und bayerischen Teil des Vogtlandes gerade noch fünf Mittelstädte.

Die Bundesrepublik Deutschland hatte zum gleichen Zeitpunkt 80 Großstädte und 621 Mittelstädte. Plauen nimmt mit 64.014 Einwohnern Rang 138 der größten Städte Deutschlands ein.[262]

Zum 1. Januar 2021 gab es in der Bundesrepublik Deutschland noch 2.054 verwaltungsrechtlich selbstständige Kommunen mit Stadtrecht. Bei dieser Gesamtzahl ist Rang 138 bei Würdigung aller Faktoren, die Kommunen in ihrer Entwicklung beeinflussen können, akzeptabel.[263]

Stadtkirche St. Johannis und Konventsgebäude

Gebäudekomplex Vogtländisches Kabelwerk GmbH, ab 1902 von der Stickereifirma Blank & Co. errichtet, 1919 im Besitz der Sächsischen Draht- und Kabelwerk GmbH, heute ein Werk der Wilms Gruppe.

Die VOMAG-Panzerbrücke diente als Transportweg für Eisenbahnwaggons mit den in der Endmontagehalle gefertigten Panzern. Baubeginn der Brücke war 1942, die Panzerhalle links (westlich) der Weißen Elster wurde 1943 fertiggestellt. Als Mahnmal wurde die Brücke 2005 zum Denkmal erklärt.

Fröhliche Feier Mitte der siebziger Jahre im Club Malzhaus.

Berufliches Schulzentrum „Anne Frank" – gelungener Zwischenbau zwischen der ehemaligen Kaufmännischen Berufsschule und der ehemaligen Julius-Mosen-Mittelschule (Bauzeit 2003–2006).

Stadtbildprägendes Gebäude in der Melanchthonstraße. Das von einem Düsseldorfer Unternehmer bis 2021 sanierte Gebäude wurde ab 1901 als Hotel und Restaurant „Plauener Hof" erbaut. Der Hotel- und Gaststättenbetrieb endete 1920, ab Ende der 1920er Jahre Nutzung des Gebäudes als Ärztehaus. 1967 bis 1998 Frauenklinik, danach bis zur Sanierung Verfall.

Anmerkungen

1 Zitat aus: Hansgeorg Stengel, *Greizer Sonate*, Leipzig 1983, S. 20 f.

2 Heinrich V., röm.-deutscher König (ab 1106) u. röm.-deutscher Kaiser 1111–1125, war der Sohn des durch seinen „Bittgang nach Canossa (Dez. 1076–Jan.1077)" bekanntgewordene Kaiser Heinrich IV.

3 Im 11. und 12. Jahrhundert stritten die röm.-deutschen Kaiser und die Päpste um das Recht der Einsetzung von Bischöfen und Äbten in ihre Kirchenämter. Im Ergebnis des Wormser Konkordats zwischen Kaiser Heinrich V. und Papst Calixt II. kam es zur Stärkung der regionalen Gewalten und der geistlichen Fürsten gegenüber dem röm.-deutschen Kaisertum.

4 Dietrich I. war von 1111 bis zu seinem Tod 1123 Bischof von Naumburg.

5 Erkenbert von Weida gilt durch seine Nennung in der Plauener Urkunde von 1122 als der älteste nachweisbare Vorfahr der späteren Vögte. Urkundlich als erster Vogt wird Heinrich III., der älteste Sohn Heinrich II. des Reichen in der Urkunde von 1209 für das Kloster Mildenfurth genannt. Die Art der Verwandtschaft zwischen Erkenbert und Heinrich II. ist bisher nicht eindeutig geklärt. Strittig ist in der neueren Literatur auch, ob der in der Plauener Urkunde von 1122 zeugende Ministeriale von Weida als Erkenbert I. oder Erkenbert II. benannt werden soll. Bei der Ermittlung der Herkunft der Weidaer wird ein Dorf Weida (Wide oder Wyde) in der Unstrutgegend in der Nähe von Mühlhausen/Thüringen genannt.

Stammbaum nach Sven Michael Klein
(*Zur Geschichte des Vogtlandes im 12. Jahrhundert*,
JMRH, Heft 40,
Hohenleuben 1995, S. 20)

Erkenbert I. von Weida
an der Unstrut, gestorben vor 1143

Heinrich von Weida
an der Unstrut
urkundlich 1130 bis 1166

Unstruter Linie der Weidaer
als welfisches Ministerialengeschlecht

Erkenbert II. von Weida
im Vogtland urkundlich 1122 und 1143
gestorben 1163 oder 1169

Heinrich I. der Fromme (probus)
urkundlich 1143 und 1172

Heinrich II. der Reiche
Vogt von Weida
urkundlich 1174 bis 1196

Nach Klein ist Erkenbert II. der Erkenbert, der in der Plauener Urkunde als Zeuge auftritt. Er soll der jüngere Bruder des Heinrich von Weida von der Unstrut gewesen sein. Nach verschiedenen Berichten ließ er 1162 oder 1168 die verfallene Veitskirche wieder aufbauen und verstarb ein Jahr später (1163 oder 1169). Die Taufkapelle der Veitskirche soll nach Baugutachten aus dem 10. Jahrhundert stammen (Vgl. a. a. O., S. 13).

Stammbaum nach Historikus Vogtland
(2009, Heft 2, S. 5)

Erkenbert I. von Weida
urkundlich 1122, gestorben vor 1143

Erkenbert II. von Weida
urkundlich 1143

Heinrich I. der Fromme von Weida
urkundlich 1130

Heinrich II. der Reiche von Weida
urkundlich ca. 1180, gestorben vor 1209

Stammbaum nach Johannes Richter
(*Vogtlandatlas,* Chemnitz 2007, S. 40)

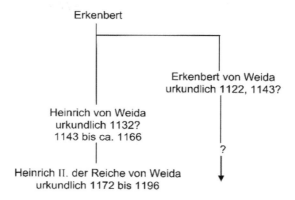

Stammbaum nach Thomas Gehrlein
(*Das Haus Reuß, Teil I und II,* Werl 2015, S. 9 f.)

Heinrich der Fromme
(aus dem Geschlecht der Herren von Gleisberg –
das heutige Veitsberg)
geboren um 1040, gestorben um 1120

|

Erkenbert I., Sohn oder Enkel Heinrich des Frommen
gestorben vor 1143

|

Heinrich I. der Tapfere

Erkenbert II., Bruder Heinrich I.
urkundlich 1143

Heinrich II. der Reiche, Sohn Heinrich des Tapferen

Heinrich I. wird in der Literatur meist nicht „der Tapfere", sondern „probus, der Fromme" genannt. Die Bezeichnung „der Fromme" geht auf eine falsche Übersetzung zurück. Arnold von Quedlinburg, Kanzler der Äbtissin des freiweltlichen Stiftes zu Quedlinburg, urkundlich von 1239 bis 1265 bezeugt, verfasste einen umfangreichen Bericht über die St.-Veits-Kirche, „die dreimal verödet und vom Feuer zerstört und von Erkenbert von Weida wieder aufgebaut worden sei". Der Bericht soll während der Reformation 1525 in Altenburg verloren gegangen sein. Alexis Krössner, Erzieher des Kurprinzen Johann Friedrich von Sachsen, hatte 1515 eine zum Teil fehlerhafte Übersetzung angefertigt. In dieser Übersetzung nahm Krössner Erkenntnisse aus anderen ihm zugänglichen Urkunden auf, so die Jahreszahl 974 für das Gründungsjahr der Kirche. Der Schleizer Dr. Berthold Schmidt fand bei der Recherche für seine Dissertation (1883) im Kloster Waldsassen eine Kopie des lateinischen Textes von Arnold aus der Zeit um 1313, als sich Mildenfurth dem Kloster Waldsassen unterstellte. So konnten Krössners Ungenauigkeiten korrigiert werden. Arnold hatte Heinrich I. von Weida den lateinischen Beinamen „probus advocatus" verliehen, zu Deutsch „der tüchtige oder der rechtschaffende Vogt". Aus Krössners Übersetzung „der frumbe Vogt" wurde später „der fromme Vogt".
Vgl. Herrmann Winter, *Aus der Geschichte der St.-Veits-Kirche zu Wünschendorf an der Elster, Festzeitschrift zum 1.000-jährigen Kirchenjubiläum,* S. 42 f. und S. 57).

6 Herzog Heinrich der Vogler (Vogelfänger) aus dem sächsischen Geschlecht der Liudolfinger wurde 919 in Fritzlar zum ostfränkisch-deutschen König gekrönt. Er schuf die Voraussetzung für die Entstehung des „Regnum Teutonicum" (Deutsches Reich/Reich der Deutschen). Er starb 936.

7 Otto I. (der Große), röm.-deutscher König ab 936, röm.-deutscher Kaiser 962–973.

8 Vgl. Johannes Richter, *Die Grafen von Everstein und das Land der Vögte,* Sonderdruck aus: *Im Dienst der historischen Landeskunde,* Beucha 2002, S. 123.
9 Vgl. Paul Lindner, *Räumliche Prägung von Städten durch die Industrialisierung im 19. Jahrhundert am Beispiel der Textilstadt Plauen im Vogtland,* in: *Das Vogtland,* Plauen 2004, S. 9.
10 Vgl. Sabine Brunner, *Die Entwicklung des Stadtrechtes der Stadt Plauen bis zur Frühen Neuzeit,* in: *Das Vogtland,* Plauen 2004, S. 15.
11 Siehe auch: Gert Müller, *Vogtländische Altertümer II – Das Bauwerk ‚Gnade Gottes' auf der Dobenau in Plauen im Vogtland,* in: MVVG, Plauen 2018, S. 4–46.
12 Zitat aus *Archiv für Geschichte und Altertumskunde Westphalens,* herausgegeben von Paul Wigand, Erstes Heft, Hamm 1825, S. 68.
13 Vgl. Peter Neumeister, *Lothar III.,* in: *Deutsche Könige und Kaiser des Mittelalters,* Leipzig-Jena-Berlin 1989, S.140.
14 Vgl. ebenda, S. 143.
15 Vgl. Johannes Richter, *Die Grafen von Everstein und das Land der Vögte,* a. a. O., S. 125 und S. 131.
16 Heinrich der Löwe (geboren 1129/30 oder 1133/35, gestorben 1195) war ein Vetter von Friedrich I. Barbarossa und unterstützte dessen Königskrönung 1152. Als Herzog von Sachsen (1142–1180) und Bayern (1156–1180) spielte er eine führende Rolle im Reich. 1168 Heirat der Tochter des englischen Königs Heinrich II. Plantagenet. 1180 Sturz, seine Reichslehen (Herzogtümer) wurden eingezogen, er ging einige Jahre ins Exil nach England.
17 Vgl. https://de.wikipedia.org/wiki/everstein(Adelsgeschlecht)
18 Vgl. Sven Michael Klein, *Zur Geschichte des Vogtlandes im 12. Jahrhundert – Vom Beginn der deutschen Kolonisation bis zur Gründung der Stadt Weida,* in: JMRH, Heft 40, Hohenleuben 1995, S. 13 f.

19 Vgl. Christine Müller, *Frühe Städte im Vogtland: Weida, Gera und Plauen im Vergleich*, MVVG, Plauen 2019, S. 7 und S. 30.
20 Konrad III., 1138–1152 röm.-deutscher König, keine Krönung zum röm.-deutschen Kaiser.
Hinweis zu: *Die Weiber von Weinsberg*, Zitat aus: *Deutsche Könige und Kaiser des Mittelalters*, a. a. O., S. 151:
„Gedachte man später Konrad III., dann meist im Zusammenhang mit einem Ereignis seiner Regierungszeit aus dem Jahr 1140, der Belagerung der Feste Weinsberg während der Kämpfe gegen Welf VI. Konrad belagerte die Burg und wehrte einen Entlastungsangriff Welfs ab und eroberte Weinsberg. Die Frauen von Weinsberg baten den König um freien Abzug, und zwar mit dem, was ihnen am liebsten sei. Konrad willigte ein. Am nächsten Morgen verließen die Frauen die Burg mit ihren Ehemännern auf den Schultern. Die königlichen Ratgeber versuchten, Konrad umzustimmen, weil die Weiber von Weinsberg die Zusage des Königs wohl zu großzügig ausgelegt hatten. Konrad stand jedoch zu seinem Wort und ließ die Frauen mit ihren Ehemännern ziehen."
21 Vgl. ebenda, S. 154 f.
22 Vgl. *Deutschland von der Mitte des 11. bis zur Mitte des 13. Jahrhunderts*, Berlin 1978, S. 152 f.
23 Vgl. Peter Neumeister, *Konrad III.*, Zitat aus: *Deutsche Könige und Kaiser des Mittelalters*, a. a. O., S. 158.
24 Vgl. ebenda, S. 160 und S. 173.
25 Vgl. Gerhard Billig, *Pleißenland – Vogtland, Das Reich und die Vögte*, Plauen 2002, S. 29 f.
26 Vgl. Gabriele Buchner, *Die Vögte von Weida als staufische Reichsministeriale*, in: Euregio Egrensis – Weidaer Kolloquium: *Heinrich IV., Vogt von Weida und seine Zeit,* Weissbach 1997, S. 3 ff.
27 Vgl. Sven Michael Klein, *Zur Geschichte des Vogtlandes im 12. Jahrhundert,* a. a. O., S. 11 f. und S. 20.

28 Vgl. Bernhard Töpfer, *Friedrich I. Barbarossa*, in: *Deutsche Könige und Kaiser des Mittelalters*, a. a. O., S. 185 f.
29 Vgl. Thomas Gehrlein, *Das Haus Reuß, Teil I und Teil II*, Werl 2015, S. 11.
30 Albrecht I. (der Stolze), geboren 1158, war 1190 bis zu seinem Tod 1195 durch Gift Markgraf von Meißen.
31 Vgl. Bernhard Töpfer, *Phillip von Schwaben und Otto IV.*, in: *Deutsche Könige und Kaiser des Mittelalters*, a. a. O., S. 197–208.
32 Vgl. http://de.wikipedia.org/wiki/FriedrichII.(HRR)
33 Vgl. František Kubů, *Die Rolle der Vögte von Weida im Egerland (bis 1300)* in: Euregio Egrensis – Weidaer Kolloquium, *Heinrich IV., Vogt von Weida und seine Zeit*, a. a. O., S. 23.
34 Vgl. *800 Jahre Land der Vögte (1209–2009)*, Landratsamt Vogtlandkreis – Historisches Archiv in Zusammenarbeit mit dem Vogtlandmuseum Plauen, Plauen 2009, S. 3 und S. 6 f.
35 Vgl. Wikipedia zu Friedrich II.
36 Vgl. Friedrich Wilhelm Trebge, *Die Rolle Heinrich IV. von Weida im Ordensland*, in: Euregio Egrensis – Weidaer Kolloquium, *Heinrich IV., Vogt von Weida und seine Zeit*, a. a. O., S. 35 bis S. 45.
Heinrich IV. nahm 1239 als neuer Landmeister an einem Kreuzzug in Preußen teil, wurde 1244 zurückberufen und von seiner Stellung als Landmeister in Preußen entbunden. 1246 wurde er vom Hochmeister Heinrich von Hohenlohe beauftragt, ein neues Heer zusammenzustellen und nach Preußen zu schicken. Im Heer war, zusammen mit 50 vogtländischen Rittern, auch der Neffe Heinrich IV., Heinrich VI. von Weida (der Pfeffersack). 1249 kehrte Heinrich IV. von Weida zurück und verstarb im gleichen Jahr.
37 Elfie-Marita Eibl, *Konrad IV.*, in: *Deutsche Könige und Kaiser des Mittelalters*, a. a. O., S. 229.
38 Der Halbbruder König Konrad IV., Manfred, fiel 1266 im Kampf gegen Karl von Anjou, dem Bruder des französischen

Königs. Der Sohn Konrad IV., Konradin, zog 1267 15-jährig mit einem kleinen Heer über die Alpen, um seinen Erbanspruch auf Sizilien durchzusetzen. Sein Heer unterlag im August 1268 in der Schlacht bei Tagliacozzo/Abruzzen in Italien. Konradin wurde von Karl von Anjou gefangen genommen und am 29. Oktober 1268 in Neapel öffentlich enthauptet. Somit war das Geschlecht der Staufer im männlichen Stamm ausgestorben. Vgl. ebenda, S. 230.

39 Zitat aus: Gerhard Billig, *Die Burggrafen von Meißen aus dem Hause Plauen, Teil 1*, in: MVVG, Plauen 1995, S. 14.

40 Der Wettiner Heinrich der Erlauchte (geboren um 1215, gestorben 1288) war seit 1221 unter Vormundschaft als Heinrich III. Markgraf von Meißen und als Heinrich IV. Markgraf der Lausitz, Landgraf von Thüringen und Pfalzgraf von Sachsen. 1230 wurde er mündig.

41 Vgl. Gerhard Billig, *Pleißenland – Vogtland, Das Reich und die Vögte,* a.a.O., S.105 f.

42 Vgl. http://de.wikipedia.org/wiki/Interregnum(HeiligesRömischesReich)

43 Vgl. Gerhard Billig, *Pleißenland – Vogtland, Das Reich und die Vögte,* a. a. O., S. 137.

44 Zitat aus: ebenda, S. 142.

45 Zitat aus: ebenda, S. 147.

46 Vgl. ebenda, S. 125.

47 Friedrich der Freidige (Friedrich I.) war ab 1310 Markgraf von Meißen und Landgraf von Thüringen. Mit seinem Bruder Diezmann konnte er 1307 bei Lucka das königliche Heer König Albrecht I. besiegen.

48 Vgl. Gerhard Billig, *Pleißenland –Vogtland, Das Reich und die Vögte,* a. a. O., S. 179.

49 Vgl. ebenda, S. 182.

50 Vgl. ebenda, S. 186 f.

51 Vgl. ebenda, S. 192 ff. und http://de.wikipedia.org/wiki/Thüringer_Grafenkrieg

52 Friedrich der Ernsthafte (Friedrich II.), Sohn Friedrich des Freidigen, war von 1329 bis Markgraf von Meißen und Landgraf von Thüringen.

53 Friedrich der Strenge (Friedrich III.), Sohn Friedrich des Ernsthaften, war seit 1349 Markgraf von Meißen und Landgraf von Thüringen. Bis zu seinem Tod 1381 regierte er beide Länder mit seinen Brüdern Balthasar und Wilhelm I. gemeinsam. Nach der Chemnitzer Teilung von 1382 erhielt Wilhelm I. als Erbteil die Markgrafschaft Meißen und Balthasar als Erbteil die Landgrafschaft Thüringen.

54 Heinrich (der Ältere) von Plauen entstammte dem Haus Mühltroff (starb 1434 aus) der älteren Plauener Linie. Sein Vater war Heinrich VI., der jüngere Sohn Heinrichs IV., der im Vogtländischen Krieg aus Plauen vertrieben wurde. Heinrich VI. ehelichte um 1362 eine Tochter des Weidaer Vogtes Heinrich XI., die als Mitgift Schloss Berga in die Ehe brachte. Wahrscheinlich dort wurde Heinrich von Plauen um 1370 geboren. 1391 trat er in den Deutschen Orden ein. Dieser war seit dem 13. Jahrhundert im Ostseeraum ansässig. Zu Beginn des 13. Jahrhunderts wehrten sich die baltischen Prußen gegen polnische Eroberungs- und Missionsversuche und griffen Pommerellen, Kujawien und Masowien an. Da sich Herzog Konrad von Masowien (1187–1247), der zeitweise Senior über ganz Polen und polnischer Teilfürst war, nicht gegen die Prußen erwehren konnte, bat er den röm.-deutschen Kaiser Friedrich II. 1226 um Hilfe. Dieser beauftragte den Deutschen Orden, den masowischen Herzog militärisch zu unterstützen. 1234 siegten die Truppen des Ordens in der Schlacht am Sorgefluss. Damit war für die Ordensritter der Weg zur Ostsee frei. Im Ordensgebiet erfolgten Burgen- und Städtegründungen. Nachdem Papst Honorius III. bereits 1220 den Deutschen Orden der Kirche unterstellt und von allen Verpflichtungen gegenüber weltlichen Mächten befreit hatte, übte der Orden seit 1234 im Auftrag von Papst Georg IX. durch die Bulle von Rieti die volle Landesherrschaft aus. 1409 kam es zum Krieg mit

Polen. Die Entscheidungsschlacht fand am 15. Juli 1410 bei Grünfelde und Tannenberg statt, in der Hochmeister Ulrich von Jungingen fiel. Heinrich von Plauen, seit 1407 Komtur zu Schwetz, sollte sich mit seinem etwa 2.000 Mann starken pommerischen Armeekorps mit dem Hauptheer vereinigen. Da sich die Ereignisse überstürzten, gelang dies nicht mehr. Er führte seine Truppen in Eilmärschen zum Sitz des Hochmeisters, der Marienburg. Heinrich versetzte die Burg durch sein taktisches Geschick sehr schnell in die Verteidigungsbereitschaft. Durch auf der Marienburg eintreffende Ritter und Fußtruppen, die der Schlacht vom 15. Juli entkommen waren, vergrößerte sich die Zahl der Verteidiger auf etwa 5.000 Kämpfer. Vom 26. Juli bis zum 19. September 1410 belagerte ein polnisch-litauisches Heer die Marienburg. Hunger im Lager, der Ausbruch von Seuchen und taktisch gut vorbereitete nächtliche Ausfälle brachten den verbündeten Truppen schwere Verluste bei. Als erster Truppenteil zogen sich die Litauer zurück, dann die Armee des Herzogs von Masowien. Als mit dem Orden verbündete ungarische Truppen nach Polen einfielen, zogen die Reste des Belagerungsheeres ab. Als Dank für die Rettung der Marienburg wurde am 9. November 1410 Heinrich von Plauen vom Wahlkapitel einstimmig zum 27. Hochmeister gewählt. Im Februar 1411 erfolgte in Thorn der Abschluss eines Friedensvertrages mit Polen. Innere Konflikte des Ordens, vor allem Intrigen des Ordensmarschalls Michael Küchenmeister, führten am 14. Oktober 1413 zum Sturz Heinrichs von Plauen. Er wurde auf der Engelsburg inhaftiert, erhielt dann deren kleine Komturei. 1414, nach der Wahl Küchenmeisters zum Hochmeister, wurde Heinrich von Plauen erneut inhaftiert und verbrachte sieben Jahre in einem Danziger Verlies. Von 1421 bis 1424 wurde er auf Burg Brandenburg am Haff gefangen gehalten. Erst Küchenmeisters Nachfolger Paul von Rusdorf erleichterte die Haftbedingungen und verlegte Heinrich zur Haft auf die Burg Lochstädt. 1429, ein halbes Jahr vor seinem Tod, kam er vollständig frei und erhielt das Amt eines Pflegers von Lochstädt. Die letzte Ruhestätte Heinrichs von Plauen wurde 2007 von polnischen Archäologen im Dom von Marienwerder entdeckt. Ein zweiter Hochmeister aus dem Geschlecht der Heinrichinger war ein Sohn des am 16. Juni 1426 in der Hussitenschlacht bei Aussig gefallenen Heinrich VII. (des Jüngeren), Reuß von Plauen, Herr zu Greiz. Heinrich Reuß von Plauen, um 1418 geboren, war 1455 bis 1457 Oberstmarschall, 1467 bis 1469 Komtur zu Mohrungen und wurde am 15. Oktober 1469 in Königsberg zum 32. Hochmeister gewählt. Er starb am 2. Januar 1470. Vgl. u. a.:

- Thomas Gehrlein, *Das Haus Reuß, Teil I und II*, a. a. O., S. 29. u. S. 113 f.
- *Die Geschichte des Deutschen Ordens*, Ellingen 2013, S. 13–17.
- Rüdiger Greif, *Der Deutsche Ritterorden*, Augsburg 2007, S. 236 ff.

55 Unter der Herrschaft Kaiser Karl IV. (1355–1378 röm.-deutscher Kaiser) wurde 1356 ein Gesetzbuch zur Regelung der Wahl und Krönung der röm.-deutschen Könige und Kaiser durch die Kurfürsten verfasst und war bis 1806, dem Ende des Heiligen Römischen Reiches Deutscher Nation, gültig. „Golden" bezieht sich auf die goldgearbeiteten Siegel der Urkunden. Die Goldene Bulle ist seit 2013 Weltdokumentenerbe.

56 Nach neueren Forschungen soll es einen sogenannten „Phantomheinrich" gegeben haben, somit wäre die niedrigere Ziffer korrekt.
Vgl. Johannes Richter, *Burggraf Heinrich IV. von Meißen, Graf zum Hartenstein, Herr von Plauen und Gera*, MVVG, Plauen 1995, S. 5.

57 Die Riesenburger waren ab der Mitte des 14. Jahrhunderts ein böhmisches Adelsgeschlecht mit politischem Einfluss. Anfang des 15. Jahrhunderts verschlechterte sich ihre finanzielle Situation, im 16. Jahrhundert starb das Geschlecht im Mannesstamm aus.

58 Siehe unter Anmerkung 56.
59 Sigismund (auch Sigmund) von Luxemburg, ein Sohn Kaiser Karl IV. aus dessen vierter Ehe mit Elisabeth von Pommern, war von 1411 bis 1433 deutscher König, 1419 bis 1437 böhmischer König und von 1433–1437 röm.-deutscher Kaiser. Zum 1414 in Konstanz tagenden Konzil stellte Sigismund dem Prager Prediger Jan Hus einen Geleitbrief aus. Hus wurde dennoch in Konstanz festgenommen. Als der König nach der Festnahme in Konstanz eintraf, war er über den Bruch des freien Geleits erbost, tat jedoch nichts für die Befreiung des Predigers. Jan Hus wurde nach Prozess und Verurteilung am 6. Juli 1415 als Häretiker verbrannt.
Vgl. http://de.wikipedia.org/wiki/Sigismund_(HRR)
60 In der Nähe der damals zur Markgrafschaft Meißen gehörenden Stadt Aussig fand am 16. Juni 1426 eine der bedeutendsten Schlachten der Hussitenkriege statt. Ein sächsisch-thüringisches Heer, das der belagerten Stadt Aussig zur Hilfe kommen wollte, wurde von den Hussiten vernichtend geschlagen. Berichte gaben über 12.000 Gefallene an, die Darstellung scheint überhöht. Unter etwa 500 Opfern aus dem Adel waren der Meißener Burggraf Heinrich II. von Meinheringen, Heinrich VIII. von Gera und Heinrich VII. Reuß von Plauen.
Vgl. http://de.wikipedia.org/wiki/Schlacht_bei_Aussig
61 Nach dem Tod Kurfürst Friedrich I. am 4. Januar 1428 kam es in Arnshaugk zu einer Erbvereinbarung der Wettiner. Im Vertrag wurden auch die Rechte des Burggrafen beschnitten.
62 Vgl. Johannes Richter, *Burggraf Heinrich IV. von Meißen, Graf zum Hartenstein, Herr von Plauen und Gera*, a. a. O., S. 6.
63 *„Burggraf Heinrich II., ein Tyrann, des Giftmordes an seinem Vater öffentlich beschuldigt, bedrückt seine Mannen und Vasallen derart, dass er auf dem Wege des Rechtens vom Magdeburger Schöppenstuhl verurteilt, von seinem Oberlehnsherrn, dem König Georg Podiebrad von Böhmen, in die Acht erklärt wird."*

Zitat aus: *Kleine Chronik der Stadt Plauen im Vogtland*, Plauen 1908, S. 6.

64 Vgl. Gerhard Billig, *Die Burggrafen von Meißen aus dem Haus Plauen (Teil 2),* in: MVVG, Plauen 1998, S. 51–56.

65 Herzog Albrecht der Beherzte herrschte nach dem Tod seines Vaters Friedrich des Sanftmütigen mit seinem Bruder Kurfürst Ernst bis 1485 gemeinsam über Kursachsen. Nachdem 1482 die Landgrafschaft Thüringen an Kursachsen kam, forderte Kurfürst Ernst die Teilung des Landes. Er blieb Kurfürst und erhielt den Kurkreis mit Wittenberg und den thüringischen Besitz. Albrecht bekam die meißnisch-osterländischen Gebiete mit Dresden und Meißen. Kurfürst Ernst starb 1486, Herzog Albrecht 1500. Zwickau und Plauen kamen zum ernestinischen Teil.

66 Siehe Roman von Veronika Lühe, *Henner von Plauen,* 1943.

67 Ferdinand, geboren 1503 in Alcalá bei Madrid, Bruder von Kaiser Karl V., war ab 1521 Erzherzog von Österreich und Herrscher der habsburgischen Erblande und ab 1526/27 König von Böhmen. Bereits 1531, zu Lebzeiten Kaiser Karl V., wurde er zum röm.-deutschen König gewählt und regierte das Reich bei den langen kriegsbedingten Abwesenheiten des Kaisers. Nach dem Rücktritt Karls V. als Kaiser 1556 wurde er als Ferdinand I. zu dessen Nachfolger gewählt. Die reichsrechtliche Anerkennung erfolgte erst 1558 auf dem Frankfurter Kurfürstentag. Auf eine zusätzliche Kaiserkrönung durch den Papst wurde seitdem verzichtet.

Vgl. http://de.wikipedia.org/wiki/Ferinand_I._(HRR)

68 Kaiser Karl V. wurde 1500 in Gent (Burgundische Niederlande) als Sohn Phillip I. von Österreich und Johanna von Kastilien (der Wahnsinnigen) geboren. Als 1519 sein Großvater, der röm.-deutsche Kaiser Maximilian I., starb, wurde er zum röm.-deutschen König gewählt. 1520 erfolgte in Aachen die Krönung zum „erwählten Kaiser des Heiligen Römischen Reiches" und 1530 in Bologna durch Papst Clemens VII. die Krönung zum röm.-deutschen Kaiser. Danach gab es für die röm.-deutschen

Kaiser keine Krönung mehr durch Päpste. Unter dem Namen Carlos I., König von Kastilien, León und Aragón, wird er auch als der erste spanische König bezeichnet. 1556 trat Karl V. von seinen Herrscherämtern zurück, sein ältester Sohn Phillip II. erbte seine spanischen Besitzungen, sein jüngerer Bruder wurde als Ferdinand I. röm.-deutscher Kaiser. Das Haus Habsburg spaltete sich in eine österreichische und eine spanische Linie. Vgl. http://de.wikipedia.org/wiki/Karl_V._(HRR)

69 Der ernestinische Wettiner Johann Friedrich I. war von 1532 bis 1547 Herzog und Kurfürst von Sachsen. Nach der Schlacht bei Mühlberg verlor er die Kurfürstenwürde und war bis zu seinem Tod 1554 nur noch Herzog des ernestinischen Landesteils. In den fünf Jahren in kaiserlicher Haft bereitete er die Gründung einer Landesuniversität vor, da Wittenberg in den Besitz der Albertiner übergegangen war. Jena erhielt 1557 die Rechte einer Universität und nahm 1558 den Lehrbetrieb auf. In Jena ist der „geborene" Kurfürst als „Hanfried" bekannt. Von seinen drei Söhnen wurde bereits im März 1548 im ehemaligen Dominikanerkloster Jena eine „Höhere Landesschule" eingerichtet, das „Collegium Jenense".

70 Moritz wurde 1541 Herzog des albertinischen Sachsens und nach der Schlacht bei Mühlberg von 1547 bis 1553 Kurfürst von Sachsen. Er war am Zustandekommen des Passauer Vertrages von 1552 beteiligt.

71 Zitat aus: Gerhard Billig, *Die Burggrafen von Meißen aus dem Haus Plauen (Teil 2),* a. a. O., S. 70.

72 Zitat aus: *Kleine Chronik der Stadt Plauen im Vogtland,* a. a. O., S. 10.

73 Zitat aus: Paul Reinhard Beierlein, *Das burggräfliche Vogtland,* in: JMHR, Heft 20, Hohenleuben 1972, S. 68.

74 Bohuslav Felix von Lobkowitz und Hassenstein (1517–1583), ein böhmischer Ständepolitiker, der mehrere höhere Ämter innehatte, war von 1535 bis 1555 mit Margarethe von Plauen aus dem Haus der Burggrafen von Meißen verheiratet.

75 August I. war der jüngere Bruder des 1553 verstorbenen Kurfürsten Moritz und von 1553–1586 Kurfürst von Sachsen. Er ließ von 1568–1573 die Festung Augustusburg erbauen und soll die erste Apotheke Sachsens gegründet haben.
76 Die zwei Ehen Heinrich VI. blieben kinderlos. Heinrich V. hatte vier Söhne, die alle kurz nach der Geburt starben.
77 Vgl. u. a.
- Thomas Gehrlein, *Das Haus Reuß, Teil I und Teil II*, a. a. O., S. 27–37.
- Gerhard Billig, *Die Burggrafen von Meißen aus dem Hause Plauen (Teil 2)*, a. a. O., S. 59–71.
- Paul Reinhard Beierlein, *Das burggräfliche Vogtland*, in: JMHR, a. a. O., S. 65–71.
- Werner Pöllmann, *Heinrich IV. und sein Vogtländischer Flächenstaat*, in: *Heimatkalender für Fichtelgebirge, Frankenwald u. Vogtland*, Hof 1996, S. 43–49.

78 Zitat aus: Uta Böddiker, Kai Borchardt, Martina Bundszus, Friederike Koch, Markus Reichel, *Stadtkernarchäologie in Plauen 1993 bis 1996*, in: MVVG, Plauen 1996, S. 17.
79 Vgl. *Geschichte Sachsens*, Weimar 1989, S. 103–108.
80 Vgl. Johannes Richter, *Plauen in ur- und frühgeschichtlicher Zeit*, in: Plauen – *Ein kleines Stadtbuch*, Museumsreihe, Heft 25, Plauen 1963, S. 29.
81 Stadttore – Vgl. Walter Bachmann, *Das Alte Plauen*, Plauen 1994, S. 30 f.
- Straßberger Tor
- Neundorfer Tor (Dobenau Tor)
- Syrator
- Schulpforte
- Kleine Pforte unterhalb der Johanniskirche

82 Vgl. ebenda, S. 16.
83 Vgl. ebenda, S. 33.
84 Vgl. ebenda, S. 132, Abb. 83.

85 Vgl. Leo Stern, Erhard Voigt, *Deutschland von der Mitte des 13. bis zum ausgehenden 15. Jahrhundert*, Berlin 1976, S. 174 f.
86 Andreas Prokop (geboren um 1380, gestorben 1434) stammte mütterlicherseits aus einer deutschen Prager Patrizierfamilie, der Vater war unbekannt. Als katholischer Geistlicher bekannte er sich zu den Lehren von Jan Hus. 1424 wurde er einer der Feldkampfleute der Taboriten. Er fiel 1434 in der Schlacht bei Lipan in Böhmen.
87 Vgl. hierzu u. a.:
- Andreas Krone, *Nichts entgegensetzen*, in: *Historikus Vogtland*, 2012, Heft 1, S. 14–19.
- *Kleine Chronik der Stadt Plauen im Vogtland*, a. a. O., S. 5.
- R. Liedloff, *Die Hussiten in Plauen,* in: *Unser Vogtland, Heimatkundliche Lesestücke für die Schulen des sächsischen Vogtlandes*, Leipzig 1913, S. 106 ff.

88 Vgl. *Kleine Chronik der Stadt Plauen im Vogtland,* a. a. O., S. 6 f.
89 Vgl. Walter Bachmann, *Das Alte Plauen*, a. a. O., S. 75.
90 Vgl. *Kleine Chronik der Stadt Plauen im Vogtland*, a. a. O., S. 11.
91 Vgl. Sabine Brunner, *Die Entwicklung des Stadtrechtes der Stadt Plauen bis zur Frühen Neuzeit,* a. a. O., S. 16 ff.
92 Vgl. u. a.:
- Horst Fröhlich, *Plauens Weg zur Industriestadt*, in: *Plauen – Ein kleines Stadtbuch,* a. a. O., S. 60 ff.
- Horst Fröhlich und Katrin Färber, *Plauen in historischen Stadtansichten aus vier Jahrhunderten*, Plauen 2012, S. 15 ff. u. Abb. S. 16.

93 Vgl. Sabine Brunner, *Druckschriften Martin Luthers in der Vogtlandbibliothek Plauen,* in: *Sächsische Heimatblätter,* 1997, Heft 4, S. 255.
94 Zitat aus: ebenda, S. 256. *Zum Stadtbuch von 1388* gibt es im Stadtarchiv einen Auszug aus einer Magisterarbeit (Universität Köln) mit dem Titel „*Das Plauener Stadtbuch von 1388 und*

die Stadtbucherforschung (Stand 25.6.1996)". Für die Plauener Altstadt (Plauen I und Plauen II) werden 277 Personen genannt, für die Neustadt 149 Personen und die Vorstädte 163 Personen. Somit ergeben sich gesamt 589 Personen, davon waren 552 Männer (93,7 %) und 37 Frauen (6,3 %). Die Frauen dürften Witwen gewesen sein, in deren Besitz die Wohnhäuser waren. Bei nur 6,3 % Frauenanteil an der Bevölkerung hätte dies das Ende von Plauen bedeutet. Die im Stadtbuch aufgelisteten Personen waren überwiegend besessene Bürger. Eine Beispielrechnung von 552 Männern und 552 Frauen plus 1656 Kindern (3 Kinder je Haushalt) ergäbe eine Gesamteinwohnerzahl von 2.760 Einwohnern. Diese Zahl entspricht der Berechnung von Walter Bachmann, der von 2.800 Einwohnern ausgeht. Werden die 552 Männer mit dem Wert 7,81 multipliziert, die Blaschke ansetzt, käme man auf 4.311 Einwohner. Zu beachten ist, dass keine eindeutige Gewissheit darüber besteht, ob jede im Stadtbuch genannte Person auch ein besessener Bürger war, andererseits je Haushalt auch mehr als drei Kinder vorhanden gewesen sein könnten.

95 Maximilian II. war 1562–1576 König von Böhmen und röm.-deutscher König und 1564–1576 röm.-deutscher Kaiser.
96 Vgl. Erich Wild, *Das Vogtland kommt 1572 zu Sachsen*, in: *700 Jahre Auerbach im Vogtland (1282–1982)*, Sachsenheim-Hohenhaslach 1986, S. 36 f.
97 Vgl. *Geschichte Sachsens*, Weimar 1989, S. 230 und http://de.wikipedia.org/wiki/Territoriale_Gliederung_Kursachsens
98 Vgl. Erich Wild, *Das Vogtland kommt 1572 zu Sachsen*, a. a. O., S. 36 f. und Adalbert Zehrer, *Aufhebung des Vogtländischen Kreises und die Errichtung der Amtshauptmannschaft Plauen mit Voigtsberg vor 100 Jahren*, in: *Der Erzähler an der Elster, Heimatkundliche Blätter für das obere Vogtland*, 29. Mai 1935, S. 1.

99 Christian II. war der Enkel des Kurfürsten August von Sachsen und von 1591–1611 Kurfürst von Sachsen (bis 1601 unter Vormundschaft).
100 Vgl. http://de.wikipedia.org/wiki/Heiliges_Römisches_Reich
101 *4. Koalitionskrieg* Die von 1792 bis 1815 dauernden Kriege zwischen Frankreich und seinen Nachbarstaaten werden als Koalitionskriege (insgesamt sieben) bezeichnet. Die Befreiungskriege 1813 bis 1815 zählen zum 6. und 7. Koalitionskrieg.
102 Vgl. http://de.wikipedia.org/wiki/Königreich_Sachsen, S. 7.
103 Vgl. ebenda, S. 9 f.
104 Vgl. ebenda, S. 10.
105 Das Londoner Protokoll vom 8. Mai 1852 ist ein völkerrechtlicher Vertrag, unterzeichnet von Großbritannien, Preußen, Österreich, Russland, Schweden und Dänemark, mit Regelungen zum dänischen Gesamtstaat. Zu Schleswig bestimmte der Vertrag, dass es nicht enger an Dänemark angebunden werden darf als Holstein. Vgl. http://de.wikipedia.org/wiki/Londoner_Protokoll_(1852) und Ernst Engelberg, *Deutschland 1849–1871*, Berlin 1972, S. 154 ff.
106 Vgl. http://de.wikipedia.org/wiki/Deutsch_Dänischer_Krieg
107 Seit 1866 gab es in Frankreich Bestrebungen zur Annexion Luxemburgs. Mit dem niederländischen König Wilhelm III. nahm die französische Regierung im März 1867 Verhandlungen mit dem Ziel auf, Luxemburg für fünf Millionen Gulden an Frankreich abzutreten. Wilhelm III., in Personalunion auch Großherzog von Luxemburg, bat den preußischen König Wilhelm I. um dessen Zustimmung. Der preußische Ministerpräsident Bismarck, zugleich Bundeskanzler des Norddeutschen Bundes, appellierte an alle europäischen Großmächte, die Krise friedlich beizulegen. In der daraufhin im Mai 1867 in London einberufenen Konferenz musste Frankreich seine Ansprüche auf Luxemburg dauerhaft aufgeben. Preußen wurde verpflichtet, seine in der Festung Luxemburg stationierte Garnison abzuziehen.
Vgl. http://de.wikipedia.org/wiki/Deutsch_Französicher_Krieg, S. 5.

108 Vgl. meine Anzeige.de – Thüringer Anzeiger, 11. August 2016.
109 Vgl. http://de.wikipedia.org/wiki/Deutsch Französischer_Krieg, S. 7. Zur *„Emser Depesche"* siehe Jörg Meidenbauer, *Lexikon der Geschichtsirrtümer*, München, Zürich 2007, S. 94 ff. Der gesamte Text des ersten Emser Schreibens (Heinrich Abeken an Bismarck vom 13. Juli 1870) und der gesamte Text des von Bismarck gekürzten, aber inhaltlich unverändert gelassenen Schreibens (vom 13. Juli 1870) sind enthalten in: *Otto von Bismarck, Dokumente seines Lebens,* Leipzig 1989, S. 249 f.
110 Der Wettiner Markgraf Diezmann (Dietrich IV.) war 1291 bis 1303 Markgraf der Lausitz, ab Markgraf im Osterland und ab 1298 Landgraf von Thüringen.
111 Vgl. Wolfgang Schrader, *Zwischen Trikolore und Zarenadel – Die Stadt Plauen in der Zeit zwischen 1806 und 1813,* Lappersdorf 1996, S. 5.
112 Vgl. Andreas Krone, *Des Schusters Leichenhaus,* in: *Historikus Vogtland,* 2013, Heft 5, S. 4–8.
113 Vgl. Horst Fröhlich und Katrin Färber, *Plauen in historischen Stadtaussichten aus vier Jahrhunderten,* a. a. O., S. 82 ff. u. Abb. S. 82.
114 Vgl. http://www.spitzenstadt.de/spitzengeschichten/plauener_stadtbrand
115 Vgl. http://karl-may-wiki.de./index.php/plauen
116 Zitat aus Artikel von Klaus Tanneberger, *Dichterfürst blieb doch über Nacht in Plauen,* Freie Presse Plauen, 26. März 2021.
117 Vgl. Horst Fröhlich, *Plauens Weg zur Industriestadt,* in: *Plauen – Ein kleines Stadtbuch,* a. a. O., Plauen 1963, S. 59–70, (auf S. 67 wird ein Gespräch Napoleons mit dem Musselinefarbrikanten Kanz wiedergeben).
118 Vgl. *Die Gründung des sächsischen Stickmaschinenbaus,* in: *Die Elsteraue in Plauen,* edition ad astra, Plauen 2014.

119 Vgl. Festschrift *Lückenschluss Plauen (Vogtland)–Hof (Saale),* DR-Reichsbahndirektion Dresden, DB-Bundesbahndirektion Nürnberg, 22. Mai 1993.
120 Vgl. http://de.wikipedia.org/wiki/Einwohnerentwicklung_von_Plauen
121 Vgl. *Geschichte Sachsens,* a. a. O., S. 387.
122 Siehe Anmerkung 120.
123 Vgl. Gerhard Billig, *Die Burggrafen von Meißen aus dem Hause Plauen (Teil 2),* a. a. O., S. 51.
124 Nach Einführung der Primogenitur 1679 in der Grafschaft Schleiz durch Heinrich I. Graf Reuß zu Schleiz (1639–1692) übernahm sein Sohn Heinrich XI. (1669–1726) die Regierung von Reuß-Schleiz. Der Bruder von Heinrich XI., Heinrich XXIV. (1681–1748), erhielt die 1692 neu geschaffene Paragiatsherrschaft Köstritz. Das Paragium vererbte sich jeweils auf den ältesten Sohn und blieb ohne landesherrliche Rechte. Nach dem Tod Heinrichs XXIV. (1878–1927), der durch einen im Babyalter erlittenen Unfall geistig behindert war, starb die ältere Linie der Reußen 1927 im Mannesstamm aus. Die Regentschaft in Greiz hatten von 1902 bis 1918 die Fürsten der jüngeren Linie der Reußen in Personalunion ausgeübt. Der letzte Regent beider Fürstentümer, Heinrich XLV. (geboren 1895), wurde 1945 in Gera von Soldaten der Roten Armee verhaftet und verstarb 1945 im sowjetischen Lager Buchenwald. Mit seinem Tod erlosch 1945 auch die jüngere Linie der Reußen im Mannesstamm. Als einzige Linie der Reußen besteht heute noch die Paragiatslinie Reuß-Schleiz zu Köstritz. Ein Vertreter dieser Nebenlinie, Heinrich Ruzzo Graf von Plauen (1950–1999), heiratete 1992 Anni-Frid Synni Lyngstad (geboren 1945), die dunkelhaarige Sängerin von ABBA, die jetzt Anni-Frid Prinzessin Reuß, Gräfin von Plauen, heißt.
Der ehemalige deutsche Kaiser Wilhelm II. heiratete 1922 in seinem Exil im Schloss Doorn/Niederlande die verwitwete Prinzessin Hermine von Schoenaich-Carolath (1887–1947),

geborene Prinzessin Reuß ältere Linie. Noch interessanter sind die Verbindungen der Reußen zum englischen Königshaus. Auguste von Sachsen-Coburg-Saalfeld, geborene Prinzessin von Reuß-Ebersdorf (1757–1831), ist die Großmutter der bekannten Königin Victoria (1819–1901) und damit eine der 32 Urururgroßmütter von Königin Elisabeth II. (geboren 1926). Bei Reuß älterer Linie wurden die Ordnungszahlen ab 1693 nach der Reihenfolge der Geburt der männlichen Familienmitglieder mit „I." (1) begonnen und mit „C." (100) beendet, um dann wieder mit „I." zu beginnen. Reuß jüngere Linie begann 1695 mit einer anderen Zählweise. Hier endet mit der Geburt des letzten Sohnes im jeweiligen Jahrhundert die Zählweise. Im neuen Jahrhundert ging es wieder mit „I." weiter.

125 Die 1899 uraufgeführte Operette „Wiener Blut" spielt zur Zeit des Wiener Kongresses. Der Premierminister und der Gesandte von Reuß-Schleiz-Greiz versuchen auf dem Kongress die Unabhängigkeit von Reuß-Schleiz-Greiz zu erhalten und geraten dabei in verschiedene Liebesabenteuer und Verwechslungen.

126 Vgl. http://de.wikipedia.org/wiki/Deutsche_Bundesakte

127 Vgl. *Geschichte Sachsens*, a. a. O., S. 382.

128 Vgl. http://de.wikipedia.org/wiki/Königreich_Sachsen

129 Vgl. *Geschichte Sachsens*, a. a. O., S. 383–390.

130 Das heutige Vogtlandtheater ist bereits der dritte Plauener Theaterbau. Am unteren Ende des Mühlberges zweigt nach rechts in Richtung Rosentreppe die heutige Mühlstraße ab. Im 19. Jahrhundert führte sie einige Jahrzehnte den Namen „Theatergasse", der Platz vor der Rosentreppe hieß „Theaterplatz". Der Baumwollhändler Gössel ließ 1834 auf der Umfassungsmauer eines 1830 abgebrannten Spinnereigebäudes ein Theater erbauen. Gössels Neffe Löbering ließ 1847 das schlichte Theatergebäude abreißen und ein *für damalige Zeiten prächtiges Theater* errichten, das im Revolutionsjahr 1848 eingeweiht wurde. Die dreimalige Wiederholung Albert Lortzings Liederspiel „Der Pole und sein Kind oder der Feldwebel vom 4. Regiment" zeigte die Sympathie der Theaterbesucher für den Freiheitskampf der Polen. Bereits 1832 hatten Plauener Bürger 1.777 Taler für 1.195 polnische Flüchtlinge gesammelt, die durch Plauen zogen. Julius Mosens Gedicht „Die letzten Zehn vom 4. Regiment" handelt vom Freiheitskampf der Polen gegen das zaristische Russland. Der Besucherandrang war für die damalige Zeit sehr groß. Eine überdachte Holzbrücke über den Mühlgraben, über die die Theaterbesucher ins Haus gelangten, stürzte im April 1859 ein. Einige der auf Einlass wartenden gutgekleideten Zuschauer mussten ein unfreiwilliges Bad im Mühlgraben nehmen.

Dem furchtbaren Brand 1881 im Wiener Ringtheater, bei dem in der Panik nach offiziellen Angaben 384 Personen getötet wurden, nahm die Plauener Polizei, vielleicht auch unter dem ersten Eindruck der Wiener Katastrophe stehend, zum Anlass, das Löberingsche Theater wegen Feuergefährlichkeit zu schließen. Somit war das aufstrebende Plauen von 1881 bis 1898 ohne Theater.

Vgl. Dr. Walter Ludwig, *Ein Gang an Mühlgraben und Rähme hin,* Plauen 1960, S. 115–120.

131 Vgl. Neue Oelsnitzer Zeitung von 1891, Nachdruck zur Historischen Schlossweihnacht 2019, Seite 4.

132 Vgl. Frank Weiss, *Plauen auf historischen Postkarten,* Plauen 1991, S. 40.

133 Ebenda, Seite 6, Zitat aus: *Verwaltungsbericht Plauen 1865/66 bis 1889/90,* S. 97 f.

134 Siehe Sönke Friedreich, *Der Weg zur Großstadt,* Leipzig 2017, S. 42.

135 Vgl. Dr. Michael Platen, *Die Thüringer Städte im Mittelalter,* Landeszentrale für politische Bildung Thüringen, Erfurt 1994, S. 1.

136 Vgl. Karlheinz Blaschke, *Geschichte Sachsens im Mittelalter,* Berlin 1990, S.121 f.

137 Zitat aus: http://de.wikipedia.org/wiki/Ackerbürger

138 Vgl. Horst Fröhlich, *Plauens Weg zur Industriestadt,* a. a. O., S. 71 ff. und Gerd Naumann, *Die Plauener Spitzen und*

Stickereiindustrie in Vergangenheit und Gegenwart, in: *Sächsische Heimatblätter,* 1997, Heft 4, S. 239 ff.

139 Die Angaben zu den Fabrikgebäuden entstammen der Schrift *Bauwerke der Textilindustrie in Plauen – Eine fotografische Dokumentation von 1997 mit Betrachtung zur Textilgeschichte Plauens* von Beate Schad unter Mitarbeit von Wolfgang Schwabe und Brigitte Sichting. Die Fotografien sind von Adelheid Liebetrau. Plauen 1998. Die auf den Abbildungen 26/27/37/41/42/43 gezeigten Fabrikgebäude wurden nach 1998 abgerissen, zuletzt (2020/21) das Gebäude der ehemaligen Industriewerke AG (bis 1919 Deutsche Gardinen AG) auf Abb. 26. In DDR-Zeiten produzierte hier der VEB Plauener Gardine.

Das Fabrikgebäude auf Abbildung 21, Ricarda-Huch-Straße 2, zuletzt Hauptgebäude des VEB Plauener Damenkonfektion, soll gleichfalls abgerissen werden. In diesem Gebäude ereignete sich 1918 das katastrophale Brandunglück mit 301 Toten.

140 Zitat aus: Paul Lindner, *Räumliche Prägung von Städten durch die Industrialisierung im 19. Jahrhundert am Beispiel der Textilstadt Plauen im Vogtland,* a. a. O., S. 9. Siehe hierzu auch: Sönke Friedreich, *Der Weg zur Großstadt,* a. a. O., S. 37. Auf dieser Seite wird der Autor Rauh, *Kreisstadt Plauen,* zitiert: *„Von den sonstigen Kennzeichen der Fabrikstädte, von dem Qualm der Fabrikschlote und dem Lärm der Maschinen, ist in Plauen nichts zu bemerken."* Die Aussage ist falsch! Im Buch von Frank Weiss, *Plauen auf historischen Postkarten,* ist auf Seite 106, Abb. 214, der Untere Bahnhof mit dem davorliegenden Industriegebiet und zahlreichen Schornsteinen zu sehen. Auf Seite 108, Abb. 128 qualmen die Schornsteine der VOMAG. *„Spätestens da war die Elsteraue geprägt von unzähligen Schornsteinen."* Zitat aus: *Die Elsteraue in Plauen.* Der Titel des 336 Seiten umfassenden Buches *Der Weg zur Großstadt* ist nicht ganz zutreffend. Die Großstadtwerdung (also der Weg zur Großstadt) wird nur im Abschnitt 2.1 „Die Jahre des Aufstieges" (S. 25–45) und im Abschnitt 4.1 „Großstadt, 1904" (S. 149–165) dargestellt.

Umfangreicher beschrieben werden die Errichtung von Denkmalen und die Zeit bis 1933/36. Keiner der 34 Abbildungen zeigt eine typische Fabrik aus der Zeit zwischen 1880 und der Großstadtwerdung. Zahlreiche der Fotografien sind erst in der Zeit nach dem 1. Weltkrieg entstanden. In der Mehrzahl werden Gebäude (außen und innen – 10) und Denkmale (9) abgebildet.

141 Vgl. Axel Oskar Mathieu, *Vomag – Die fast vergessene Automobilmarke,* Plauen 1994, S. 8 f. und Christian Suhr, *VOMAG – Lastwagen aus dem Vogtland,* Stuttgart 2004, S. 7 f.

142 Vgl. Horst Fröhlich, *Plauens Weg zur Industriestadt,* a. a. O. S. 73.

143 Vgl. Andreas Krone/Michael Schilbach, *Die Elster passend gemacht,* in: *Historikus Vogtland,* 2014, Heft 1, S. 13 ff.

144 Vgl. Frank Weiss, *Plauen auf historischen Postkarten,* a. a. O., S. 10. und Rolf Reißmann, *125 Jahre Eisenbahn in Greiz,* Greiz 1990, S. 23.

145 Vgl. *Geschichte Sachsens,* a. a. O., S. 390.

146 Vgl. http://de.wikipedia.org/wiki/Liste_der_Städte_im_Deutschen_Kaiserreich(1905)

147 Vgl. Gerd Kramer, *100 Jahre Eingemeindung von Haselbrunn,* in: MVVG, Plauen 2000, S. 6.

148 Vgl. *Kleine Chronik der Stadt Plauen im Vogtland,* a. a. O., S. 81.

149 Vgl. Gerd Kramer, *Die Herausbildung der Großstadt Plauen,* in: MVVG, Plauen 2003, S. 110f.

150 Vgl. ebenda, S. 90–95.

151 Vgl. http://de.wikipedia.org/wiki/Deutsches_Kaiserreich

152 Vgl. ebenda.

153 Vgl. Wikipedia-Angaben zu Bochum, Gelsenkirchen und Saarbrücken.

154 Vgl. Volkszählung vom 1. Dezember 1910 und verschiedene Angaben zu Berliner „Umlandgroßstädten" und dem Zweckverband „Groß-Berlin" von 1912.

155 Berliner Kongress
Als Tagungsort einer Konferenz zur Beilegung der Balkankrise von 1878 wurde Berlin gewählt, da das Deutsche Kaiserreich keine direkten Interessen auf dem Balkan verfolgte. Vom 13. Juni bis 13. Juli verhandelten der Gastgeber, Österreich-Ungarn, Italien, Großbritannien, Frankreich, Russland und das Osmanische Reich. Sie erzielten ein als Berliner Vertrag bezeichnetes vorläufiges Friedensabkommen. So durfte unter anderem Österreich-Ungarn das bisher von den Osmanen okkupierte Bosnien-Herzegowina militärisch besetzen, ohne das Gebiet direkt in sein Staatsgebiet einzugliedern.
156 Vgl. Manfred Scheuch, *Altas zur Zeitgeschichte – Europa im 20. Jahrhundert,* Wien 2000, S. 158 f.
157 Vgl. Janusz Piekalkiewicz, *Der Erste Weltkrieg,* Düsseldorf–Wien–New York 1988.
158 Vgl. Dr. Martin Salesch, *Im Wandel der Zeit – Der Erste Weltkrieg im Vogtland*, Schriftenreihe des Vogtlandmuseums, Neue Folge 1, Plauen 2019, S. 9 ff.
159 Vgl. Pritsche/Wille, *Vogtland,* Leipzig 1964, S. 18.
160 Vgl. Dr. Martin Salesch, *Im Wandel der Zeit – Der Erste Weltkrieg im Vogtland,* a. a. O., S 136.
161 Vgl. Axel Oskar Mathieu, *Vomag – Die fast vergessene Automobilmarke,* a. a. O., S. 8 ff.
162 Vgl. Pritsche/Wille, *Vogtland*, a. a. O., S. 18.
163 Die Zahl 3.871 wird in einem von der Stadt angelegten und 1935 fertiggestellten Gefallenenbuch genannt (Information des Stadtarchivs vom Aug. 2021).1919 meldeten
die Zeitungen 3.004 Gefallene. Möglich ist, dass im Gefallenenbuch auch nach 1919 an ihren Kriegsverletzungen verstorbene ehemalige Soldaten mit aufgeführt wurden.
164 Zitat aus: Dr. Martin Salesch, *Im Wandel der Zeit – Der Erste Weltkrieg im Vogtland,* a. a. O., S. 135.
165 Die Bezeichnung „Reichskanzler" gab es erst ab August 1919 wieder.

166 Zitat aus: Wolfgang Ruge, *Deutschland 1917–1933*, Berlin 1974, S. 134.

167 *„Zu Gebietsabtretungen und Entwaffnungsbestimmungen kamen noch unabsehbare Forderungen von Reparationen und der als* Kriegsschuldklausel *berücksichtigte und vielzitierte Artikel 231. Er verlangte das Eingeständnis, Deutschland und seine Verbündeten seien* Urheber *des Krieges und Angreifer gewesen. Mehr als alle anderen Bestimmungen erregte dieser Artikel, in dem man eine moralische Verurteilung eines ganzen Volkes sah, die Gemüter. Der Vertrag war in vieler Hinsicht härter, als man es für möglich gehalten hatte. In der fortbestehenden Hungerblockade litt die deutsche Bevölkerung Not, und die Alliierten drohten ultimativ mit der Wiederaufnahme des Krieges für den Fall der Nichtunterzeichnung. Die Deutschen brauchten Frieden, sie hatten sich geweigert, den Friedensvertrag zu unterschreiben und taten es schließlich doch: Die Mehrheit der* Nationalversammlung *stimmte für die Unterzeichnung,* Scheidemann *trat zurück und sein Nachfolger, der Sozialdemokrat* Gustav Bauer (1870–1944), *veranlasste das Unvermeidliche. Am 28. Juni 1919 unterzeichneten Reichsaußenminister* Hermann Müller (1876–1931) *von der SPD und Reichspostminister* Johannes Bell (1868–1949) *vom Zentrum im Spiegelsaal von Versailles den Friedensvertrag."* Zitat aus: *Die deutsche Geschichte, Band 3, 1756–1944,* a. a. O., S. 432.

168 Die Reparationskommission war ein mit fünf Vertretern der Siegermächte besetzter Ausschuss, der die Höhe der deutschen Reparationen festlegte.

169 Constantin Fehrenbach, deutscher Politiker (Zentrumspartei), war vom 25. Juni 1920 bis zum 4. Mai 1921 Reichskanzler.

170 Londoner Ultimatum – Am 5. Mai 1921 vom britischen Premierminister Lloyd Georg dem deutschen Botschafter überreichte Drohung, dass bei Nichtanerkennung des Zeitplanes und der Höhe der Reparationen das Ruhrgebiet besetzt werde.

171 Joseph Wirth, deutscher Politiker (Zentrumspartei), war vom 10. Mai 1921 bis zum 14. November 1922 Reichskanzler.
172 Vgl. Manfred Scheuch, *Altas zur Zeitgeschichte,* a. a. O., S. 12 u. S. 16 sowie *Die Deutsche Geschichte, Band 3, 1756–1944,* a. a. O.,S. 437 ff.
173 Wilhelm Marx, deutscher Politiker (Zentrumspartei), war vom 30. November 1923 bis zum 15. Januar 1925 und vom 17. Mai 1926 bis zum 29. Juni 1928 Reichskanzler.
174 Kurt von Schleicher, General der Infanterie, war von Anfang Dezember 1932 bis Ende Januar 1933 letzter Reichskanzler der Weimarer Republik. Er wurde am 30. Juni 1934 im Zuge des sogenannten Röhm-Putsches von der SS ermordet.
175 Gregor Strasser war von 1928 bis Dezember 1932 Reichsorganisationsleiter der NSDAP, Ende 1932 Rivalität mit Hitler; am 30. Juni 1934 im Zuge des sogenannten Röhm-Putsches von der SS ermordet.
176 Alfred Hungenberg, Politiker der DNVP, Medienunternehmer, einer der Wegbereiter Hitlers zum Reichskanzler. Trat im Juni 1933 von seinem Ministeramt zurück, 1946–1951 in britischer Internierung.
177 Vgl. *Die Deutsche Geschichte, Band 3, 1756–1944,* a. a. O., S. 448–454.
178 Vgl. ebenda, S. 472.
179 Vgl. ebenda, S. 433.
180 Vgl. Sönke Friedreich, *Der Weg zur Großstadt,* a. a. O., S. 248 ff.
181 Max Hoelz, 1898 in Moritz bei Riesa geboren, Heirat 1915 in Falkenstein, Kriegsdienst, 1918 Mitglied der USPD, 1919 der KPD. Teilnahme und teilweise Anführer von bewaffneten Kämpfen 1920 im Vogtland und 1921 in Mitteldeutschland. 1921 verhaftet und zu lebenslangem Zuchthaus verurteilt, 1928 entlassen, da der Mord aufgeklärt wurde, für den Hoelz als Täter galt. 1929 auf Einladung Stalins Übersiedlung in die Sowjetunion. Im „Arbeiterparadies" war Hoelz überrascht von den harten Lebens- und Arbeitsbedingungen. Er wurde vom Geheimdienst

überwacht und am 15. September 1933 im Fluss Oka bei Gorki (heute wieder Nischni Nowgorod) von zwei Geheimdienstmitarbeitern ertränkt.

182 Vgl. Peter Gierisch, Bernd Kramer, *Max Hoelz*, Berlin 2000, S. 10.
183 Vgl. Rolf Schwanitz, *Spurensuche der Sozialdemokratie in Plauen und dem Vogtland*, Friedrich-Ebert-Stiftung, Landesbüro Sachsen 2015, S. 145.
184 Vgl. http://de.wikipedia.org/wiki/Schilljugend und http://de.wikipedia.org/wiki/Hitlerjugend
185 Siehe Gerd Naumann, *Plauen im Vogtland, 1933 bis 1945*, Plauen 1995, Abb. auf S. 34.
186 Vgl. ebenda, S.87 ff.
187 Vgl. Ina Schaller, *Die Adolf-Hitler-Schule in Plauen,* in: MVVG, Plauen 2005, S. 107 f.
188 Vgl. http://de.wikipedia.org/wiki/ns-dokumentationszentrum
189 Zitat aus: *Die nationalsozialistische Propaganda in Sachsen 1921–1945*, Dissertation von Stephan Dehn, Universität Leipzig 2016.
190 Vgl http://www.wahlen_in_Deutschland.de/Reichstagswahlen_1919_-_1933 Weshalb war die Wahl vom 5. März 1933 max. nur noch halblegal? Siehe dazu Zitat aus: Andreas Krone, *Die rote Ost, Historikus Vogtland*, 2019, Heft II, S. 19:

„Am haushohen Sieg der Nationalsozialisten zweifelte bei der ersten und letzten Reichstagswahl im „Dritten Reich" am 5. März 1933 niemand. Hitler war seit fünf Wochen Reichskanzler, die Verfolgung der politischen Gegner bereits im vollen Gange. Besonders zu spüren bekam die KPD, der Erzfeind der deutschen Faschisten, den braunen Terror. Kommunisten wurden nach dem Reichstagsbrand in der Nacht auf den 28. Februar nach vorbereiteten Listen abgeholt und eingesperrt, ihr Führer Ernst Thälmann saß seit dem 3. März im Gefängnis, der Plauener KPD-Chef und Reichstagsabgeordnete Albert Janka war auf der Flucht. [...] Es herrschten also völlig irreguläre Bedingungen beim Urnengang vom 5. März 1933."

191 Vgl. Ergebnisse der Reichstagswahl vom 31. Juli 1932 im Wahlkreis 26 Franken, Beilage zum Statistischen Monatsbericht der Stadt Nürnberg für Juli 1932.
192 Vgl. Guido Dressel, *Quellen zur Geschichte Thüringens, Wahlen und Abstimmungsergebnisse 1920 bis 1995,* Erfurt 1995, S. 116.
193 Vgl. Gerd Naumann, *Plauen im Vogtland, 1933 bis 1945,* a. a. O., S. 45.
194 Vgl. ebenda, S. 42 f.
195 Zwischen 1889 und 1906 kaufte die Stadt mehrere Gebäude im Umfeld des Alten Rathauses an, um einen Neubau errichten zu können. Für den Bau wurde 1908 ein Architektenwettbewerb ausgerichtet, dessen Ergebnisse allerdings nicht überzeugen konnten. Unter Einbeziehung angekaufter Entwürfe legte dann *Stadtbaudirektor Wilhelm Goette* einen überzeugenden Entwurf vor. Baubeginn der Tiefbauarbeiten war 1912, die Grundsteinlegung erfolgte erst am 2. September 1913. Im Herbst 1916 stand der Rohbau. 1921 konnten die acht Läden in der Marktstraße bezogen und 1922 das Neue Rathaus vollständig genutzt werden. Vgl. http://de.wikipedia.org/wiki/Plauen
196 Vgl. Hannes Schmidt, *Zur Geschichte der Israelitischen Religionsgemeinde Plauen im Vogtland,* Plauen 1988, S. 55 ff. u. S. 70.
197 Zitat aus: *1938 in memoriam 2008,* Herausgeber Kulturbetrieb der Stadt Plauen 2018.
198 Vgl. Gerd Naumann, *Plauen im Vogtland, 1933 bis 1945,* a. a. O., S. 20.; Horst Fröhlich, *Plauens Weg zur Industriestadt,* a. a. O., S. 74 ff. und VOMAG Betriebs-AG Plauen, in: *Kammergeschichte(n) – 150 Jahre IHK für Sachsen*
http://www.leipzig.ihk.desfileadmin/epaper/150_Jahre
199 Vgl. Gerd Naumann, *Plauen im Vogtland, 1933 bis 1945,* a. a. O., S. 149 f., S. 154 f. und S. 157 ff.
200 Vgl. ebenda, S. 58 ff.
201 Vgl. Andreas Krone, *Lockruf der Neuen Welt, Historikus Vogtland,* 2010, Heft 4, S. 14 f.

Die Waldschenke „Klein-Amerika" bei Syrau wurde vor dem zweiten Weltkrieg von einem Amerika-Rückkehrer gegründet. Der Gaststättenname durfte in der DDR beibehalten werden. Seit einigen Jahren ist die Gaststätte geschlossen.

202 Siehe Charles Whiting/Friedrich Gehendges, *Jener September,* Düsseldorf 1979, Abb. S. 120.

203 Vgl. Rudolf Laser, Joachim Mensdorf, Johannes Richter, *1944/45 Plauen – Eine Stadt wird zerstört,* Plauen 1995, S. 34 ff.

204 Vgl. Gerd Naumann, *Plauen im Bombenkrieg 1944/45,* Plauen 2011, S 4.

205 *Vgl. Plauen und das mittlere Vogtland,* Berlin 1986, S. 108.

206 Vgl. *SEVENTYFIVE DAYS ONLY,* Plauen 2000, S. 12–16.

207 Vgl. Katherine Lukat, *Zwangsarbeit in Plauen im Vogtland,* Wien–Köln–Weimar 2020, S. 176 ff., S. 255 ff., S. 421 u. S. 428.

208 Vgl. Volker Wahl, *Thüringen unter amerikanischer Besatzung,* Landeszentrale für politische Bildung Thüringen, Erfurt 2001, S. 6 f.

209 Vgl. Andres Krone, *Plauen 1945 bis 1949 – vom Dritten Reich zum Sozialismus,* Dissertation, TU Chemnitz 2001.

210 Die Liberal-Demokratische-Partei (LDP) musste sich ab Oktober 1951 auf Druck der SED LDPD nennen, damit der Name Deutschland im Parteinamen erkennbar war.

211 Vgl. Erfurt web.de/11.9.2020.

212 Rudolf Friedrichs wurde am 9. März 1882 in Plauen geboren, trat 1922 der SPD bei und arbeitete ab 1926 im sächsischen Innenministerium. 1933 verlor er seine Ämter. Im Juni 1946, als Mitglied der SED, erfolgte seine Einsetzung zum Präsidenten der Landesverwaltung Sachsen. Im Oktober 1946 wurde er zum Ministerpräsidenten gewählt. Spannungen mit seinem Stellvertreter, dem Altkommunisten Kurt Fischer, nahmen seit Anfang 1947 dramatisch zu. Friedrichs starb unerwartet am 13. Juni 1947. Eine Untersuchung zu den Ursachen seines Todes, ein vom Freistaat Sachsen 1999 in Auftrag gegebenes Gutachten, konnte einen gewaltsamen Tod weder bestätigen noch ausschließen.

Fischer wurde nicht wie erhofft Nachfolger von Friedrichs, sondern 1948 im Rang eines Generalinspektors Präsident der Deutschen Verwaltung des Inneren und 1949 Chef der Deutschen Volkspolizei. Auch über seinen Tod gab es Spekulationen. Er starb plötzlich während eines Kuraufenthaltes am 22. Juni 1950, offiziell an Herzversagen, in Bad Colberg in Thüringen.

213 Vgl. http://de.wikipedia.org/wiki/Rudolf_Friedrich_und_Kurt_Fischer

214 Fast unvorstellbar! Ein Fahrstuhl für die Plauener Frauenklinik wurde vom Rat des Bezirkes jahrelang verweigert. Erst in der Wendezeit ging es dann mit der Genehmigung und der Bereitstellung der notwendigen Mittel sehr schnell.

215 Auszug aus der Inschrift einer 1995 am Plauener Amtsberg angebrachten Gedenktafel (z. Zt. aufgrund von Bauarbeiten abgebaut). Siehe *Plauen 1945 ... und die schweren Nachkriegsjahre,* Plauen 1998, Abb. auf S. 317.

216 Vgl. Walter G. Tümpner, *Aus der Geschichte der Stadt Plauen,* S. 33–41.

217 Vgl. Jürgen Preuß, Albrecht Lenk, *Konditorei und Kaffeehaus Trömel,* Plauen 1992.

218 Siehe Herrmann Henselmann; *Gedanken, Ideen, Bauten, Projekte*, Berlin 1978, Abb. S. 103 ff.

219 Vgl. *Plauen in den siebziger Jahren,* Herausgeber Stadt Plauen – Stadtarchiv, ohne Jahresangabe, S. 7.

220 Vgl. *Plauen in den sechziger Jahren,* Herausgeber Stadt Plauen – Stadtarchiv 2011/12, S. 14–17 u. Abb. auf S. 28.

221 Der Prager Frühling war der Versuch von Teilen der Führung der Kommunistischen Partei der Tschechoslowakei, besonders vom Generalsekretär Alexander Dubček, einen „Sozialismus mit menschlichem Antlitz" zu schaffen und einen Demokratisierungsprozess einzuleiten.

222 Siehe auch Wolff, Gotter, Wolff, *Das Malzhaus in Plauen – Die Geschichte eines Kulturzentrums,* Plauen 2000.

223 Vgl. Udo Scheer, *Wir kommen wieder! – Plauen '89,* Halle 2014, S. 29 f.
224 Vgl. ebenda, S. 102.
225 Vgl. ebenda, S. 134 f.
226 Vgl. ebenda, S. 118–123.
227 Vgl. Pit Fiedler, Dietrich Kelterer, Barbara Čermáková, Zbyněk Černy, *Bürgermut macht Politik,* 2009, S. 39.
228 Zitat aus: Udo Scheer, *Wir kommen wieder! – Plauen '89,* a. a. O., S. 166.
229 Vgl. Thomas Küttler/J. C. Röder, *Die Wende in Plauen,* Plauen 1991, S. 37 f. und Udo Scheer, *Wir kommen wieder! – Plauen '89,* a. a. O., S. 182–191 u. Abb. 28.
230 Vgl. Christian Suhr, *VOMAG – Lastwagen aus dem Vogtland,* a. a. O., S. 10.
231 Vgl. Gerd Kramer, *100 Jahre Eingemeindung von Haselbrunn,* in: MVVG, Plauen 2000, S. 6.
232 Vgl. http://de.wikipedia.org/wiki/Einwohnerentwicklung_von_Plauen
233 Der Autor konnte 2018 das Werk in Eisenhüttenstadt besichtigen. Sehr interessant war dabei die Information, dass bis zur Wende in dem DDR-Vorzeigekombinat nur ein Roheisenwerk, ein Stahlwerk und ein Kaltwalzwerk vorhanden waren. Das Warmwalzwerk wurde erst 1997 errichtet. In den DDR-Zeiten wurden die Brammen vom Konverterstahlwerk zum Warmwalzen zum Klassenfeind nach Salzgitter gebracht.
234 Die Angaben zu den Einwohnerzahlen und der geschichtlichen Entwicklung der Städte stammen aus Wikipedia-Seiten und dem Lexikon *Städte und Wappen der DDR,* Leipzig 1984.
235 Zitat aus: Curt Röder, *3 Stunden, die die Welt veränderten,* Plauen 2019, Coverrückseite.
236 Vgl. http://de.wikipedia.org/wiki/Zwei_plus_Vier_Vertrag
237 Siehe dreiteilige MDR-Produktion *Machtpoker um Mitteldeutschland* von 2020, gesendet im März 2021.

238 Vgl. http://www.wahlen_in_deutschland.de/Wahlen_zur_Volkskammer_der_DDR_am_1._März_1990_nach_Kreisen
239 Vgl. *Vor 25 Jahren – Ergebnisse der ersten Kommunalwahlen 1990*, Kreisjournal Vogtlandkreis 5/2015, S. 15.
240 Besondere Verdienste beim Wiederaufbau des Konventsgebäudes (von der Ruine zum Kulturort) kommen dem im September 2008 gegründeten Förderverein Komturhof Plauen e. V. zu. Vgl. *Der Komturhof zu Plauen – vom Gestern zum Morgen*, Plauen 2017.
241 Vgl. *Fixpunkt im Zeitwandel. Vom Warenhaus zum Bürgertempel*, Plauen 2017, S. 30 und S. 134.
242 Vgl. Gerd Kramer, *100 Jahre Eingemeindung von Haselbrunn*, in: MVVG Plauen 2000, S. 6.
243 Zitat aus: Freie Presse – Plauener Zeitung, 25. Mai 2021, S. 11. Im Zweiten Wahlgang wurde am 4. Juli 2021 Steffen Zenner zum Oberbürgermeister gewählt (Amtsantritt 1. September 2021).
244 Vgl. *Fixpunkt im Zeitenwandel*, a. a. O., S. 78 ff.
245 Vgl. *Die 50 größten Arbeitgeber des Vogtlandes*, Freie Presse – Plauener Zeitung, 6. Januar 2021.
Bei den in der Liste aufgeführten Arbeitgebern zum Stand von 2020 ist zu beachten, dass viele Einrichtungen, wie Diakonie (Rang 1), Landratsamt (Rang 3) u. a., nicht nur in Plauen Beschäftigte haben. Größter Plauener Arbeitgeber ist das Helios Vogtland Klinikum (Rang 2 / 1.500 Beschäftigte) vor der Stadtverwaltung (Rang 6 / 850 Beschäftigte). Größter Unternehmer im Vogtlandkreis ist die Meiser Vogtland OHG aus Oelsnitz (Rang 7 / 802 Beschäftigte) vor Goldbeck Treuen (Rang 8 / 740 Beschäftigte).
246 Zitat aus: Werner Pöllmann, *170 Jahre Eisenbahn im Vogtland*, Markneukirchen 2016, S. 4.
247 Zwei Zitate aus: Nikolaus Dorst, *Die Beule in der neuen Rennstrecke kostet 20 Minuten und 2 Milliarden*, in: www.welt.de/Wirtschaft_vom_10._Dezember_2017

248 Vgl. https://de.org/wiki/Saale - Elster - Talbrücke
249 Die zweite gigantisch überhöhte Bahnbaumaßnahme ist die Neuordnung des Eisenbahnknotenpunktes Stuttgart, bekannt als Stuttgart 21. Neben regionalen Bahnerfordernissen wurde die Notwendigkeit des Neubaus von 57 km unterirdischer Strecken mit einem dringenden Bedarf einer durchgehenden europäischen Bahnverbindung von Paris nach Bratislava begründet. Bei Baubeginn im Februar 2010 lagen die Baukosten noch bei 2,5 Milliarden Euro. Über 4,1 Milliarden und 8,2 Milliarden (2018) ist man gegenwärtig bei einer Summe von etwa 10 Milliarden Euro angekommen. Der geplante Fertigstellungstermin 2019 wurde auf Dezember 2025 verlängert. Bis dahin haben die Slowaken Zeit, für die vielen Franzosen, die dann mit der neuen europäischen Schnellverbindung als Touristen nach Bratislava kommen wollen, genügend Hotels zu errichten. Beachtenswert: Folge 784 (Stuttgart nach 21) der Serie Eisenbahnromantik aus dem Jahr 2013. Sie wurde u. a. am 26. Mai 2021 in verschiedenen 3. Programmen der ARD wiederholt und zeigt die Umsetzung und die Kostenentwicklung des Projekts bis 2013.
250 Vgl. *Knapp vier Millionen ziehen gen Westen,* Freie Presse 29. März 2021, S. 6.
251 Vgl. Stadtkonzept Plauen 2033 – Integriertes Stadtentwicklungskonzept (InSEK), Internetauftritt vom 20. Juni 2021, S. 26.
252 Vgl. Plauener Stadtnachrichten, Februar 2021, S. 11.
253 Zitat aus: https://www.bayern.de/soeder_8_millionen_euro
254 Zitat aus: https://www.spitzenstadt.de/nachrichten_aus_Plauen/uni_außenstelle
255 Zitat aus: Freie Presse – Plauener Zeitung, 27.Januar 2012, Siehe auch: *Justiz – Rückzug aus dem Vogtland besiegelt,* Freie Presse – Plauener Zeitung, 11. Februar 2012.
256 Vgl. *Vogtländer wollen eigene Leitstelle,* Freie Presse – Plauener Zeitung, 26. Oktober 2020.
257 Vgl. Liste der Großstädte in Deutschland, https://de.wikipedia.org/wiki/2._Juni_2021

258 Bis auf Königsberg wurden die Stadtnamen nicht verändert:
- Straßburg, elsässisch Schdroosburi, französisch Straßbourg (Burg an einer Straße)
- Posen, polnisch Poznań, geht wahrscheinlich auf eine altpolnische Bezeichnung für „Burg" zurück
- Danzig, kaschubisch Gduńsk, polnisch Gdańsk (alle Namen abgeleitet von der mittelalterlichen Bezeichnung für „gotische Schanze")
- Breslau, schlesisch Brassel, polnisch Wroclaw. Der deutsche und der polnische Stadtname sollen auf den Namen des böhmischen Herzogs Vratislav I. zurückgehen.
- Stettin, polnisch Szczecin, Ende des 12. Jahrhunderts aus zwei deutschen und einer pomoranischen Siedlung entstanden.
- Nicht in die jeweilige Landessprache übernommen wurde der Stadtname von Königsberg, dem Geburtsort von Immanuel Kant (1724). Die Stadt wurde im Juli 1946 nach dem verstorbenen Vorsitzenden des Präsidiums des Obersten Sowjets Kalinin benannt, der zwar formelles Oberhaupt der Sowjetunion war, aber keine politische Macht hatte. Er stimmte sogar der Verhaftung seiner Ehefrau Ekaterina zu, die sich 1938 kritisch über Stalin geäußert hatte. Sie wurde bis 1944 in einem Lager gefangen gehalten. Mitte der 1990er Jahre gab es vor allem von Studenten Bestrebungen für die Umbenennung der Stadt in Kantgrad, die allerdings scheiterten.

259 Ausgehend von der Zunahme der Millionenstädte und der Bildung von Metropolregionen gibt es Versuche zur Änderung der Einteilung, die sich jedoch bisher in Deutschland nicht durchsetzen, z. B.:

Begriff	Einwohner
Kleinstadt	bis unter 50.000
Mittelstadt	50.000 bis unter 250.000
Großstadt	ab 250.000
Megastadt	ab 10 Millionen

Die derzeit größte Metropolregion ist Tokio-Yokohama mit etwa 37,5 Millionen Einwohnern. Die größte Stadt nach administrativen Grenzen ist Chongqing (Tschungking) in China mit 32 Millionen Einwohnern. Die Fläche der Stadt ist größer als die Fläche Bayerns.

260 Vgl. *Die Stadt im Mittelalter,* https://www.grin.com/document/184351

261 Die Bezeichnung *Großstadt* für Plauen kam in regionalen Presseberichten in DDR-Zeiten noch vor. *„Unsere Stadt macht es ähnlich wie andere Großstädte",* schrieb die Freie Presse Plauen im Frühjahr 1975 zur Einführung einer Fußgängerzone bei noch 79.899 Einwohnern.

262 Vgl. http://de.wikipedia.org/Liste_der_Gross_und_Mittelstädte_in_Deutschland

263 Vgl. http://de.wikipedia.org/wiki/Liste_der_Städte_in_Deutschland

Glossar

Besessene Bürger: Bürger mit Grundbesitz (Haus)

Bundesexekution: Recht eines Staatenbundes, gegen einige Mitglieder militärisch vorzugehen, wenn diese ihre Bundespflichten verletzen. 1848 und 1863/64 richtete sich die Bundesexekution jedoch gegen das Königreich Dänemark.

Burggraftum Meißen: Nachweisbar seit 1068. Die Burggrafen waren Beamte des Königs, die dessen Machtanspruch gegenüber den Markgrafen vertraten. In Meißen residierten auf dem Burgberg drei unterschiedliche Gewalten: der Markgraf, der Burggraf und der Bischof. Deshalb waren die Wettiner bestrebt, neben dem Markgrafentitel auch den Burggrafentitel zu erhalten. Mit dem Tod von Burggraf Heinrich VI. 1572, der ohne männliche Erben starb, erlosch das Burggraftum Meißen.

Düppeler Schanzen: Ehemalige dänische Wehranlage in Südjütland. Hier kämpften 1848 und 1864 auch sächsische Truppen.

Edikt: Erlass, Verordnung einer Obrigkeit, Bekanntmachung

Gau: Althochdeutsch Gouwe, deutsch Gau. Der Begriff „Gau" wurde als Verwaltungsbegriff für eine bestimmte Fläche (z. B. Bezirk) verwendet.
Beispiele:
Rheingau, Maingau (an Flüssen)
Breisgau (nach der Stadt Breisach)
Freiburg in Breisgau, Oberammergau
Sundgau (südlicher Gau, nach der Himmelsrichtung)

Häretiker:	Jemand, der von der offiziellen Kirchenlehre abweicht, Ketzer.
Heiliges Römisches Reich:	Urkundlich 1184 erstmals belegt (Sacrum Romanum Imperium). Ab dem späten 15. Jahrhundert wurde häufig der Zusatz „Deutscher Nation" verwendet.
Kommende:	Niederlassung des Deutschen Ordens, mehrere Kommenden bildeten eine Ballei.
Kondominium:	Gemeinsam ausgeübte Herrschaft über ein Gebiet.
KSZE:	Konferenz über Sicherheit und Zusammenarbeit in Europa. Die Schlussakte wurde am 1. April 1975 in Helsinki unterschrieben.
Leibgedinge:	Adlige Frauen erhielten meist bis zu ihrem Ableben ein lebenslanges Nutzungsrecht an Objekten (Witwengut).
Lokator:	Meist aus dem niederen Adel stammender Anführer der Kolonisten.
Mittelalter:	Zeit vom 6.–15. Jahrhundert
Paragiat/Paragium:	Abfindung für nachgeborene Söhne einer regierenden Adelslinie mit einem Territorium, ohne die volle Landeshoheit ausüben zu können.
Primogenitur:	Erbrecht nur für den erstgeborenen Sohn.
Reichshofrichter:	Oberster Richter an einem Reichshofgericht, stammte meist aus dem Hochadel. Das Reichshofgericht war das oberste Gericht des Reiches und tagte am Residenzort des

Reußen: Königs/Kaisers. Es wurde 1451 aufgelöst.
Heinrich I. (um 1265 bis 1295) führte den Namen Reuß (lateinisch Ruthenus) noch als Beiname (Heinrico de Plawe dicto Ruze) aufgrund eines längeren Aufenthaltes in Osteuropa und durch seine Verheiratung mit der ruthenischen Fürstentochter Maria Swihowska, Tochter des galizischen Fürsten Swihowsky und einer russischen Fürstin. Sein Sohn Heinrich II. betrieb 1306 erfolgreich die Trennung der Plauener Linie, nahm den Namen „Reuß" als Familiennamen an und gilt als der „erste Reuße".

Sekundogenitur: Besondere Form der Erbteilung, bei der der Zweitgeborene oder ein weiterer Nachgeborener einer Adelslinie eine Nebenlinie begründet.

Erklärung zu den mathematischen Formeln:
Formeln für die lineare bzw. parabolische Trendberechnung

$$a = \frac{\sum y_t}{n} \qquad b = \frac{\sum y_t t}{\sum t^2} \quad \text{b wie bei f(t)}$$

$$c = \frac{\sum y_t \ t^2 - \frac{\sum y_t \ \sum t^2}{n}}{N}$$

Mit N bei ungeradem n gleich $\frac{(n-2)(n-1)n(n+1)(n+2)}{12*15}$

$$a = \frac{\sum y_t}{n} - c \frac{\sum t^2}{n}$$

Linearer Trend: f(t) = a + bt
Parabol. Trend: f(t) = a + bt + ct²

Erläuterung der Symbole zur Analyse der Geburtenentwicklung

Zeitraum 0   steht für 1990,
Zeitraum 1   steht für 2010.
G_0 Zahl der (Lebend-)Geborenen im Jahr 1990,
G_1 Zahl der (Lebend-)Geborenen im Jahr 2010,
F_0 Zahl der weiblichen Bevölkerung zwischen 15 und 45 Jahren im Jahr 1990,
F_1 Zahl der weiblichen Bevölkerung zwischen 15 und 45 Jahren im Jahr 2010,
Z_0 Zahl der (Lebend-)Geborenen pro Anzahl F_0 im Jahr 1990 (Geburtenziffer),
Z_1 Zahl der (Lebend-)Geborenen pro Anzahl F_1 im Jahr 2010 (Geburtenziffer).

Ortsnamenübersetzung
Deutsch-Französisch

Hagenau	Haguenau
Mühlhausen	Mulhouse
Sankt Privat	Saint Privat
Straßburg	Strasbourg

Deutsch-Tschechisch

Aussig an der Elbe	Ústí nad Labem
Buchau	Bochov
Eger	Cheb
Elbogen	Loket
Engelsburg/Engelhaus	Andělská Hora
Falkenau	Sokolov
Graslitz	Kraslice
Königsberg	Kynšperk
Neuberg	Podhradí
Neuhartenstein (Burg)	Hartenštejn
Petschau	Bečov
Roßbach	Hranice
Theusing	Toužim

Deutsch-Slowakisch

Preßburg	Bratislava (vorher Prešporok)

Deutsch-Polnisch

Breslau	Wrocław
Beuthen	Bytom
Danzig	Gdańsk
Engelburg (Burg)	Pokrzywno
Gleiwitz	Gliwice
Grünfelde	Grunwald
Kulmerland	Ziemia chełmińska
Marienwerder	Kwidzyn

Mohrungen	Morąg
Posen	Poznań
Schwetz	Świecie
Stettin	Szczecin
Tannenberg	Stębark
Thorn	Toruń
Zabsche/Hindenburg	Zabrze

Deutsch-Russisch
Brandenburg (Burg)	Uschakowo
Königsberg	Kaliningrad
Lochstädt	Pawlowo

Im Text kommen zwei Engelsburgen vor. Andělska Hora befindet sich in der Nähe von Karlsbad/Karlovy Vary (Tschechien) und Pokrzywno im Kulmerland/Ziemia chełmińska (Polen).

Quellen- und Literaturverzeichnis
Archiv für Geschichte und Altertumskunde Westphalens, Herausgeber Paul Wigand, Erstes Heft, Hamm 1815
800 Jahre Land der Vögte (1209–2009), LRA Vogtlandkreis, Hist. Archiv in Zusammenarbeit mit dem Vogtlandmuseum, Plauen 2009
Walter Bachmann, *Das Alte Plauen,* Vogtländischer Heimatverlag Neupert, Plauen 1994
Gerhard Billig, *Pleißenland – Vogtland, Das Reich und die Vögte,* Vogtland-Verlag, Plauen 2002; Karlheinz Blaschke, *Geschichte Sachsens im Mittelalter,* Union Verlag, Berlin 1989 u.1990
Stephan Dehn, *Die nationalsozialistische Propaganda in Sachsen,* Dissertation, Universität Leipzig 2016
Der Komturhof zu Plauen. Vom Gestern zum Morgen. Förderverein Komturhof Plauen e. V. ad astra Entwicklungsgesellschaft UG
Der Vogtlandatlas, Verlag Klaus Gumnior, Chemnitz 2007
Deutsche Geschichte, Band 3, 1756–1944, Weltbild, Augsburg 2001

Deutsche Könige und Kaiser des Mittelalters, Urania Verlag, Leipzig–Jena–Berlin 1983
Deutschland von der Mitte des 11. bis zur Mitte des 13. Jh., Deutscher Verlag der Wissenschaften, Berlin 1978
Deutschland von der Mitte des 13. bis zum ausgehenden 15. Jh., Deutscher Verlag der Wissenschaften, Berlin 1976
Deutschland 1849–1871, Deutscher Verlag der Wissenschaften, Berlin 1972
Deutschland 1917–1933, Deutscher Verlag der Wissenschaften, Berlin 1974
Die Elsteraue in Plauen. Ein Stadtteil zwischen gestern und morgen, edition ad astra, Plauen 2014
Die Geschichte des Deutschen Ordens, Kulturzentrum Ostpreußen in Ellingen, 2013
Dokumente aus der Geschichte der Stadt Plauen, Stadtarchiv Plauen 1974
Guido Dressel, *Quellen zur Geschichte Thüringens, Wahlen und Abstimmungsergebnisse 1920–1995,* Landeszentrale für politische Bildung Thüringen, Erfurt 1995
Willy Erhard, *Das Glück auf der Nadelspitze,* Vogtlandverlag Plauen 1995
Euregio Egrensis, Weidaer Kolloquium, *Heinrich IV. und seine Zeit,* Beier und Beran, Weisbach 1997
Festschrift Lückenschluß Plauen (Vogtland) – Hof (Saale), DR-Direktion Dresden, DB-Direktion Nürnberg,1993
Pit Fiedler, Dietrich Kelterer, Barbara Čermáková, Zbyněk, Černý, *Bürgermut macht Politik,* Verlag Eckhard Bodner 2009
Fixpunkt im Zeitenwandel. Vom Warenhaus zum Bürgertempel, briese werbung, Plauen 2017
Sönke Friedreich, *Der Weg zur Großstadt,* Leipziger Universitätsverlag GmbH 2017
Horst Fröhlich u. Katrin Färber, *Plauen in historischen Stadtansichten aus vier Jahrhunderten,* Hrsg. Verein der Freunde und Förderer des Vogtlandmuseum Plauen e. V., Plauen 2012

Thomas Gehrlein, *Das Haus Reuß, Teil I und Teil II*, Börde-Verlag, Werl 2015

Geschichte Sachsens, Hrsg. Karl Czok, Hermann Böhlaus Nachfolger, Weimar 1989

Peter Gierisch, Bernd Kramer, *Max Hoelz,* Karin Kramer Verlag, Berlin 2000

Rüdiger Greif, *Der Deutsche Ritterorden,* Weltbild, Augsburg 2007

Heimatkalender für Fichtelgebirge, Frankenwald und Vogtland, 48. Jahrgang, Ackermannverlag, Hof 1996

Jürgen Helfricht, *Die Wettiner,* Sachsenbuch Verlagsgesellschaft mbH, Leipzig 2005

Hermann Henselmann, *Gedanken, Ideen, Bauten, Projekte,* Henschelverlag, Berlin 1978

Im Dienste der historischen Landeskunde, Sax Verlag, Beucha 2002

Kleine Chronik der Stadt Plauen i. V., A. Neupert Verlag, Plauen 1908

Andreas Krone, *Plauen 1945 bis 1949 – vom Dritten Reich zum Sozialismus,* Dissertation, TU Chemnitz 2001

Kulturbetrieb der Stadt Plauen, *1938 in memoriam 2008*

Günter Kunzmann, *Egerland-Kulturerbe in der Mitte Europas,* Vogtlandverlag, Plauen 2008

Thomas Küttler, *Die Wende in Plauen*, Vogtländischer Heimatverlag Neupert, Plauen 1991

Land und Leute, Heimatkundliches Lesebuch für die Schüler der Kreise Plauen-Stadt und Plauen-Land, Plauen 1960

Lexikon der Städte und Wappen der DDR, Bibliographisches Institut, Leipzig 1984

R. Liedloff, *Die Hussiten in Plauen,* in: Unser Vogtland, Heimatkundliche Lesestücke für die Schulen des sächsischen Vogtlandes, Leipzig 1913

Veronika Lühe, *Henner von Plauen,* Adam Kraft Verlag 1943

Katherine Lukat, *Zwangsarbeit in Plauen im Vogtland, Lebens- und Arbeitsbedingungen ausländischer Zivilarbeiter, Kriegsgefangener und KZ-Häftlinge im Zweiten Weltkrieg,* 2020 by Böhlau Verlag GmbH & Cie, Köln

Axel Oskar Mathieu, *VOMAG – Die fast vergessene Automobilmarke,* Edition Diesel Queen, Berlin-Friedenau 1994

Jörg Meidenbauer, *Lexikon der Geschichtsirrtümer,* Piper Verlag GmbH, München 2006

Gerd Naumann, *Plauen i. V. 1933–1945,* Vogtländischer Heimatverlag Neupert, Plauen 1995

Gerd Naumann, *Plauen im Bombenkrieg 1944/45,* Plauen 2011

Gustav Niemetz, *Geschichte der Sachsen,* Oberlausitzer Verlag, Waltersdorf 1993

Rolf Reißmann, *125 Jahre Eisenbahn in Greiz,* Greiz 1990

Janusz Piekalkiewicz, *Der Erste Weltkrieg,* Econ Verlag, Düsseldorf, Wien, New York 1988

Hans Planitz, *Die Deutsche Stadt im Mittelalter,* Hermann Böhlhaus Nachf., Weimar 1975

Dr. Michael Platen, *Die Thüringer Städte im Mittelalter,* Landeszentrale für politische Bildung Thüringen, Erfurt 1994

Plauen – Ein kleines Stadtbuch, Museumsreihe Vogtländisches Kreismuseum, Heft 25, Plauen 1963

Plauen und das mittlere Vogtland, Akademie-Verlag, Berlin 1986

Plauen in den fünfziger Jahren, Plauen in den sechziger Jahren, Plauen in den siebziger Jahren, Stadtarchiv Plauen 2009 u. 2011

Werner Pöllmann, *170 Jahre Eisenbahn im Vogtland, 150 Jahre Eisenbahn im Egerland, 130 Jahre EB Graslitz-Klingenthal,* Markneukirchen 2016 (Selbstverlag)

Pritsche/Wille, *Vogtland,* F. A. Brockhaus-Verlag, Leipzig 1964

Curt Röder, *3 Stunden, die die Welt veränderten,* Vogtländischer Heimatverlag Neupert, Plauen 2019

Curt Röder (Hrsg.), *Plauen 1945 … und die schweren Nachkriegsjahre,* Vogtländischer Heimatverlag Neupert, Plauen 1998

Dr. Martin Salesch, *Im Wandel der Zeit, Der Erste Weltkrieg im Vogtland,* Schriftenreihe des Vogtlandmuseums Neue Folge 1, Plauen 2019

SEVENTYFIVE DAYS ONLY, 75 Tage US-Besatzung in Plauen, Rudolf Laser, Joachim Mensdorf, Vogtland Verlag, Plauen 2000

Udo Scheer, Wir kommen wieder! Plauen '89, Mitteldeutscher Verlag, Halle/Saale 2014

Manfred Scheuch, Atlas zur Zeitgeschichte – Europa im 20. Jahrhundert, Verlag Christian Brandstätter, Wien 2000

Hannes Schmidt, Zur Geschichte der Israelitischen Religionsgemeinde Plauen i. V., Schriftenreihe Vogtlandmuseum, Heft 57, Plauen 1988

Manfred Schrader, Zwischen Trikolore und Zarenadler – Die Stadt Plauen in der Zeit zwischen 1806 bis 1813, Kerschensteiner Verlag, Lappersdorf 1996

Rolf Schwanitz, Spurensuche der Sozialdemokratie in Plauen und dem Vogtland, Friedrich-Ebert-Stiftung, Landesbüro Sachsen 2015

700 Jahre Auerbach i. V. (1282–1982), Hrsg. Gottfried Heckel, Sachsenheim-Hohenaslach 1986

Christian Suhr, VOMAG – Lastwagen aus dem Vogtland, Motorbuchverlag, Stuttgart 2004

Christian Suhr u. Ralf Weinreich, Eine Legende in Bildern, Verlag Kraftakt, Reichenbach/V. und Halle/Saale 2004

Hansgeorg Stengel, Greizer Sonate, F. A. Brockhaus Verlag, Leipzig 1983

Walter G. Tümpner, Aus der Geschichte der Stadt Plauen, Plauen 2020

Volker Wahl, Thüringen unter amerikanischer Besatzung, Landeszentrale für politische Bildung Thüringen, Erfurt 2001

Frank Weiss, Plauen auf historischen Postkarten, Vogtland Verlag, Plauen 1991

Charles Whiting/Friedrich Gehendges, Jener September, Droste Verlag, Düsseldorf 1979

Wolff, Gotter, Wolff, Das Malzhaus in Plauen, Leipzig 2000

Heinz Wolter (Hrsg.), Otto von Bismarck, Dokumente seines Lebens, Verlag Phillip Reclam jun., Leipzig 1986

Rudolf Laser, Joachim Mensdorf, Johannes Richter, *1944/1945 Plauen – Eine Stadt wird zerstört*, Vogtländischer Heimatverlag Neupert, Plauen 1995

Geschichtsmagazine, Heimatblätter, Zeitungen u. a.
Geschichtsmagazin Historikus Vogtland
Hefte der Jahre 2006, 2007, 2009–2015, 2019 u. Sonderausgabe 2020
Mitteilungen des Vereins für vogtländische Geschichte, Volks- und Landeskunde (in den Anmerkungen MVVG abgekürzt) Schriften der Jahre 1993, 1994, 1996, 1998, 2000, 2001, 2003, 2004, 2018 u. 2019
Mitteilungen des Vereins zur Förderung des Plauener Spitzenmuseums e. V. Schriften der Jahre 1995/96 u.1997
Vogtländischer Altertumsforschender Verein zu Hohenleuben e. V. Jahrbuch des Museums Hohenleuben-Reichenfels, Heft 20, 1972 (JMHR abgekürzt)
Jahrbuch des Museums Reichenfels-Hohenleuben, Heft 40, 1995 (JMRH abgekürzt, der Name des Museums wurde verändert)
Das Vogtland – Schrift zur Kultur und Geschichte des Vogtlandes Ausgaben 2004, 2005 u. Ausgabe 2009
Verschiedene Schriften
Sächsische Heimatblätter, 1997, Heft 4
100 Jahre Kreisfreiheit der Stadt Plauen, Plauen 2007
Licht aus! Die Plauener Gefängnisgeschichte von Klaus Vetter, Plauen 2007
Die Osterburg zu Weida im Thüringer Vogtland, Weida 2008
ARCHAEO-Archäologie in Sachsen, Jahresheft 2014 (Archäologie im Vogtland)
Der Erzähler von der Elster, Heimatkundliche Blätter für das obere Vogtland, 1935
Sicherung und Erhalt der Dobenau, Plauen 2015
Zeitungen
Freie Presse, Vogtlandanzeiger, Thüringer Anzeiger

Die Welt, Die Zeit, Der Tagesspiegel
Neue Oelsnitzer Zeitung von 1889, Teilnachdruck von 2019
Stadtkonzept Plauen 2033 – Integriertes Stadtentwicklungskonzept (InSEK) Stand Internetauftritt 20.06.2021
Für einzelne Sachverhalte wurde auch die freie Internet-Enzyklopädie Wikipedia genutzt.Gleiches trifft für Angaben aus dem Stadtarchiv Plauen zu (siehe dazu die entsprechenden Anmerkungen).

Dank

Die bewegte Zeit seit März 2020 ließ mich ein schon lange angedachtes Vorhaben realisieren. Das Ergebnis ist vorliegendes Buch. Neben Erkenntnissen aus persönlichen Gesprächen nutzte ich meine seit vielen Jahren gesammelte historische Literatur sowie Veröffentlichungen aus neuester Zeit. Besonderer Dank für die Fertigstellung des Buches gilt meiner Ehefrau Ingrid Bauer und meinem Sohn Christian Bauer, die mich beim Korrekturlesen und der Arbeit am PC unterstützten.

Ein herzlicher Dank geht an Dr. Peter Weiß aus Lengenfeld, der die grafischen Darstellungen und statistischen Erläuterungen erarbeitete sowie den Abschnitt zur Entwicklung der Plauener Bevölkerung nach Altersgruppen und Geburten ab 1990 verfasste. Bedanken möchte ich mich auch bei Herrn Wolfgang K. Schmidt aus Plauen, der fünf Fotografien zur Verfügung stellte. Für ihre Unterstützung bei verschiedenen Sachverhalten und Problemen gilt mein Dank einem Kommilitonen aus der Jenaer Studentenzeit, einem Schulkameraden aus der Zeit an der Erweiterten Oberschule Plauen und einem Plauener Schulleiter. Auch bei den Mitarbeiterinnen und Mitarbeitern des Verlages concepcion Seidel, besonders Herrn Frieder Seidel und Frau Dorette Enghardt, möchte ich mich für Lektorat und Druck meines Buches bedanken.

Wolfgang Bauer
Plauen im September 2021

Wolfgang Bauer, Verwaltungsrat i. R., war bis 2010 Leiter des Amtes für Schulverwaltung, Kultur und Sport des Vogtlandkreises. Er studierte an der Friedrich-Schiller-Universität Jena Geschichte und Deutsch und schloss sein Studium 1976 als Diplomlehrer ab. 1995/96 war er Vorsitzender des Kulturausschusses der vogtländisch-erzgebirgischen Arbeitsgemeinschaft der Euregio Egrensis. Seit einigen Jahren befasst er sich intensiv mit historischen Ereignissen und Veränderungen im Verwaltungsaufbau der neuen Bundesländer.

Dr. Peter Weiß ist Diplomwirtschaftler und promovierte 1971 mit einer Arbeit über makroökonomische Produktionsfunktionen. Er war seit 1969 als Lehrkraft für statistische Methodik an der Fachschule für Ökonomie Rodewisch tätig und wurde nach der Wende durch das Sächsische Kultusministerium zum Schulleiter des Beruflichen Schulzentrums für Wirtschaft Rodewisch berufen. 2006 ging er in den Ruhestand. Er ist seit 1996 sehr aktives Mitglied des Rotaryclubs Reichenbach/Auerbach.